Dinâmicas de grupo para adolescentes

Dados Internacionais de Catalogação na Publicação (CIP)
(Câmara Brasileira do Livro, SP, Brasil)

Priotto, Elis Palma
Dinâmicas de grupo para adolescentes / Elis Palma Priotto. 3. ed. – Petrópolis, RJ : Vozes, 2009.

Bibliografia.

ISBN 978-85-326-3637-9

1. Brincadeiras 2. Dinâmica de grupo 3. Educação de jovens 4. Ensino fundamental 5. Jogos educativos 6. Psicologia da aprendizagem I. Título.

08-00443 CDD-371.337

Índices para catálogo sistemático:

1. Dinâmica de grupo para adolescentes : Métodos de estudo 371.337

Elis Palma Priotto

Dinâmicas de grupo para adolescentes

EDITORA
VOZES

Petrópolis

Rua Frei Luís, 100
25689-900 Petrópolis, RJ
Internet: http://www.vozes.com.br

Diretor editorial
Frei Antônio Moser

Editores
Ana Paula Santos Matos
José Maria da Silva
Lídio Peretti
Marilac Loraine Oleniki

Secretário executivo
João Batista Kreuch

Editoração: Dora Beatriz V. Noronha
Projeto gráfico: AG.SR Desenv. Gráfico
Capa: Emerson Souza

ISBN 978-85-326-3637-9

Editado conforme o novo acordo ortográfico.

Este livro foi composto e impresso pela Editora Vozes Ltda.

Agradecimentos

Quero expressar minha gratidão às pessoas que foram importantes na elaboração deste livro. Em especial, aos meus filhos Carolina, Leonardo e Heloisa e ao meu marido Celso, que entenderam minhas ausências para a realização deste trabalho.

Aos meus pais, Alvaro (*in memoriam*) e Deusdete, que são os alicerces da minha formação.

A SCNSA – Sociedade Civil Nossa Senhora Aparecida, instituição italiana que investiu e promoveu a realização de um sonho.

A todos os profissionais, voluntários e adolescentes integrantes do Caia – Centro de Atenção Integral ao Adolescente, que nos acompanharam e colaboraram na realização deste trabalho.

E a Deus, por tudo!

Sumário

Lista de apêndice

Apresentação

A proposta educativa aqui apresentada tem como linha mestra as ações voltadas para o segmento populacional de adolescentes e jovens.

Destinada basicamente aos educadores, como ferramenta metodológica para o desenvolvimento de oficinas de orientação a adolescentes, utilizando atividades educativas de prevenção, ética, cidadania, profissionalização e promoção à saúde, numa abordagem biopsicossocial e cultural, valorizando sua vida com noções de virtudes e valores.

E, pensando em colaborar com o Ensino Fundamental, que atende alunos adolescentes, e que tem por objetivo a formação básica do cidadão, fornecendo ao aluno acesso à base comum nacional e à parte diversificada, o que inclui as características regionais da sociedade, da cultura, da economia e do cotidiano do aluno.

Os próprios Parâmetros Curriculares Nacionais – PCNs propõem os temas transversais como uma necessidade de novas maneiras de abordar as temáticas e conteúdos do Ensino Fundamental. Com estudos e compreensão do que se pretende com o processo de ensino e aprendizagem.

Partindo do princípio de que cabe aos educadores propiciar atividades em que os agentes do processo ensino-aprendizagem possam dialogar, duvidar, discutir, questionar, compartilhar conhecimentos, e que haja espaço para as transformações, as diferenças, os erros, as contradições, a colaboração mútua e para a criatividade.

É interessante ressaltar que, qualquer que seja o conteúdo, ele nunca é um fim em si mesmo e, sim, apenas um pretexto para se aprender a refletir e questionar o próprio conhecimento. Para se compreender que aprender não é reproduzir verdades alheias, mas sim, aprender a olhar para o mundo, colhendo dados, interpretando-os, transformando-os e tirando conclusões.

Só assim é possível formar cidadãos críticos, competitivos e capacitados o bastante para sozinhos serem agentes transformadores de sua própria vida e da realidade que os cerca.

Os conteúdos dos temas aqui apresentados podem ser incorporados nas áreas já existentes e no trabalho educativo da escola. É essa forma de organizar o trabalho didático que denominamos de transversalidade.

Nesta concepção, a proposta contempla princípios democráticos de cidadania e discute a amplitude do trabalho com questões sociais na escola, na família e na sociedade, em sua globalidade, utilizando-se de dinâmicas de grupos.

Introdução

Diante do grande desafio que é educar, encontramo-nos sempre com a mesma pergunta: como melhor fazê-lo?

Atualmente a educação dá muita ênfase ao desenvolvimento dos conhecimentos intelectuais, virtuais; é tempo de educação tecnológica, mas não há preocupação em despertar as boas qualidades humanas existentes no ser, nem em explorar suas potencialidades e criatividades. É preciso resgatar valores de ser humano com corpo, mente e espírito.

Temos na educação uma forma de intervenção no mundo, sendo necessário que os educadores propiciem as condições em que os sujeitos, em suas relações uns com os outros, ensaiem a experiência profunda de assumir-se como ser social e histórico, como ser pensante, comunicante, transformador, criador, realizador de sonhos, capaz de ter raiva, capaz de amar.

Assim, o adolescente e o jovem são vistos como o centro do processo educativo, sujeitos da construção de seus conhecimentos, com liberdade psicológica, vontade e escolha, que os compromete e faz emergir a motivação para a aprendizagem.

A prática educativa que descrevemos fundamenta-se numa prática descrita por Freire (1999: 55), como "transformadora, fundada no respeito, na dignidade e na possibilidade de construção da autonomia de adolescentes-jovens e que inspiram nossa trajetória".

Ao optarmos por dinâmicas de grupo, respaldamo-nos na tendência grupal, na busca da identificação, na linguagem comum, no compartilhamento dos mesmos interesses, das mesmas curiosidades, das mesmas necessidades, no impulso para mudanças que, entre outras características da adolescência, fazem dos adolescentes mais efetivos e mais aceitos como "educadores" entre seus iguais.

Num primeiro momento, realizamos um levantamento para identificar junto aos adolescentes de ambos os gêneros, estudantes do Ensino Fundamental, de quais assuntos tinham dúvidas dentro do contexto sexualidade e "fase adolescer". O resultado facilitou-nos elaborar uma coletânea de dinâmicas de grupo que foi surgindo num esforço conjunto de memória, criatividade e arte. Algumas das dinâmicas aqui reunidas já são do conhecimento de muitas pessoas. Quem as inventou? Algumas não sabemos. Mas sabemos da indicação à temática trabalhada resultando positivamente. Outras surgiram de conversas de leituras, outras foram adaptadas e a tudo foi agregada uma intenção pedagógica de ensino e de reflexão. Totalizando, neste trabalho, cento e dezoito dinâmicas (118), todas avaliadas e aplicadas junto aos profissionais e depois aos adolescentes num período de cinco anos.

Sugerimos as dinâmicas de grupo distribuídas em trinta temáticas, todas com objetivos e conteúdos para subsidiar o educador na criação de um planejamento e de uma prática educativa coerente com seus objetivos mais amplos.

Os resultados das avaliações aplicadas nos incentivaram a continuar o trabalho enfrentando as dificuldades e aceitando os desafios de lutar por esta parcela da população tão desassistida pelos poderes públicos. A integração da equipe e a metodologia participativa adotada nos trabalhos deram margem e satisfação por possibilitar aos adolescentes se conhecerem e desenvolverem por meio da sua criatividade, exprimindo suas emoções, experiências, ansiedades, expectativas, conhecimento e estimulando a socialização e a formação de cidadãos.

Trabalhar com o adolescente é acreditar que é possível sua transformação como agente participativo, criativo, curioso, comprometido e responsável pela sua qualidade de vida, e requer dos educadores maior comprometimento, generosidade, disponibilidade para escutar e dialogar e querer bem a essa especificidade humana: o adolescente.

Importância do brincar e do jogar para educar

Brincar é uma forma de comportamento infantil e geralmente traz implícitas as primeiras noções do partilhar, aceitar e se divertir. O ato de brincar adquire diferentes significados durante a vida, mas durante a adolescência torna-se expressão pública da palavra interação e a manifestação verdadeira do conceito de liberdade.

Promover a participação de adolescentes nas atividades psico e socioeducativas é a essência do trabalho de prevenção e de atenção integral. Qualquer que seja a temática, é fundamental a liberdade de expressão de suas vivências e de suas dificuldades. Falar, brincar, jogar, competir é viver o mundo e aprender sobre a compreensão de si mesmo, dos outros e da realidade. Ao enfrentar os novos desafios, ao questionar e esclarecer todas as suas dúvidas, os adolescentes vão construindo os seus saberes, formando outros elos, entendendo as regras e muitas outras respostas mágicas para a sua interação e integração social.

O conceito da palavra brincar é de origem latina, *vinculum,* que significa laço, união, e pode ser definido como divertir-se, entreter-se, passar o tempo.

O conceito do termo lúdico vem também do latim *ludus,* que significa brincar com jogos com regras, representações teatrais e litúrgicas. Segundo Ceccon (2000: 26),

> "[...] as brincadeiras e os jogos fazem parte do patrimônio lúdico cultural, traduzindo valores, costumes, formas de pensamento e ensinamentos, o *homo ludens* tem sido um participante da civilização e da cultura desde as épocas primitivas, com vários rituais de passagem, representações, músicas, danças, artes em geral".

Ao convidarmos os adolescentes para brincar, jogar, conversar ou participar de uma atividade psico e socioeducativa, estaremos proporcionando o exercício da reflexão, facilitando o despertar de uma nova conscientização sobre o valor da vida, de comportamentos até então usados, de direitos e deveres, e do seu bem-estar e das pessoas com as quais ele convive.

Dinâmicas de grupo: uma prática educativa

Antes de falar da utilização das dinâmicas de grupo é necessário lembrarmos a definição de alguns termos que escolhemos para descrever a metodologia de trabalho.

> Dinâmica: (fem. substantivo do adj. dinâmico. Parte da mecânica que estuda o movimento dos corpos, ativo, empreendedor). Grupo: pequena associação ou reunião de pessoas unidas para um fim comum. Oficina: lugar, onde se exerce um ofício: trabalho ocupação, arte, função (FERREIRA, 1985: 102).

O que define a ação de uma oficina é sua proposta de aprendizagem compartilhada. Isso que parece simples implica alguns requisitos: é uma atividade grupal, face a face, cujo objetivo de elaboração coletiva de conhecimentos, para ser atingido, exige uma particular atuação do orientador, facilitador, ou pessoa responsável pela oficina.

O número ideal de participantes nas oficinas irá depender dos objetivos propostos e da dinâmica de grupo a ser utilizada. Sugerimos como o melhor, ou o mais adequado, um número entre 15 a 25 pessoas, pois grupos maiores dificultam a aproximação do educador (orientador), assim como perceber possíveis ansiedades e/ou dúvidas com o(s) adolescente(s).

E como toda oficina contempla atingir objetivos, precisamos lidar com ideias, sentimentos, valores, práticas e comportamentos de modo coerente e articulado, na medida em que nossa atuação no cotidiano seja o resultado de uma interação dinâmica entre essas dimensões. Por exemplo: uma habilidade relaciona-se não só à capacidade individual, como também à valoração atribuída, em nível cultural, ao desenvolvimento daquela habilidade.

Para utilizarmos dinâmicas de grupo nas oficinas precisamos saber para qual objetivo, como utilizá-las e ainda:

- Ter claro o que queremos atingir, por isso devemos relacionar a técnica, objetivo e quais os materiais a serem utilizados para a aplicação, de acordo com o número de participantes, as condições reais de infraestrutura e o tempo disponível.

• Quaisquer das dinâmicas que utilizarmos, estas nos darão elementos que motivam a discussão, por isso temos que ter claro onde queremos e podemos chegar com essa técnica.

• Uma única dinâmica muitas vezes não é suficiente para trabalhar um assunto, um tema. É necessário conhecer outras dinâmicas de grupo que possam permitir um aprofundamento do tema em questão, bem como entender as possibilidades e limites de cada uma delas.

• É necessário usar a criatividade através de recursos audiosvisuais, ou seja, muita música, cartazes, bonecos, brincadeiras, filmes, a fim de despertar as curiosidades dos jovens para as atividades desenvolvidas na prática educativa.

• Ao iniciar um trabalho de grupo, exponha os objetivos e proponha um contrato prévio; neste, os adolescentes podem discutir com o orientador quais os limites, horários, critérios de respeito mútuo, construção de vínculo afetivo e confiança no trabalho e no grupo.

• Faça sua apresentação junto com os demais orientadores; seja sincero e espontâneo, permita aos adolescentes fazerem perguntas.

• Sempre que realizar uma oficina com dinâmicas de grupo, o ideal é que a coordenação seja de orientadores de ambos os gêneros, possibilitando o equilíbrio nas opiniões e possíveis apontamentos de cada gênero.

• Respeitar o horário de início e término.

• Realizar avaliação (prever um tempo para que esta ocorra de forma tranquila e positiva).

Equipe interdisciplinar: sua importância

Conforme dito anteriormente, objetivamos uma proposta educativa utilizando de uma metodologia que propicie interações socioeducativas com dinâmicas de grupo, coordenadas por uma equipe interdisciplinar: enfermeira, psicólogo, assistente social, educador físico, filósofo, teólogo, pedagogo, educadores, familiares e comunidade.

O trabalho de equipe junto aos adolescentes é imprescindível no desenvolvimento dos grupos com ações educativo-preventivas para discutir diversos temas, formar opiniões críticas sobre direitos e deveres, promover a valorização humana e estimular o exercício da cidadania.

Os encontros semanais de grupos se baseiam no pressuposto de que será uma reunião de indivíduos que compartilham uma situação; funcionam como estimulação, aprendizado, favorecendo o relato de vivências pessoais e a troca de experiências e opiniões. Essa troca possibilitará elucidar e compreender a manifestação de determinados comportamentos por envio das motivações que os determinam. Trata-se, portanto, de uma abordagem não diretiva, em que se estimulam a expressão espontânea e a reflexão acerca de sentimentos, valores e atitudes.

O autor Ballestero (1999: 205) nos diz que "um dos papéis mais importantes no trabalho de grupo é o do orientador", líder, coordenador, educador ou facilitador, cabendo a ele a responsabilidade de tornar uma oportunidade de aprendizagem em um momento de encontro agradável para todos. Cabe a ele proporcionar a sensação de ambiente protegido para novas experiências e aprendizagens. Ele é responsável pela percepção do grupo de que aquilo que está sendo feito é gratificante porque se está tendo a oportunidade da convivência humana.

São profissionais que cumprem funções de potencializador das atividades, com base no pressuposto de que a construção do conhecimento é um processo dinâmico estabelecido pelas relações de sujeitos que perseguem seus próprios interesses na relação de ensino-aprendizagem.

Fazemos referência aos papéis de educadores denominados: orientador, facilitador e observador. E destacamos como funções da equipe interdisciplinar – educadores:

- *Orientador*: lidera, coordena e interage nas discussões e reflexões e trabalhos junto aos adolescentes.
- *Facilitador*: auxilia na interação do grupo, favorecendo a discussão e a reflexão.

• *Observador*: faz a observação do grupo de adolescentes e dos orientadores e facilitadores no intuito de avaliar a atuação de ambos com apontamentos para discussão junto à equipe técnica de trabalho.

Processo de ensino-aprendizagem

É interessante ressaltar que falamos do educador que respeita o adolescente e acredita que são capazes de construir suas próprias histórias, de fazer escolhas e trilhar caminhos reflexivos, críticos e criativos.

Para Freire (1992: 81): "Ensinar é assim a forma que toma o ato do conhecimento que o(a) professor(a) necessariamente faz na busca de saber o que ensina para provocar nos alunos o seu ato de conhecimento também. Por isso ensinar é um ato criador, um ato crítico e não mecânico". Nesta concepção temos o educador/orientador numa situação de mediador entre o grupo de adolescentes e o tema abordado.

O tema e a(s) dinâmica(s) de grupo deve(m) ser escolhido(s) após a observação do público alvo, para adequar-se à faixa etária predominante, ao nível de escolaridade, à capacidade de compreensão, à motivação para a oficina, ao nível de relacionamento entre os integrantes do grupo e a outros fatores como hábitos, cultura e interesses.

Salienta-se a importância de que o educador conheça bem o alcance das técnicas que vai utilizar, bem como conduzi-las corretamente para que não haja imprevistos que desestabilizem o grupo e tragam dificuldades na condução do processo.

Apontamos como critérios para esse profissional desempenhar com êxito sua função, possuir habilidade e conhecimento da fase da adolescência. Sugerimos também que o educador tenha virtudes, e estas não podem ser vistas como algo como um presente que recebe, mas como uma forma de ser, de encarar, de comportar-se, de compreender, tudo o que se cria através da prática, em busca da transformação da sociedade. E, como primeira virtude, destaca-se a coerência do educador entre o que diz e o que faz. A coerência entre o discurso que se fala e anuncia e a opção e a prática que deveriam estar confirmando o discurso. Esta virtude enfatiza a necessidade de diminuir a distância entre o discurso do educador/orientador e a prática, e isto necessita habilidade e tempo para se atingir.

Pode-se assim buscar que o educador saiba ouvir, saiba observar e utilizar-se de todos os meios de comunicação. Precisa esperar o melhor momento para questionar ou responder, deixar que os adolescentes falem e possam expor suas ideias e críticas e não ter pressa em querer lhes responder; dê tempo e observe como agem, quais atitudes, o que incomoda ou perturba. A avaliação lhe dará subsídios para melhorar sua prática educativa.

Esse exercício nos leva a outra virtude também importante: que o educador possa refletir quanto às suas atitudes e posturas e como articular com a tensão entre a palavra e o silêncio. Essa virtude surge do conflito em muitos momentos de trabalho em grupo ou na sala de aula onde se faz necessário sabermos calar e respeitar o silêncio imposto o qual fala muito mais que palavras. Se o educador viver apaixonadamente a palavra, o silêncio significará falar "com" os educadores para que também eles falem "com" a gente.

Isso requer habilidade do educador para que estimule os educandos a fazerem perguntas, instigá-los à reflexão e, no caso de não gostarem, podem reclamar, dizer o que pensam. É preciso que o educador testemunhe nos educandos o gosto pela pergunta e o respeito e credibilidade à resposta. A pergunta é fundamental quando atrelada à prática. É preciso que o educador tenha a habilidade de perceber se no grupo ou na sala de aula os alunos não querem correr o risco de perguntar, justamente porque às vezes temem seus próprios colegas.

Portanto, valorizar toda e qualquer manifestação de dúvida surgida e trabalhar com o grupo para evitar situações constrangedoras, muitas vezes à pergunta que não vem bem organizada, desconexa ao assunto tratado, isso faz com que o educador observe, pense e responda. Agindo assim, os adolescentes percebem que podem ser respeitados.

Outra virtude do educador(a) é não só compreender, mas viver o conflito entre o seu aqui e o agora e o aqui e o agora dos educandos. Porque na medida em que eu compreendo a relação entre "o meu aqui" e o "aqui" dos educandos é que começo a descobrir que o meu aqui é o lá dos educandos. Não existe lá sem aqui, o que é óbvio. Só reconheço que existe um aqui porque há algo diferente que é o lá. É necessário respeitar a compreensão do aluno, da sabedoria popular, do sentido comum que têm os educandos.

Utilizar-se do conhecimento prévio dos adolescentes e, com isso, aprimorar o seu conhecimento e os deles, com uma reflexão do conteúdo adquirido e do já conhecido.

Outra virtude é praticar uma paciência impaciente. É aprender a experimentar a relação entre a impaciência e a paciência, de tal maneira que jamais se rompa a relação entre as duas posturas. Pense: o momento é agora e precisa ser feito agora mesmo.

Ora, logo o educador tem que ter paciência para ouvir, calar-se, observar e, ao mesmo tempo, mostrar ao adolescente que quer vê-lo crescer, aprender, evoluir, jamais desistir.

Nessa concepção o perfil do educador para trabalhar com adolescentes tem como características a sociabilidade em:

- Aceitar a interação com outros profissionais da equipe.
- Tomar cuidado com julgamentos e preconceitos: acolher dúvidas, erros de interpretação, sendo flexível e paciente, saber que há muitas maneiras de se dizer..., entender o porquê e o que o outro está dizendo.
- Demonstrar interesse pelas pessoas observadas e respeitá-las, percebendo detalhes ou movimentos isolados dos participantes.
- Ouvir atentamente, dar oportunidade para expressarem-se, sem intervir, sem criticá-los, sem ameaçá-los; evitar dar sua própria opinião.
- Ser expressivo ao se comunicar, usando de atitudes de firmeza com bondade e apoio.
- Respeitar as pausas silenciosas do(s) educandos(s), e não completar as frases, deixar que encontre as palavras e as use como puder.
- Nunca mentir, seduzir ou prometer o que não pode cumprir.

• Ajudá-los a pensar e descobrir soluções para resolver seus problemas pessoais, utilizando-se da habilidade de reconhecer e utilizar seu papel de moderador de conflitos ou solucionador de problemas.

• Estar consciente da sua responsabilidade de contribuir para o resgate da autoestima necessária para o projeto de vida e de saúde da outra pessoa.

• Projetar entusiasmo e coerência nas informações, e esclarecer quaisquer equívocos, quando necessário;

O Educador (Orientador/Facilitador), juntamente com os adolescentes, ao mesmo tempo, está ensinando e aprendendo. E, nessa troca de conhecimentos, aprecia outros modos de ver a realidade e, desse entender mútuo, compreende que a vida e a saúde do adolescente dependem não apenas da sua condição biológica, mas, principalmente, das condições do meio sócio-econômico-cultural em que vivem. Lembrem-se de que falamos de uma abordagem biopsicossocial e cultural.

O Educador organiza-se e aguça sua percepção para observar, olhar o adolescente com um novo paradigma, enfim olhar o adolescente como um todo: o adolescente é resultado da interação com sua família e comunidade. Daí a importância que o orientador conheça seu educando/adolescente dentro do contexto social e psicológico, para que possa interagir nas reflexões e dúvidas que possam ser apresentadas. O educador também precisa conhecer a família e a comunidade do educando, e contar com a sua participação. Se os tiver como aliados o benefício será imensurável para o fortalecimento de uma personalidade e de uma autoestima positiva dos filhos e educandos adolescentes

Informação, educação sexual e orientação sexual

Antes de iniciarmos as apresentações das temáticas, é importante destacar o que entendemos mesmo que sucintamente por "informação", "educação sexual" e "orientação sexual".

Informação, conhecida como a simples passagem de. Importante no processo educativo, não se constitui em si mesma nesse processo. Ou seja, fornecer informações a alguém sobre determinado assunto ou fato não é, isoladamente, um processo educativo; informar é entendido por nós como uma atividade de ensino e de instrução, e não de educação, ao menos enquanto a informação for passada isoladamente.

Quanto à educação sexual, esta existe desde que nascemos, ou melhor, desde o útero materno. É demonstrada por gesto, palavras e atos, é marca registrada de lembranças cuja influência nos acompanha no decorrer de toda uma vida. Daí a importância de citarmos a família como a principal formadora de uma educação sistemática. Se essa educação é de boa qualidade ou de má qualidade, esta será outra discussão.

Suplicy (1994: 10) cita que "[...] a Educação que a criança recebe dia a dia é a mais importante que ela recebe, é a que estabelece sua postura frente à sexualidade".

A educação sexual pode ser definida como um conhecimento que abrange o adolescente como ser único no processo. Processo de se conhecer e conhecer o mundo que o cerca. É da educação sexual recebida, percebida, sentida, que o adolescente promove sua expectativa de vida e respeita as de seus semelhantes.

Quanto à orientação, Vitiello (1997: 95) diz que "a orientação implica um mecanismo mais elaborado; a orientação quando utilizada na área da educação, deriva do conceito pedagógico de orientação educacional, definindo-se como processo de intervenção sistemática na área da sexualidade".

A orientação baseia-se na experiência e nos conhecimentos do orientador que ajuda o educando a analisar diferentes opções, tornando-o assim apto a descobrir novos caminhos.

Segundo Suplicy et al. (1994: 8),

> A orientação sexual procura ajudar crianças e adolescentes a terem uma visão positiva da sexualidade, a desenvolverem uma comunicação clara nas relações interpessoais, a elaborarem seus próprios valores a partir de um pensamento crítico, a compreenderem o seu comportamento e o do outro, a tomarem decisões responsáveis a respeito de sua vida sexual agora e no futuro.

Cabe salientar que a orientação para a sexualidade deve ser para o jovem um espaço que proporciona construir o conhecimento, para refletir; é um momento de planejamento, vivências e projeto de vida.

Conteúdo programático/oficinas de orientação: fase adolescer

É interessante ressaltar que a elaboração dos conteúdos programáticos teve um processo longo de aplicação, observação, e avaliação para finalmente ser concluído. Buscávamos um conteúdo que atendesse ao objetivo de uma proposta educativa que teria como instrumento a aplicação de dinâmicas de grupo com orientações. E estas conseguissem absorver as necessidades apresentadas pela fase adolescer, fase esta de vital importância para o nosso público alvo.

A proposta de trinta temas demorou cinco anos para ser escrita e concluída, exigindo muito estudo e reformulações. No primeiro ano, iniciamos com 16 temáticas, no seguinte, 21 temas, no terceiro ano com 25 temas, e no quarto ano finalmente fechamos com 30 temas.

Todas as temáticas são seguidas de uma breve explanação sobre o tema, sempre proporcionando uma reflexão para o educador. O(s) objetivo(s) das várias dinâmicas de grupo, todas estudadas e elaboradas para atender à temática sugerida, pode(m) ser escolhido(s) previamente para os mais variados tipos de reuniões: encontros sociais, familiares e profissionais, sala de aula, enfim, com um pouco de criatividade pode-se utilizar muitas ou todas as dinâmicas aqui apresentadas, observando sempre qual o público a ser atendido e o objetivo do encontro.

Um dos motivos desta publicação foi partilhar com os que trabalham com grupos humanos, a minha experiência profissional e estimular educadores e profissionais a observarem o seu desempenho frente ao outro, numa atitude de crença na capacidade espontânea e criativa, bem como incentivar para que outras experiências fossem registradas, valorizando a integração e o crescimento da reflexão individual e coletiva.

Temáticas/dinâmicas de grupo

1

Boas-vindas

a) Objetivo: Facilitar a integração grupal.

b) Conteúdo: Dar boas-vindas. Apresentação da equipe e do objetivo do trabalho, com explicações do funcionamento e do conteúdo programático das oficinas de orientação.

c) Dinâmicas:

a) Quebra-cabeça do conhecimento;

b) Caixa de fósforos;

c) O dono do crachá;

d) Expectativa do grupo.

Boas-vindas ao grupo; apresentação da equipe; apresentação dos objetivos

• Promover o crescimento pessoal dos adolescentes.

• Estimular o seu protagonismo social.

• Buscar a melhoria da qualidade de vida.

• Entender a interação da saúde com os fatores sociais, ambientais, biológicos e psicológicos, feita de uma construção coletiva e permanente.

• Despertar a consciência, a reflexão e a responsabilidade dos seus atos.

Funcionamento dos encontros (Explicar o desenvolvimento do trabalho)

Periodicidade: Os encontros serão quantas vezes no mês, na semana.

Carga horária: Total de todos os encontros e de cada encontro.

Horários: Serão realizados em que período, e qual o horário de início e término.

Crachá: É importante a utilização do crachá durante as oficinas e demais atividades propostas para facilitar a identificação. Principalmente para os adolescentes e orientadores.

Frequência: Será exigida uma frequência mínima de 75% em cada oficina realizada, sendo um critério de exigência a participação na oficina de orientação semanal e/ou mensal, para que esteja inscrito nas demais oficinas de esportes, culturais ou profissionalizantes.

Certificado: Informar se será ou não confeccionado certificado.

Oficinas: Englobam quais as áreas, disciplinas: (nossa experiência contou com estas áreas).

- Educativa: Orientação semanal e mensal.
- Desportiva: Basquete, vôlei, futsal, handebol, futebol, ginástica entre outras.
- Cultural: Danças, capoeira, estudo e outras.
- Artística: Bordado, pintura, artesanato.
- Comunicação-expressão: Rádio, teatro, jornal, oficina da palavra,
- Idiomas: Espanhol, inglês.
- Profissional: Informática, garçom, serviços administrativos, recepcionista de hotel, zelador e outros que possam oportunizar.

Conteúdo programático das oficinas de orientação

Apresentar os conteúdos previamente estabelecidos, ouvir a opinião do público (membros do grupo) com relação aos temas, se querem incluir mais temas, se são assuntos de interesse, se preferem trocar a sequência.

Dinâmicas

a) Quebra-cabeça do conhecimento

Objetivos: Interação. Apresentação de todos. Quebrar a inibição inicial.

Nº de participantes: No máximo 26 pessoas, desde que sejam números pares de pessoas.

Tempo: 40min

Material: Som, música, cartões pequenos de cartolina ou qualquer material semelhante, recortados ao meio, de forma a se encaixarem as duas metades como um quebra-cabeça. Cada participante receberá uma metade. Importante que os recortes sejam sempre diferentes, de modo que cada metade consiga encaixar apenas na sua metade correspondente.

Desenvolvimento: Explicar a dinâmica, misturar as metades dos cartões e entregar uma para cada participante. Depois que todos estiverem com a sua metade, pedir que circulem à vontade, tentando encontrar quem está com a outra metade que se encaixa com a sua metade. Deverá haver somente uma possibilidade de encaixe e, portanto, só um par disponível (5min). Após a identificação de seus pares, os mesmos conversam tentando obter informações tais como nome, idade e o que espera do projeto (10min). Terminado o tempo desta conversa, é pedido aos participantes que apresentem o seu par ao grupo (3min para cada dupla).

b) Caixa de fósforos

Objetivos: Apresentação, interação grupal ou fechamento da oficina.

Nº de participantes: Livre.

Tempo: 30min

Material: Caixa pequena de fósforos.

Desenvolvimento: Os integrantes deverão estar sentados em círculo. O animador inicia a dinâmica que consiste em riscar um palito de fósforo e enquanto o palito estiver aceso deverá falar sobre si mesmo, apresentando-se aos outros ou dando seu depoimento para o fechamento da atividade educativa do dia. Quando o palito apagar, ele deverá parar de falar e passar a caixa de fósforo ao colega do seu lado. A dinâmica acaba quando o último terminar de falar.

c) O dono do crachá

Objetivo: Interação e descontração grupal, identificação interpessoal.

Nº de participantes: Livre.

Tempo: 30min

Material: Crachás com o nome de todos os participantes embaralhados sobre uma mesa.

Desenvolvimento: Cada participante pegará um crachá, desde que não seja o seu, indicará um dos participantes como sendo o dono daquele nome e explicará o porquê da escolha. Quem recebeu o crachá com o nome (se é o seu ou não) nada fala e continua a brincadeira; pega outro crachá e indica outro elemento do grupo como sendo o dono daquele nome, explicando por que pensa ser a pessoa com aquele determinado nome. A dinâmica continua até que todos tenham recebido um crachá.

No segundo momento cada participante vai falar se este é ou não o seu nome, se não for devolve o crachá ao dono verdadeiro, que na sequência vai apresentar-se, e assim por diante até que todos tenham se apresentado.

d) Expectativas do grupo

Objetivos: Conhecer as expectativas do grupo, esclarecer dúvidas, inquietudes, receber sugestões, apresentar o programa.

Nº de participantes: Livre.

Tempo: Irá depender do número de perguntas realizadas.

Material: Sala ampla com cadeiras, papel e caneta.

Desenvolvimento: Após a dinâmica de descontração e de apresentação dos membros da equipe e do grupo, o orientador explica que todos irão conversar e ouvir as expectativas, ou dúvidas dos participantes sobre o trabalho que será desenvolvido. O orientador apresenta as atividades, os objetivos, como serão utilizadas as dinâmicas de grupo, permitindo sempre que todos façam questionamentos, o importante é clarear e sanar as dúvidas e só prosseguir na explicação após todos sanarem suas dúvidas. Desta maneira, os adolescentes percebem que podem perguntar e que serão atendidos e respondidos.

2
Compromisso

a) Objetivos: Levantar os interesses e expectativas do grupo sobre o trabalho a ser desenvolvido, além de criar normas de convivência do grupo.

b) Conteúdo: Integração e responsabilidade com o grupo.

c) Dinâmicas:

a) A confecção da rede;

b) Eu e a equipe;

c) Normas de como elaborar;

d) Corrente do bem.

Importância da interação grupal: um compromisso de todos

O programa de orientação deve ter entre suas características essenciais a realidade e a utilidade. Deve ser apropriado ao grupo com o qual se trabalha e resultar em conhecimentos, experiências e conclusões válidas para o contexto social desse conjunto de pessoas. Se a mensagem educativa, bem como a informação fornecida, não corresponderem às expectativas da comunidade, ou se encontrarem muito afastadas da realidade cultural dos educandos, muitos dos esforços serão em vão. Precisamos identificar os interesses de reconhecimento cognitivo do grupo e fazer um diagnóstico das características gerais. Assim, o processo educativo não será somente um veículo para transmissão de uma mensagem, mas virá a ser em si próprio uma mensagem educativa. Não só um meio, mas também um fim. Em outras palavras, o orientador deverá partir da realidade e da situação específica do grupo.

Nosso compromisso está em realizar um encontro educativo realista útil e de importância fundamental. Para isso, temos de contar com uma informação mínima indispensável, e esta deve ser suficiente para responder aos questionamentos e inquietações dos educandos.

As questões para os educadores referem-se a:

- O que os participantes esperam aprender no processo educativo?
- O que os participantes gostariam de aprender nas várias fases da adolescência?
- Quais os conhecimentos que eles já têm nestes assuntos?
- Que opiniões eles tem em face de determinados assuntos?

As questões de compromisso para os educandos/adolescentes referem-se a:

- Participar ativamente, questionando e estimulando outros a perguntarem;
- Não faltar, manter assiduidade e pontualidade, valorizar o tempo;
- Expor suas ideias e inquietações recebendo o respeito dos demais, assim como ajudar aos colegas que queiram fazer o mesmo;
- Manter o aprender e ensinar em sintonia;
- Ajudar o orientador a manter a disciplina como um todo;

Portanto, o compromisso é tarefa de todos, e o resultado é o sucesso do objetivo cumprido.

Outro ponto de reflexão se faz na questão de discutir trabalho de equipe ou de grupo; a diferença nos permite questionar que, durante o transcorrer do trabalho desenvolvido pelos profissionais, muitas vezes não trabalhamos em equipe, mas em grupo, muitas vezes por questões pessoais ou por falta de empatia pela causa.

Acreditamos que para fazer parte de uma equipe é necessário que as pessoas que trabalham juntas desenvolvam no seu dia a dia o exercício da empatia.

A palavra empatia vem do grego *empátheia* e significa entrar no sentimento, termo inicialmente utilizado pelos teóricos da estética para designar a capacidade de perceber a experiência subjetiva do outro.

Segundo Fish e Shelly (1996: 110), "empatia é a capacidade de entender aquilo que uma pessoa está sentindo e transmitir-lhe compreensão, mantendo ao mesmo tempo certa objetividade para poder prestar a ajuda necessária".

Muitas vezes os membros da equipe necessitam sentir que estamos com eles, junto deles! E que este "estar com" pode tomar diversas formas: o abraço, o elogio, o ouvir com atenção, o estar lado a lado. Essas são algumas dicas para manter-se em equipe.

Outra reflexão será na questão da liderança, em que está posicionado(a) este(a) líder: num grupo, está no centro delegando e dirigindo as ações; na equipe esse(a) líder está no círculo lado a lado com os demais da equipe delegando, dirigindo e fazendo junto.

E, por último, a reflexão dos objetivos a serem atingidos. Num grupo, muitos têm definição dos seus objetivos, porém estes são individuais e não coletivos, o sucesso ou vitória é individual; na equipe, o objetivo é único para todos e o sucesso ou vitória é coletivo. Nesta concepção todas as dinâmicas aqui descritas são com o objetivo coletivo de trabalho de equipe, mesmo que citado "formação de grupos", não se entende por trabalho em grupo e sim de equipe.

Dinâmicas

a) A confecção da rede

Objetivos:

1) Proporcionar a reflexão sobre comunicação, integração, informação e importância da rede e responsabilidade em relação ao outro. "Todos são responsáveis para o sucesso do grupo e aprendizado".

2) Integrar o grupo de adolescentes entre si e em relação ao treinamento, destacando a importância da rede, o que a rede simboliza para o grupo.

Nº de participantes: Não há número estipulado, porém recomenda-se, em caso de grupos superiores a 30, dividir em dois grupos.

Tempo: 30min

Material: Sala ampla, rolos de cordão ou barbante. Mais de 4 rolos de cores diferentes.

Desenvolvimento: O facilitador explica a dinâmica e solicita ao grupo que todos fiquem em pé e em círculo. Pede que cada participante se apresente, deixando seu primeiro nome e um sentimento. Em seguida, prende o cordão em seu dedo e joga o rolo para outro participante; este pega o fio e enrola uma volta no seu dedo, e joga o rolo para outro participante, e assim sucessivamente. Todos devem jogar mais de uma vez. Após um tempo, se o orientador achar que a rede está bem trançada, parar e pedir a um dos componentes do grupo (o(a) mais alto(a)) para ir ao centro da rede (atenção: esse adolescente precisa ir por baixo dos fios e quando chegar ao meio levantar-se entre os fios). Em seguida todos devem entregar as voltas do fio que estão enroladas em seus dedos para esse adolescente. Com isso feito, forma-se uma corda, enrolando-a ou pendurando-a num mural ou parede. Sugerimos ainda que o facilitador anote todas as palavras de sentimentos citadas durante a confecção da rede, para que depois sejam colocadas junto à rede (agora corda) na parede.

b) Eu e a equipe (grupo)

Objetivos: Evidenciar as características de um grupo e de uma equipe, elaborar as regras que nortearão sua convivência em equipe e/ou grupo.

Nº de participantes: Livre.

Tempo: 20min

Material: Papel branco tamanho ofício, canetas coloridas ou giz de cera, papel pardo (tamanho de uma cartolina).

Desenvolvimento: Cada participante desenhará, em tamanho grande, a primeira letra do seu nome em um papel branco e poderá pintar e enfeitar como quiser; em seguida, cada um colocará a folha com sua letra escrita sobre uma grande folha de papel que estará sobre o chão. Assim que todos colocarem as folhas no local indicado, o facilitador entra no círculo e, sem falar nada, começa a misturá-las sem o cuidado de estar pisando em algumas letras, continua tirando-as do lugar onde estavam e depois sai e retorna ao círculo. O orientador observará as reações da equipe, sem falar nada. Pedirá aos participantes que organizem novamente as letras de maneira que a forma represente o grupo que eles desejam ser. Após um tempo o orientador questiona quanto aos sentimentos vividos, despertados principalmente quando o facilitador misturou, tirou e até pisou em algumas letras. Analisa as reações apresentadas e como foi a organização da equipe para a realização das tarefas. Discute as principais características de um grupo e de uma equipe, a importância de estabelecer regras e aponta as regras que acham importantes para se trabalhar em equipe, estas, serão escritas em papel pardo e colocadas em local visível para serem lembradas.

Reflexão: A regra foi sugerida pelo grupo e não imposta, e caso não sejam cumpridas, eles devem discutir e resolver. Despertando a responsabilidade entre os jovens.

c) Normas como elaborar

Objetivo: Oportunizar os adolescentes a definirem as normas para o funcionamento do programa, curso, aula, projeto, e, com isso, perceberem que não podem infringir algo que eles mesmos concordaram.

Nº de participantes: Livre.

Tempo: 60min

Material: Folhas em branco, canetas, pranchetas, sala ampla, cadeiras, quadro de giz branco.

Desenvolvimento: Dividir em grupos de 5-6 adolescentes; cada grupo escolhe um coordenador e um relator; entregar as folhas com as seguintes perguntas para serem respondidas:

- Quais são os direitos dos adolescentes nesta instituição?
- Quais são os deveres dos adolescentes nesta instituição?
- São critérios para o adolescente participar do(a).
- São normas para ser um orientador no(a).
- São normas para os adolescentes que participam no(a).

Após todos os grupos responderem, fazer um plenário para a votação de cada norma sugerida pelos mesmos; cada norma aprovada será escrita no quadro de giz ou branco e depois impressa e afixada para todos terem acesso.

Lembrar de questões como: Uso de drogas, incluindo cigarros e bebidas; namorar; ficar; horário de tolerância para entrar; frequência mínima exigida para participar; respeito com colegas e orientadores, lixo, conservação do ambiente.

d) Corrente do bem

Objetivos: Despertar a responsabilidade de/em participar de um grupo e/ou de uma equipe. Definir as normas para o funcionamento do programa, curso, aula, projeto e, com isso, eles perceberem que não podem infringir algo que eles mesmos concordaram.

Nº de participantes: Livre.

Tempo: 50min

Material: Local amplo para que as pessoas possam correr. Pode ser um jardim delimitado por quatro linhas.

Desenvolvimento: Convida-se dois voluntários para iniciar a corrente; os dois devem ficar de mãos dadas, e os demais devem fugir não podendo sair do espaço limitado. Qualquer um que encostar-se em um dos colegas da corrente, já está pego e deverá fazer parte da corrente e permanecer de mãos dadas, até o último ser pego.

Regras: Quem sair fora do espaço limitado estará automaticamente pego e deverá fazer parte da corrente. Não pode romper a corrente.

Pontos para reflexão:

- O que é o limite?
- Demarcação?
- Qual é o nosso limite?
- O meu limite pode afetar o outro?
- Por que muitos fugiram?
- Quem foi o último?
- Qual a sensação da corrente?
- Qual a nossa responsabilidade para que os encontros sejam positivos?

3
Minha história: infância

a) Objetivos: Propiciar reflexão sobre a primeira forma de nos identificarmos, que é o nosso nome. Dar continuidade ao processo de conhecimento entre a equipe e os adolescentes.

b) Conteúdo: História da escolha do nome; gostar ou não do seu nome; todos tem uma história; conhecer sua história.

c) Dinâmicas:

a) Meu nome;

b) Caixa-surpresa;

c) Sua origem;

d) Pintura.

Minha história

Nesta dinâmica pretendemos trabalhar a história de cada adolescente, passando da gestação, infância, à adolescência. Um momento marcante da história da infância é a escolha do nome, as intenções e objetivos, conhecidos ou não, dos pais diante da escolha que vai nos identificar para o resto de nossas vidas. Muitos adolescentes desenvolvem um sentimento de repulsa por acreditarem que aquele nome não o identifica, buscando um todo, num contexto de relações familiares e/ou sociais que o movem. Do ponto de vista psicológico, uma relação de mal-estar com o nome pode levar a uma série de perturbações e bloqueios na biografia, já que o nome é o primeiro passo para que se possa interagir com o mundo (documentos). Cada um de nós tem uma história e uma espécie de pré-história, formada a partir das circunstâncias de nossa própria vida, da cultura, da época, do local onde nascemos. Das intricadas relações entre as pessoas que nos antecederam (pais, avós). Conhecer a sua história facilita entender ou obter respostas para muitas inquietações.

Nós, os orientadores e facilitadores, objetivamos criar um espaço para conhecer a história de cada um, começando pelo nome. No transcorrer das dinâmicas, poderemos ter situações como: não gostar do nome, não aceitar o nome e, dentro da nossa experiência, indicamos orientar tal adolescente a sugerir qual o nome que gostaria de ter, ou como gostaria de ser chamado, e tentar fazê-lo gostar do próprio nome num processo de reflexão e continuidade.

E quando falamos de identidade, falamos de identificação com a mudança que está ocorrendo; é importante falarmos das mudanças como positivas e importantes para a identidade. A letra da música *Nunca para de sonhar*, de Gonzaga Junior, nos diz "deixar de ser criança é não perder o sonho, a fantasia; é acreditar que será melhor a cada novo amanhecer..."

Dinâmicas

a) Meu nome

Objetivos: Refletir sobre a primeira forma de nos identificarmos que é o nome e, a partir disto, como transcorreu a infância de cada um. Conhecermos os adolescentes que iremos trabalhar.

Nº de participantes: 20 a 30.

Tempo: 60min

Material: Papel branco A4 ou cartolina, cola, tesoura, canetas coloridas, revista com o significado dos nomes. Previamente preparar os nomes e seus significados para entregar para os adolescentes.

Desenvolvimento: Distribuir papéis cortados em forma de crachás e pedir que cada um use a criatividade e escreva o seu nome, podendo desenhar, colar e pintar. O orientador deve previamente buscar o significado dos nomes dos adolescentes que estão na oficina através de um livro de consultas e dar a cada um o significado específico. Ao ler o significado do nome, estimular sua valorização pessoal com elogios. Entregar a folha escrita com o significado dos nomes para que possam levar para casa.

b) Caixa-surpresa

Objetivo: Despertar o interesse e curiosidade da turma/ grupo e oportunizar as habilidades para elogiar os colegas e saber dividir.

Nº de participantes: Livre.

Tempo: 10min

Material: 1 caixa de bombons ou outro pacote de doces que possa ser dividido entre os membros do grupo.

Desenvolvimento: Colocar a caixa de presente sobre a mesa e aguardar a reação do grupo dizer que este presente é para uma pessoa especial que "ele/a" (orientador ou facilitador) escolheu; pedir que descubram quem é. Depois de um tempo, o orientador diz o nome de um dos adolescentes (se possível de um(a) que não foi destacado pelos demais) e, quando esse(a) vier para receber o presente, o orientador, com muitos elogios, diz que como esta pessoa é muito querida e amiga, ela não poderá aceitar o presente. E irá chamar outro colega para dar o presente e assim sucessivamente acontecerá até que todos os membros do grupo recebam elogios. No último, o orientador pede que ele(a) reparta os bombons com os demais. O segredo é sempre usar muitos elogios uns com os outros.

c) Sua origem

Objetivos: Conhecer e aceitar sua origem, sua história, sua identidade; valorização de si mesmo.

Nº de participantes: Livre.

Tempo: 45min

Material: Texto para leitura de reflexão, papel branco, canetas, ficha de identificação (modelo abaixo) música *A vida* de Vera do Nascimento e *Crianças* de Itaquera.

Desenvolvimento: Com uma música suave, o orientador faz um pequeno exercício de relaxamento e pede que ouçam e reflitam a mensagem que será lida (sugestão: música *A vida* e *Crianças*. Após a leitura ou audição da música, pedir silêncio e o orientador questiona:

- Por que nós somos únicos diante de tantos seres vivos?
- Você se sente parte da natureza? Por quê?
- Por que cada pessoa tem um nome?
- Onde está a vida?
- Por que a vida é o melhor presente que temos?
- O que queremos fazer com a vida?

Em seguida, o orientador solicita aos membros do grupo que permaneçam sentados em silêncio, coluna reta, olhos fechados, pés firmes no chão, relaxando o corpo e aquietando a mente para ouvir seus pensamentos, deixar fluir a intuição, respirar profundamente e sentir a vida se realizando em si mesmo. Após um tempo (curto), entregar a ficha de identificação para cada um e pedir que preencham, incluindo o nome de um brinquedo que traga recordações (cada um fará comentários sobre o brinquedo escolhido). E, para encerrar, pedir que escrevam um compromisso de vida (palavra que valorize a vida). Recolher as fichas e fixar em cartaz exposto na parede.

Modelo da ficha

Meu nome é: ____.

Nasci no dia/mês/ano: _______________________________.

Na cidade de: ______________________________________.

Nome dos meus pais: ________________________________.

Mora com eles? Sim ( ) não ( ). Se não, por quê?

____.

Nome de um brinquedo: _____________________________.

Qual é o seu compromisso de vida? (Seu sonho na vida.)

____.

O que espera de nossos encontros?

____.

d) Pintura

Objetivos: Oportunizar a expressão da criatividade através da pintura; exercitar a coordenação motora; avaliar a autoestima; proporcionar lazer, diversão e relacionamento interpessoal; analisar a percepção das cores, formas, tamanhos e autoimagem.

Nº de participantes: Livre.

Tempo: 45min

Material: Pincéis, papel Kraft (recortado em formas geométricas diversas e em tamanhos diversos), fios, barbantes, material de sucata, tintas à base de água (guache) ou tinta para pintura a dedo, tesouras, cola.

Desenvolvimento: Cada um do grupo escolhe um pedaço de papel recortado; todos devem fazer seu retrato e colocar seu nome no papel e, após estar seca fazer a moldura com os materiais disponíveis. Ao final, o orientador e o facilitador deixam em exposição na sala dos artistas (pode ser a sala onde acontecem os encontros). Todos os trabalhos devem ser estimulados e elogiar cada um por seu estilo e arte.

4
Identidade

a) Objetivos: Dar seguimento ao vínculo com o adolescente, iniciado no primeiro encontro. Observando como se veem, como se definem, como reagem ao tema. Abordando o primeiro ciclo de vida: a infância.

b) Conteúdo: A nossa identidade; como se forma; como surge; é um processo de construção.

c) Dinâmicas:

a) Sonoridade dos nomes;

b) Espelho, espelho meu;

c) Autorretrato;

d) Meu nome reflete o que sou?

O adolescente e sua identidade

A nossa identidade pode ser considerada como a nossa marca registrada, um conjunto de características que constituem o nosso ser de modo particular, que configuram a nossa individualidade. A identidade é própria do ser humano e marca a sua diferença dos outros animais. Contudo, é também uma construção que se forja no desenvolvimento de cada pessoa, nas suas experiências individuais e coletivas, na sua trajetória cultural, familiar, educacional, religiosa, etc. De acordo com a sua identidade, cada povo constrói modos singulares de viver e conviver, define valores e cultiva suas tradições. A identidade se forma e se conforma a partir dos vínculos afetivos. Fortalece-se pelas vivências positivas que possibilitem ao ser humano uma relação amorosa com a natureza e com os seus semelhantes, e pelo equilíbrio entre o seu mundo particular e as relações sociais. A identidade surge como o conjunto de qualidades essenciais que conferem ao indivíduo sua singularidade, mas que não é isolada, precisa do outro para se reconhecer. A identidade é paradoxal. É autopoiética, muda, sem perder a sua essência. Qualifica-se e se fortalece na relação com o outro, sem sair de suas autorreferências. A identidade tem uma essência invariável, contudo transforma-se constantemente devido à sua dimensão espaçotemporal. Forma-se, no momento da concepção e se diferencia a cada instante em sofisticação e complexidade.

Buscar a identidade significa tentar responder a muitos questionamentos que fazemos durante toda uma vida, mais intensamente na adolescência. Quantas vezes adolescentes nos procuram no consultório, no ambulatório, na sala de orientação, nos corredores, cheios de dúvidas e ansiedades. Muitos se referem aos pais ou à família, questionando por que estão cobrando demais, ou querem saber o que vão ser quando adultos. Quando perguntamos: "Então defina quem é você", ou, "O que quer fazer quando adulto?", riem, riem muito, mas não conseguem responder. Contam-nos que não entendem por que ocorrem tais comportamentos, reações ou emoções em determinadas situações como: "deu branco na hora da prova e errei tudo!" "Fiquei tão nervoso que nem percebi que estava batendo, e forte!" "Quando fico nervosa, como muito!" "Ou não como nada!" Querem responder, mas falta-lhes a certeza, sobra-lhes o medo e a insegurança.

A busca da identidade na adolescência é um processo que, como os demais acontecimentos da adolescência, se dão com tumultos, provocando perplexidade e confusão nos adultos. Mexe com a família, nos relacionamentos, surgem os questionamentos, as cobranças, as contestações, e isso causa um desequilíbrio familiar que muitas vezes reflete negativamente no rendimento escolar e convívio social.

Assim, quando falamos na adolescência e na identidade, temos que, necessariamente, nos questionar como está esta identificação:

adolescentes com os pais e destes com seus filhos adolescentes, quais os modelos de identificação que a sociedade oferece para os adolescentes no século 21? Quais são os valores éticos e morais que estamos oferecendo? Qual é o nosso papel?

E, para finalizar, destaco a importância da família e dos pais, como os alicerces da construção da identidade do adolescente.

> Ser pré-adolescente é ser pré-inocente de como ser sobrevivente para tornar-se adulto vivente.

Dinâmicas

a) Sonoridade dos nomes

Objetivos: Observar como os adolescentes agem em relação a eles e em relação ao seu nome.

Nº de participantes: Indefinido.

Tempo: 15min

Material: Nenhum

Desenvolvimento: Pedir que cada adolescente fale o seu nome pronunciado com um tom musical. Logo após se trabalha a autoestima, sempre fazendo elogios ao seu esforço.

b) Espelho, espelho meu!

Objetivos: Olhar para si, elogiar-se e ouvir elogios dos colegas.

Nº de participantes: Livre.

Tempo: 25min

Material: 1 espelho médio ou grande.

Desenvolvimento: Após conversar sobre como foi sua infância; o que se lembra de bom e de ruim; se gostou ou não;

se quer voltar ao período da infância... o orientador pede a um voluntário que venha até a frente do espelho, olhe e diga o que está vendo: qualidades, defeitos, bonito, feio, detalhes do corpo. O orientador lembra detalhes não percebidos e os elogia, pede aos colegas que falem das características da pessoa que está se olhando no espelho, terminada a descrição, vêm os demais que queiram realizar sua descrição, ou o orientador convida outro adolescente para se olhar no espelho.

c) Autorretrato

Objetivo: Observar como se definem.

Nº de participantes: Indefinido.

Tempo: 30min

Material: Papel branco, canetas coloridas, lápis de cor.

Desenvolvimento: Pedir que cada um faça o seu autorretrato, como se vê; distribuir as folhas. Após um tempo, o orientador verifica se todos terminaram e pede para que mostrem os desenhos e que se apresentem dizendo: "eu sou assim..." O orientador pode estimular os participantes a fazerem comentários que possam melhorar a autoestima do adolescente que se apresentou.

d) Meu nome reflete o que sou?

Objetivo: Compreender que as pessoas nos identificam pelo nome.

Nº de participantes: 20 a 30 pessoas.

Tempo: 30min

Material: Papel, caneta, prancheta.

Desenvolvimento: O orientador inicia falando sobre a importância do nome para pessoa, e pergunta qual o significado do nome para cada um dos presentes. Após um tempo, o orientador pede para que fiquem em duplas, peguem o material, e cada dupla deverá descrever duas personagens principais: ex. Eduardo e Stefhani (ou outros nomes, o cuidado que se pede é para não ser o nome de um dos membros do grupo).

Eles devem imaginar e descrever: como é o físico (se é gordo, magro, alto, baixo, cor dos olhos, cabelo); como é o social (onde mora, onde se diverte, se tem muitos amigos, como é para os amigos); como é o financeiro (rico, pobre, miserável, sua profissão); como é o psicológico (suas angústias, medos, desejos, etc.).

Após descreverem as duplas, devem apresentar os personagens, sempre explicando o porquê da descrição feita. Logo após todos falarem de suas descrições, novamente em dupla, devem descrever pontos positivos e negativos das personagens. Finalmente o orientador oportunizará a reflexão:

a) Meu nome reflete o que sou?

b) Como somos estigmatizados pelo nome.

5

Autoimagem e transição

a) Objetivos: Possibilitar a reflexão de como percebem o processo de mudanças na fase da adolescência bem como a importância de alguns acontecimentos nesta fase da vida.

b) Conteúdo: Percepção da transição.

c) Dinâmicas:

a) Adolescer;

b) Não desejar ao outro...;

c) Qual é o meu tempo?;

d) Foto: autoestima.

Percepção da transição

O próprio adolescente se pergunta: O que é ser adolescente hoje? O que eu quero fazer da minha vida? O que eu quero ser? Quem eu quero para estar do meu lado? Mas afinal o que é adolescência?

A divisão da vida humana em períodos não é algo absoluto e exato, porém facilita a organização e realização dos estudos que evidenciam o desenvolvimento humano. Embora as propostas variem bastante, as divisões geralmente aceitas como principais períodos da vida humana são: a vida pré-natal, a infância, a adolescência, a idade adulta e a velhice. Cada período apresenta características que lhe são próprias e impõe exigências que devem ser atendidas, para que o desenvolvimento se processe de modo adequado. O grau de ajustamento, os traços e as características do adulto se devem em grande parte ao que ocorre durante a infância e a adolescência.

Adolescência: do latim *adolescere* – crescer – Período normalmente vivido como um período em que coexistem grandes transformações e crises profundas.

Lewis e Wolkmar (1993: 224) definem a palavra, contextualizando-a na história: "de fato a palavra adolescência significa tornar-se um adulto e foi pela primeira vez usada na língua inglesa em 1430, quando se referiu às idades de 14 a 21 anos nos homens e 12 a 21 anos nas mulheres".

Tiba (1986: 37) refere o período de crescimento para tornar-se um adulto.

> Fase do processo vital compreendido para o preparo tanto fisico como psicológico e social para se tornar um adulto. Convencionado pela sociedade o adulto é o que se mantém socioeconomicamente, sem depender dos pais ou responsáveis. [...] Não depende especificamente da idade e sim de suas aspirações e do meio em que vive.

Em sociedades culturalmente diversas, modificam-se as abordagens e as características socioculturais do processo adolescer, embora sendo um fenômeno universal. Outeiral (1994: 5) afirma esta ideia quando cita:

> [...] sendo um processo psicossocial, adolescência terá diferentes peculiaridades conforme o ambiente social e cultural em que o adolescente se desenvolve. Desde o nascimento até a morte, o adolescer é a fase em que o ser humano sofre as maiores e mais contrastantes modificações da personalidade, que resulta de mudanças no *status* biossocial entre a infância e a idade adulta.

De acordo com Mandú (2001: 61):

> O adolescer é nomeado como um momento do processo de crescimento e desenvolvimento humanos,

> em que observamos rápidas e substanciais mudanças na vida e nos corpos infantis, abrangendo: acentuado crescimento pondo-estatural e o surgimento de novas formas físicas e estéticas; transformações no funcionamento orgânico – sobretudo no sexual e reprodutivo; construção de novas relações intersubjetivas. Manifestações peculiares de novos sentimentos, modos de pensar e se comportar – refletindo novas identidades e inserções no mundo interno e externo à família. O núcleo familiar que durante a infância funcionou como fonte de proteção e segurança, na adolescência se torna opressivo. O ambiente doméstico transforma-se em palco de conflitos e divergências que podem dar margens a sentimentos de rejeição, deslocamento. Reações que muitas vezes causam crises emocionais.

Nesse momento a integração de um grupo de jovens que compartilhem os mesmos interesses pode ser uma boa alternativa para contrapor as frustrações e substituir, em alguns aspectos, à família, em cujo seio o adolescente não se sente à vontade.

Alguns autores dizem que essa fase de conflitos e crises é a fase da puberdade; tal afirmação questiona-nos quanto à diferença entre puberdade e adolescência.

Lewis e Wolkmar (1993: 219) referem que essa fase está demarcada, didaticamente, pela puberdade. Descrevem puberdade como sendo "o termo usado para designar a acentuada maturação física que ocorre em quase todos os sistemas do corpo nas meninas [...] e nos meninos".

Wong (1999: 415) explica que "a adolescência", [...] "é geralmente considerada como processo psicológico, social e maturacional iniciado pelas alterações puberais".

Ferrari e Santos (2001: 78) expõem algo mais amplo: o fenômeno da puberdade/adolescência não pode ser considerado isoladamente.

Segundo Osório (1989: 95) e Chipkevitch (1995: 125), a puberdade corresponde às modificações biológicas, e a adolescência às transformações biopsicossociais em que as primeiras se inserem. O conceito de puberdade está relacionado aos aspectos físicos e biológicos do indivíduo, iniciando-se por volta dos 9/10 anos de idade.

Segundo Tiba (1994: 89), é neste período que a criança perde o modo infantil e sente as primeiras modificações corporais. Puberdade, portanto, é o processo hormonal, de maturação e de crescimento que ocorre quando os órgãos reprodutivos começam a funcionar, gerando o aparecimento das características sexuais secundárias. Este período caracteriza-se na menina pelo primeiro fluxo menstrual (menarca), e no menino, por sinais menos óbvios. E quanto ao período final da adolescência, este é caracterizado pela cessação do crescimento corporal, por volta dos vinte anos de idade, sendo esta delimitação, tanto do início quanto do fim, apenas aproximada. Alguns autores referem-se à classificação de diferentes fases da adolescência.

Segundo a Organização Mundial de Saúde (OMS) (FRANÇOSO; GEJER; REATO, 2001: 65) a adolescência é constituída em duas fases: a primeira dos 10 aos 16 anos, e a segunda dos 16 aos 20 anos.

Pfromm (1979: 47) relaciona características em cada uma dessas duas fases:

> Adolescência inicial (12-16 anos) – crescimento de muitos órgãos e sistemas; liberta-se dos adultos em todas as áreas do comportamento; aceita o eu como pessoa digna de amor; comporta-se segundo o código do grupo; forte identificação com os do mesmo sexo; aprende seu papel nas relações heterossexuais; reorganiza ideias e sentimentos sobre o eu; usa a linguagem para expressar-se e esclarecer conceitos mais complexos.
>
> Adolescência final (16-20 anos) – aparecimento de características adultas; firma o eu como individuo; constrói um laço afetivo forte e recíproco com membros do sexo oposto; adapta-se a um quadro de valores sociais; aprende a expressar contradições em códigos morais; explora a possibilidade de um futuro compa-

> nheiro; escolhe uma ocupação; aprende a usar as válvulas apropriadas para os impulsos sexuais; atinge o nível de pensamento e de raciocínio de que é capaz.

Outros autores sugerem uma classificação mais delimitada e trazem a seguinte classificação: adolescência inicial: dos 10 aos 13 anos de idade; adolescência média: dos 14 aos 16 anos de idade e adolescência final: dos 17 aos 22 anos de idade (FRANÇOSO; GEJER; REATO, 2001: 3).

Lewis e Wolkmar (1993: 222) relacionam as diversas subdivisões da adolescência com transformações sociais naturalmente vividas ao longo da história:

> [...] quando ocorrem grandes mudanças na sociedade durante o curso da história, mudanças surpreendentes emergem no complexo mecanismo de adaptação psicológica do indivíduo adolescente. Essas mudanças psicológicas produzem, algumas vezes, o desfecho de um novo estágio de desenvolvimento psicológico [...] esta mudança, por sua vez, necessitou da emergência de diferentes tipos de mecanismos adaptativos, os quais em conjunto tornaram-se conhecidos como estágios da adolescência como conhecemos hoje.

Acrescentando as citações acima, destacamos que a adolescência é um período de grandes mudanças que se manifestam em todos os aspectos do desenvolvimento.

- **Biológico:** desperta principalmente a função de reprodução;
- **Psicológico:** aumenta a influência da afetividade sobre o comportamento, ampliam-se os horizontes do pensamento, a vida mental se interioriza; acentuam-se as diferenças individuais segundo os sexos, o meio e as personalidades;
- **Social:** a introdução do indivíduo no meio adulto é preparada através de aprendizagem social e cultural.

Outros acontecimentos que envolvem essas três áreas do desenvolvimento são: o primeiro amor, a primeira desilusão, a rebeldia, o questionar, o enfrentar os pais e a disposição de mudar o mundo, o crescimento acelerado, o desenvolvimento do corpo, flutuações alternantes, progressivas e regressivas, falta de percepção cronológica dos acontecimentos, problemas de ajustamento. Porém, em meio a tantos problemas apresentados, preocupam-nos as estatísticas que apontam e denominam de ações antissociais, de adolescentes delinquentes, de jovens socialmente desajustados e perturbados emocionalmente. Sabemos que muitos dos transtornos notáveis nessa fase não podem ser simplesmente encarados como naturais em decorrência da fase sem dar a merecida assistência para suprir e responder ao que a sociedade preconiza como "normal". A sociedade espera que o adolescente se converta em bom cidadão, constitua família, tenha uma profissão, cultive valores e ideais, contribua para o progresso, enfim, seja capaz de produzir mudanças desejáveis. Porém, a semente que irá germinar estas habilidades na personalidade dos jovens deverá ser plantada por aqueles responsáveis pelo apoio ao desenvolvimento holístico das crianças e adolescente (pais, educadores, instituições, etc.). E exige destes, uma compreensão mais profunda dos anseios, problemas e comportamento dos adolescentes. Ressaltamos novamente a necessidade de se analisar a adolescência como um todo, holisticamente, respeitando as subdivisões propostas, mas também tendo a sensibilidade na questão das peculiaridades características desta fase.

> Adolescência é uma fase de nossa vida com muita confusão e novos conhecimentos (Cristiane, 12 anos).

Dinâmicas

a) Adolescer

Objetivo: Refletir como percebem o processo de adolescência.

Tempo: 40min

Nº de participantes: 20 a 30, com idade entre 12 a 14 anos.

Material: Som, papel sulfite, lápis de cor, cera ou canetas coloridas, aparelho de som.

Desenvolvimento: Explicar a dinâmica falando sobre a adolescência, ler no quadro as frases e discuti-las. Depois entregar uma folha sulfite e pedir que escrevam seu nome e façam um desenho de como percebem a fase da adolescência. Após isso, devem escrever algo sobre: Adolescência é... Depois pedir para formar um círculo onde cada um apresentará seu desenho relatando aos demais como caracterizou a adolescência.

Escrever no quadro os pontos para discussão:

- O que é ser adolescente?
- Vantagens e desvantagens de ser adolescente;
- Como o adolescente é visto pela família, escola, sociedade?

b) Não desejar ao outro...

Objetivo: Não desejar ao outro o que você não quer para você.

Nº de participantes: Livre.

Tempo: 20min

Material: Sala ampla, canetas, folhas em branco.

Desenvolvimento: Todos sentados em círculo; o orientador pede que olhem para o seu(sua) colega do lado direito e escreva o que deseja que o seu colega faça. Após um tempo, o facilitador recolhe as canetas, e o orientador pede a um(a) adolescente que diga o que escreveu como desejo ao seu colega da direita. O desejo deve ser demonstrado pela pessoa que escreveu. Moral da brincadeira: somente deseje aos outros, o que realmente gostaria para você!

c) Qual é o meu tempo?

Objetivo: Refletir como organizar melhor o seu tempo no dia a dia.

Nº de participantes: Livre.

Tempo: 25min

Material: Sala ampla, canetas, folhas com o impresso de um relógio (círculo grande, do tamanho da folha) sem números e em branco, pranchetas.

Desenvolvimento: Todos os participantes recebem uma folha com o desenho de um relógio sem números, para organizarem seu tempo no dia a dia e registrar o que fazem. Após o preenchimento do relógio, o orientador solicita que alguns comentem como está seu tempo para a família, para os estudos, televisão, brincadeiras, alimentação, sono, trabalho, religião, saúde, lazer, amigos, esportes, computador, namoro, conversar com seus pais, atividades domésticas, etc. Você pode melhorar em que, o seu tempo?

d) Foto: autoestima

Objetivos: Dar oportunidades aos adolescentes, para (re) construção de sua imagem e autoestima.

Nº de participantes: Livre.

Tempo: 50min

Material: Espaço amplo, 3 máquinas fotográficas ou digitais, filmadora, acessórios, maquilagem, pentes, escovas, acessórios de cabelo, gel, aparelho de som e cd (música animada).

Desenvolvimento: Reunir o grupo, ligar o som e explicar o que será realizado, produzi-los com os acessórios, buscar paisagens para tirar fotos coletivas e/ou individuais; o faci litador estará filmando todos os movimentos da dinâmica; outros dois facilitadores tiram as fotos dos adolescentes; o orientador estimula a todos para fazerem poses e auxilia elogiando sempre. Posteriormente, montar um painel com a exposição das fotos e apresentação da filmagem (na filmagem ao final todos bem arrumados serão entrevistados e darão seu depoimento de como estão sentindo a mudança de visual).

Adolescência é aprendizagem, cada um ao seu tempo para crescer e mudar.

6
Perguntas e respostas

a) Objetivo: Esclarecer as possíveis inquietações apresentadas pelos adolescentes, diminuindo suas ansiedades.

b) Conteúdo: A importância de esclarecer as dúvidas apresentadas; favorecer e diminuir a ansiedade destes; ter alguém em que possam confiar.

c) Dinâmicas:

a) A tempestade;

b) Semáforo;

c) Imagem de vocês;

d) É problema? Ou não?

Esclarecendo dúvidas

Como fazemos para nos comunicar com os nossos adolescentes e tentarmos responder aos seus questionamentos?

É necessário tempo e paciência para responder às dúvidas e indagações desses adolescentes, pois estes procuram a melhor resposta. Ter humildade e bom senso para responder e, caso não saiba responder, diga que irá procurar a resposta. E faça isto. O adolescente valoriza isso.

Para responder a possíveis dúvidas e proporcionar uma conversa franca e sincera, é critério essencial compreender a infância e a adolescência em seus aspectos biológicos, psicológicos e sociais.

Muitas vezes a questão mais importante está encoberta e você, educador, precisa esforçar-se para interpretar, entender o que ele realmente quer.

É importante que o adolescente aprenda a conhecer e apreciar o seu corpo. Ajude-o a satisfazer as curiosidades produzidas pelas mudanças. Converse com o adolescente, e não lhe dê uma aula com um roteiro pronto; esteja pronto a ser questionado a surpreender-se, tente ouvi-lo mais do que falar e quando falar confira se ele está entendendo.

Lembrar que o mais importante do que você diz é a forma como você diz, a sua postura e as emoções que você demonstra. Utilize recursos audiovisuais possíveis, pois nem todas as explicações são verbais. Adequar as informações e possíveis orientações à idade, nível, ritmo e gênero, sem desvalorizar as capacidades do adolescente. Utilizar uma linguagem simples, sem artifícios e com termos familiares, pois o objetivo não é ensinar-lhes anatomia e fisiologia e sim prepará-los para a vida. Seja claro e objetivo.

Pôr em prática pequenos hábitos, tão importantes, não pode ser uma tarefa árdua e, sim, prazerosa, a fim de mudar algumas atitudes e comportamentos para melhor adequar-se à vida. Estimule os aspectos positivos, em lugar de reclamar dos defeitos – não transforme em tragédia o que não é.

Respeite a intimidade do seu(sua) adolescente, não desejando que ele(a) lhe conte tudo sobre o que está pensando ou fazendo em cada momento. Sempre é necessário que ele(a) guarde algo para si mesmo(a).

Pai, educador, amigo, mantenha-se em estado de alerta para resolver dúvidas, antes que se tornem problemas. Assim procedendo, estaremos colaborando para que o adolescente possa confiar e manter ou mudar o seu referencial.

> Adolescência é difícil, temos que aprender a curtir a vida.

Dinâmicas

a) A tempestade

Objetivo: Promover a descontração dos participantes do grupo.

Nº de participantes: Livre.

Tempo: 10min

Material: Sala ampla, fichas escritas com as seguintes palavras e/ou frases: Faça um elogio à pessoa da sua direita. Dê um abraço na pessoa a sua esquerda. Dê um pulo e grite bem alto... Grite dê uma gargalhada.

Desenvolvimento: O orientador pedirá a todos os participantes para permanecerem sentados em círculo (não deve sobrar cadeira vazia).

O facilitador explicará o jogo: vamos fazer uma viagem no mar; quando, no decorrer da viagem, o facilitador falar "onda para a direita", pula-se uma cadeira para a direita, quando falar "onda para a esquerda", pula-se uma cadeira para a esquerda; quando falar tudo está calmo, todos trocam de lugar. Neste momento, o facilitador toma o lugar de um participante. Este deverá pegar com o orientador uma ficha e ler em voz alta o que está escrito e representar sua ação (a indicada). Em seguida, este adolescente repete a cena da tempestade e assume o lugar de outro colega e continua o jogo. O orientador vê a interação e descontração promovida para terminar com a brincadeira.

b) Semáforo

Objetivos: Identificar as dúvidas e os temas de maior interesse. Selecionar os conteúdos de um curso. Discutir a ordem dos temas sugeridos. Adequar o programa de orientação.

Nº de participantes: Livre.

Tempo: 40min

Material: Sala ampla e confortável, papel sulfite, pincéis atômicos, três círculos recortados de papel cartão (um vermelho, um amarelo e um verde).

Desenvolvimento: Trabalho individual. O facilitador entrega folha e caneta aos participantes e pede para dobrar a folha em três partes no sentido do comprimento e depois recortar. Agora, com as tiras recortadas, escrever uma palavra ou uma pergunta sobre sexualidade, que tenha dúvida. Após todos escreverem, dividi-los em grupos para ler e discutir onde as mesmas devem ser colocadas, na cor verde, vermelha ou amarela, dependendo do grau de dificuldade que sentir sobre o assunto ou palavra inscrita. O sinal vermelho representa muita dificuldade sobre o assunto, o amarelo representa média dificuldade e o verde representa pouca dificuldade. Os círculos posicionados como um semáforo podem estar no chão da sala ou sobre uma mesa. Arrumar as fichas em ordem, enfileiradas abaixo de cada círculo Após todos terem colocado as tiras, o facilitador pede aos jovens que passem pelos círculos, leiam as palavras ou dúvidas escritas por grau de dificuldade escolhidos.

Perguntar:

- Por que esses assuntos são importantes para os jovens?
- Sobre qual dos temas citados é mais difícil falar e por quê?
- Qual tema é mais fácil? Por quê?

c) Imagem de você!

Objetivo: Refletir quanto aos sentimentos, medos e visão de si mesmo.

Nº de participantes: Livre.

Tempo: 50min

Material: Folhas xerocopiadas com o desenho do corpo e as questões para serem respondidas. Prancheta e canetas esferográficas.

Desenvolvimento: Distribua a cada participante uma folha com o desenho do corpo (contorno sem detalhes, apenas cabeça, tronco/abdome, membros inferiores e superiores, pés e mãos), peça que olhem o desenho e leiam as perguntas do item numerado e respondam na parte pontilhada. O orientador faz a leitura das questões abaixo e discute possíveis dúvidas. Depois de todas as questões respondidas, enumere as questões de 1 a 14 dentro do desenho do corpo. A ordem, e o local ficam a critério de cada um. Assim que terminar, o orientador solicita que mostrem seus desenhos e pede qual foi o número que colocou na parte central do desenho e pede que falem o porquê de tal escolha. As respostas podem proporcionar muitas reflexões.

Para responder:

1) Ideias que são constantes em você, ou seja, pensamentos que lhe vêm com muita frequência:____________________

____.

2) Cite as opiniões que você costuma ouvir ao seu respeito frequentemente:____________________________________

____.

3) Parte(s) do corpo que você mais fala ou gosta de falar:

____.

4) Coisas que você mais gosta de fazer (Só as principais):

____.

5) Coisas que você não gosta de fazer (Ou que menos gosta): ____.

6) Dúvidas e medos que você tem (Tudo que lhe deixa inseguro e temeroso):______________________________

____.

7) Os sentimentos mais constantes em você:__________

____.

8) As experiências mais marcantes de sua vida:________

____.

9) As ideias que você tem a respeito de sexo:__________

____.

10) As experiências que já teve neste assunto:_________

____.

11) Qual(is) a(s) parte(s) do seu corpo que você menos gosta:

____.

13) Suas ideias sobre o seu corpo:___________________

____.

14) Você está satisfeito consigo? Dê uma nota a você de 0 a 10: ____.

d) É problema? ou não?

Objetivos: Proporcionar a reflexão quanto a questões individuais que se tornam problemas ou dificuldades, numa visão individual e coletiva. Oportunizar os orientadores a conhecerem os medos ou dúvidas/problemas que os adolescentes apresentam.

Nº de participantes: Livre.

Tempo: 20min

Material: Sala ampla, um aparelho toca cd, cd de música instrumental (calma), cartolina ou cartaz com frases ou palavras escritas (o número vai depender da quantidade de palavras ou frases a serem usadas pelos orientadores).

Desenvolvimento: Inicia-se pedindo que ouçam a música por 2min; após, solicitar que caminhem pelo centro da sala. Haverá adolescentes com cartazes escritos com uma palavra ou frase que possa indicar um problema para os demais adolescentes que estão circulando. Todos ao circular pela sala leem os cartazes. Ao desligar a música, os adolescentes dirigem-se às palavras ou frases que estão próximas de seus problemas; o orientador observa e pergunta quem quer falar por que a palavra ou frase é um problema para ele(a). E assim abre-se para discussão e reflexão para que todos possam contribuir mostrando outras visões do problema e como resolvê-lo. *Exemplo de palavras ou frases indicadoras de problemas*: violência; gravidez; drogas; família; escola; não consigo fazer amigos; reprovei de ano; detesto matemática; sexo; medo; virgindade.

7
Sexualidade e afetividade

a) Objetivos: Discutir as manifestações da sexualidade e afetividade.

b) Conteúdo: A história da sexualidade, a relação e interação com o meio cultural e social.

c) Dinâmicas:

a) Expressando a sexualidade;

b) Sexualidade inicial do seu nome;

c) Grupo do cochicho;

d) Show de calouros.

Afetividade e sexualidade

Afetividade pode ser entendida como um conjunto de fenômenos psíquicos que se manifestam sob a forma de emoções, sentimentos e paixões, acompanhadas de expressões físicas de dor ou prazer, satisfação ou insatisfação, alegrias ou tristezas.

O afeto é a ligação que se estabelece entre duas ou mais pessoas. O afeto é direcionado conforme nosso interesse por alguém. Expressões afetivas podem ser manifestadas por um abraço, um olhar, um toque e todos proporcionam aproximação. O toque da mãe no seu filho, o prazer do toque, do abraço, do sentir o corpo do outro do "calor humano".

A Organização Mundial de Saúde – OMS (1975: 202) definiu sexualidade humana como:

> [...] parte integral da personalidade de cada um, é uma necessidade básica e um aspecto do ser humano que não pode ser separado de outros aspectos da vida. Sexualidade não é sinônimo de coito e não se limita à presença ou não de orgasmo. Sexualidade é muito mais que isso, é a energia que motiva a encontrar o amor, é contato, é intimidade, e se expressa na forma de sentir, nos movimentos das pessoas, e como estas tocam e são tocadas. A sexualidade influencia pensamentos, sentimentos, ações e interações. É, portanto, saúde física e mental. Se saúde é um direito humano, fundamental, a saúde sexual também deveria ser considerada como um direito humano básico.

Com efeito, sexualidade é um conjunto de comportamentos sexuais, expressando emoções e reações afetivas que são reflexos e brilho na vida do ser humano.

O afeto pode ser dedicado a uma pessoa, numa relação normogâmica sexual e, ao mesmo tempo, ser dedicado a outras pessoas em forma de carinho. O afeto e a sexualidade são interdependentes porque não existe sexo sem um mínimo de afeto. O afeto é o mecanismo que liga a sexualidade e dá vida. O afeto é a expressão das emoções que colorem a sexualidade. O afeto se expressa na sexualidade em diversos níveis: no nível energético, o afeto vem em forma de libido e energia; no nível físico, é prazer, excitação; no nível relacional o afeto se traduz em contato e carícias; no nível mental, na vontade de ficar próximo da pessoa desejada.

Ora, logo a afetividade é o carinho, é o amor que um ser humano passa a si mesmo (autoestima), bem como e na mesma proporção passa ao seu semelhante. Pode ser expressa de diversas formas e níveis. Os desenvolvimentos de afetos sadios predispõem, ao sexo sadio, um afeto deslocado ou mesmo inibido, e causa pequenas patologias que no futuro se transformam em crises sérias. Uma criança reprimida afetivamente torna-se um adolescente tímido, desajeitado, ansioso e muitas vezes frustrado no amor. No caso do adolescente sem autoconfiança, este não conseguirá expressar seu afeto e sua sexualidade sem sofrimento, o afeto se torna tarefa árdua, tateando quando, como e onde se expressará no contato com os sexos. Esses distúrbios denominam-se hipotimia e alextimia. Em termos de afeto os adolescentes criam bloqueios afetivos, acham errados atos corretos, desviam o afeto, em comportamentos destrutivos. E, nestes casos, o educador precisa orientá-los para que procurem ajuda de um profissional.

Neste capítulo o objetivo é discutir as manifestações da sexualidade e afetividade, o afeto que preenche a sexualidade de cada adolescente.

Perguntamos: Como somos afetados pelos outros? O afeto provoca que reações físicas? Como reagimos ao afeto recebido? Como damos afeto?

Dinâmicas

a) Expressando a sexualidade

Objetivos: Discutir com os adolescentes as manifestações da sexualidade. Esclarecer as concepções sobre sexualidade e suas diferentes formas de expressão.

Nº de participantes: De 20 a 30.

Tempo: 30min

Material: Sala ampla e confortável, cartolinas, folhas de papel, canetas coloridas, revistas e jornais atuais, tesouras e cola.

Desenvolvimento: Pedir aos adolescentes que pensem em algo que tenham visto, ouvido, falado ou sentido sobre sexualidade e solicitar que guardem para si esses pensamentos. Formar grupos de 5 adolescentes e solicitar que conversem sobre diferentes situações em que a sexualidade é manifestada pelas pessoas no ambiente social. Entregar revistas, jornais, folhas de papel, canetas, tesouras e cola aos grupos para que façam um painel com as figuras, anúncios e/ou textos que estejam relacionados com a sexualidade. Após a elaboração do painel, pedir aos grupos que elejam um representante para explicar como foi o processo de discussão e de montagem do painel. Cada coordenador de grupo mostra o painel confeccionado e explica aos demais o seu significado. Após as apresentações dos líderes, abrir para debate, fazendo uma síntese dos tópicos apresentados e incentivar a reflexão sobre essas manifestações da sexualidade em diferentes culturas.

Para discutir:

• Por que as pessoas confundem sexualidade com sexo?

• De que maneira a sexualidade pode ser expressa?

• Que sentimentos podem estar envolvidos na expressão da sexualidade?

• O que se entende por sexualidade, sensualidade, erotismo e pornografia?

b) Sexualidade inicial do seu nome

Objetivos: Proporcionar conhecimento e reflexão sobre os aspectos da sexualidade de forma descontraída. Conceituar a palavra sexualidade.

Nº de participantes: Livre, adolescentes com idade entre 14 a 18 anos.

Tempo: 30min

Material: Lousa de giz ou quadro branco, pincel, música.

Desenvolvimento: Iniciar escrevendo no quadro (lousa) a palavra SEXUALIDADE, pedir aos adolescentes que falem o que pensam ou sabem sobre o que é a sexualidade, quando aparece? Quando acontece? Conceitos. Após esse tempo, o orientador pede que cada um fale seu nome e a inicial do seu nome será a letra (inicial) de uma palavra que expresse ou associe ao termo sexualidade. O facilitador anotará as palavras citadas no quadro. O orientador deverá estar atento às dúvidas e expressões para tentar sanar as mesmas, facilitando a interação. Após todos dizerem uma palavra relacionada com sexualidade, o orientador pede que façam dois grupos, que leiam as palavras escritas no quadro (lousa) e tentem escrever a definição da palavra sexualidade. O desfecho é a leitura das definições e a conclusão que sexualidade pode ser expressa de diferentes formas.

Para refletir: Sexualidade pode ser expressão de afetividade, comunicação e emoções positivas?

c) Grupo do cochicho

Objetivos: Comentar, apreciar e avaliar, rapidamente, o tema exposto. Sondar a reação do grupo; saber o que ele quer, considerando os aspectos distintos do assunto sem quebrar o gelo inicial dos participantes.

Nº de participantes: No máximo, 30 adolescentes.

Tempo: 40min

Material: Papel, canetas, lápis, pranchetas, cadeiras, sala ampla.

Desenvolvimento: Dividir o grande grupo em duplas, dispostas lado a lado ou de frente para que possam dialogar em voz baixa, com o objetivo de discutir um tema ou responder a uma pergunta, sem requerer movimento de pessoas. Explicar que os grupos de cochichos dispõem de 10min para discutir o assunto; após esse tempo cada dupla poderá expor suas conclusões aos demais grupos de forma objetiva e concisa. É um método extremamente informal que garante a participação quase total, sendo de fácil organização. Neste caso sugerimos o tema sexualidade, com duas ou mais perguntas para os grupos segundo a divisão dos mesmos.

Sugestão de perguntas:

• O que é sexo?
• Quais as dificuldades para a iniciação sexual dos jovens?
• Sexo e sexualidade são a mesma coisa?
• Sexualidade é interação?
• Sexualidade é afetividade e...?
• Pode haver sexo sem amor?
• Para ter sexualidade é preciso fazer sexo?

d) Show de calouros

Objetivo: Usar a música para expressar sexualidade.

Nº de participantes: Livre.

Tempo: 35min

Material: Microfone, caixas de som, cadeiras, palco e som (instrumentos musicais, violão, teclado).

Desenvolvimento: Explicar que haverá um show de calouros e que todos pensem em letras de músicas que falem sobre a sexualidade ou expressão ou significado de sexualidade. Divididos em pequenos grupos, após um tempo, iniciar o show de calouros; as apresentações podem ser de um verso da música escolhida ou da música completa. Enquanto ocorre a apresentação, um membro de cada grupo escreve as palavras que entende como expressão da sexualidade. Ao término das apresentações, o orientador elogia a todos e faz a leitura das palavras que anotaram e discutem os significados das mesmas. Assim a discussão sobre sexualidade fica muito rica e proporciona grande troca de informações. Como desafio, com as palavras anotadas, o grupo tenta elaborar (inventa) um verso ou refrão de uma música.

8
Adolescer

a) Objetivos: Apresentar e identificar as fases do desenvolvimento anatômico e fisiológico do corpo humano, despertando no adolescente o interesse em querer cuidar de seu corpo e respeitá-lo.

b) Conteúdo: Explicar as fases do desenvolvimento do corpo humano, a anatomia e fisiologia, bem como a higiene e cuidados com o corpo.

c) Dinâmicas:

a) Corpo: sistema integrado;

b) Imagem mental;

c) Meu corpo, eu manejo, eu conheço;

d) Como me vejo!

Mudanças biopsicossociais do(a) adolescente

De modo genérico, define-se desenvolvimento como um processo dinâmico de diferenciação e maturação que ocorre durante toda a vida. Por que então é mais complexo na adolescência?

Adolescência conhecida como fase de desenvolvimento do ser humano, situada entre a infância e a vida adulta e delimitada cronologicamente, pela Organização Mundial de Saúde, dos 10 aos 24 anos incompletos. É nessa fase que se obtêm as características físicas, psicológicas e sociais de adulto. Ou seja, ao final desse período, espera-se que cada indivíduo tenha adquirido: corpo adulto, capacidade reprodutiva, responsabilidade social, independência, identidade adulta e identidade sexual, além da maturidade emocional e escolha profissional.

As expectativas são muitas e, diante disso, não é à toa que a adolescência seja uma fase de tantos conflitos. E, ao mesmo tempo, uma fase de encantamentos, de descobrir potencialidades, possibilidades infinitas, tempo de sonhos e paixões de aventurar-se, quando o ser humano vive e se sente capaz de tudo.

Como entender precisamente o que acontece nesse período?

Conforme dito anteriormente, a adolescência é uma fase de mudanças biológica e psicológica, que se caracteriza por intenso crescimento e mudanças corporais, e outra pela transformação no contexto socioeconômico e cultural que se caracteriza por onde vivem os adolescentes.

Para melhor entendimento, subdividiremos o encontro, em três encontros, buscando, com isso, dar sequência e melhor assimilação aos adolescentes das mudanças biológicas, fisiológicas, psicológicas e sociais. Teremos um encontro para discutir sobre as mudanças corporais onde explicaremos peso, altura e outras dimensões do corpo como a puberdade: aceleração desse crescimento, aquisição da capacidade de fecundação e reprodução – fase hormonal. E outro que discutirá sobre o corpo da mulher, corpo do homem que explicará as mudanças anatômicas e fisiológicas da fecundação e reprodução, genitalidade, sempre enfocando os aspectos biopsicossociais envolvidos.

Neste encontro especificamente falaremos das mudanças do corpo e do crescer, pois se há um acontecimento que marca o adolescente é o crescer. É também o não crescer, o medo de ficar pequeno, de não satisfazer expectativas, de ser, em suma, diferente! Nesse processo crucial, toda sua tensão incide sobre o corpo, que acaba ganhando certa importância que aparece como exagerada, absurda, para quem está de fora da história. Na verdade, o corpo nunca para de mudar, desde o primeiro instante em que o óvulo é fertilizado pelo espermatozoide.

A partir de uma série de interações biológicas, a pessoa entra num processo influenciado (positiva ou negativamente) por fatores ambientais como: tipo de alimentação, vida familiar, situações sociais.

Se tudo corre bem, a criança nasce saudável e, com o passar do tempo, ganha altura e peso, num processo contínuo de maturação. O crescimento envolve todo o organismo, desde os processos internos que ocorrem nas células que são a base do ser vivo até aquelas alterações corporais mais evidentes, como as que dizem respeito ao peso e altura.

Neste processo, fatores genéticos determinam as características do corpo: a cor da pele e dos olhos, o tipo de cabelo e de nariz, pelos, fase hormonal (puberdade). Esses fatores são individuais, cada um tem o seu jeito e tempo próprio, numa interação entre fatores genéticos e ambientais.

Ninguém cresce da mesma forma ou ao mesmo tempo. O crescimento dá o formato do corpo através de mudanças internas e externas. As mudanças internas são resultados de eventos cronometrados e harmonizados que representam o complexo especializado do desenvolvimento de cada célula do organismo.

As mudanças externas se traduzem pelas diferentes velocidades de crescimento das várias partes do corpo. Ao chegar à adolescência, o jovem traz os efeitos cumulativos desta interação herança – ambiente. Se essas condições forem favoráveis, muitas das variações do crescimento e do seu desenvolvimento físico serão potencializadas ao máximo. Se a interação foi desfavorável, seu crescimento e seu desenvolvimento estarão no limite inferior da normalidade ou apresentarão deficiências específicas.

O crescimento pode ser traduzido em números, a partir de uma série de medidas: peso, altura, perímetros do crânio e do tórax, assim como os números relativos a dados mais subjetivos; padrão alimentar, estilos de vida, atividades diárias, hábitos sociais. As fases de crescimento podem ser divididas em quatro etapas:

Vida intra uterina: a gestação de um bebê dura em torno 36 a 40 semanas. O recém-nascido tem em média de 48 a 52 centímetros de comprimento e de 3,0 a 3,5kg de peso.

Primeira infância: compreende os dois primeiros anos de vida. A criança triplica o peso de nascimento ao final do primeiro aos (9-10kg) e o quadruplica aos dois anos (12kg). A estatura aumenta 25cm no primeiro ano, atingindo em média 75cm; e 10cm no segundo ano, quando chega aos 85cm.

Segunda infância: há duas: a pré-escolar (de dois a cinco anos) e a escolar (de seis a nove anos). Na pré-escolar há o primeiro estirão da altura, ganhando-se de 7 a 10cm por ano, enquanto o aumento anual de peso fica entre 2-4kg. Já a fase escolar se caracteriza por um crescimento constante (por ano de 5-7cm e de 2-3kg).

Adolescência: consideramos o período que vai de 10 a 20 anos e tendo a puberdade como a fase de aceleração do crescimento físico, maturações sexuais e muitas mudanças corporais. O indivíduo ganha 50% do peso e 25% da sua estatura adulta. Ocorre o estirão puberal que no próximo capítulo explicaremos mais detalhadamente.

O corpo da criança e do adolescente necessita de cuidados diários para crescer e se tornar um adulto saudável. Eis algumas dicas que achamos pertinente serem lembradas para que o adolescente assimile como importante: comer bem, dormir tranquilo e fazer exercícios regularmente, evitando excessos ou deficiências. Ao levantar, treine um belo sorriso matinal, olhe-se no espelho e se elogie, lave o rosto, as mãos, mantenha uma postura correta, não esprema cravos nem espinhas. Escove seus dentes (no mínimo três vezes ao dia). Evite tomar medicamentos sem receita médica, pois essa prática pode prejudicar seu desenvolvimento físico e intelectual. Momentos felizes são tão importantes para crescer quanto a qualidade e a quantidade de comida. Atenção, afeto, respeito, confiança, proteção e segurança ajudam num crescimento harmonioso. Não julgue pela aparência. Classificar alguém como baixinho, comprido, gordo, palito, magérrimo transtorna o moral de qualquer um. Termos pejorativos desqualificam a integridade da pessoa. Manter sua carteira de vacinas atualizada é prevenção e cuidados para um crescimento saudável. É importante ser acompanhado por profissionais de saúde para o controle de seu crescimento e desenvolvimento; essas visitas periódicas ao profissional (médico(a), e/ou enfermeiro(a) hebiatra – especialista em adolescência) devem acontecer a cada 4-6 meses. Lembre-se de que o corpo necessita de cuidados, higiene e proteção. Não somos pedaços – somos pessoa inteira. O corpo é sensação, emoção, desejo e vontades. – EXPRESSA SEXUALIDADE.

> Adolescência é um mistério da vida, é também curiosidades, é uma fase que a gente aprende.

Dinâmicas

a) Corpo: sistema integrado

Objetivo: Proporcionar informações básicas de uma forma descontraída sobre o sistema integrado do corpo humano.

Nº de participantes: 15 a 25 adolescentes.

Tempo: 1:10h

Material: Papel para desenhar em tamanho grande o suficiente para conter o comprimento de uma pessoa de mais ou menos 1,65m de altura (pode ser cartolina, papel jornal) e pincéis atômicos.

Desenvolvimento: No primeiro momento, pedir para se dividirem em até quatro grupos mistos de preferência, distribuir o material, o papel já cortado e os pincéis. O orientador pede aos grupos para escolher se querem desenhar o gênero masculino ou feminino. Depois cada grupo estende o papel no chão e pede para que um ou uma adolescente se deite no chão sobre o papel; a seguir os outros traçam o contorno de seu corpo; após um tempo o orientador pede que escrevam o nome (fictício) e idade (que não pode ser da pessoa voluntária para evitar intimidações). No segundo momento, já feito o contorno do corpo e escrito o nome e idade devem então desenhar os órgãos internos e externos do corpo humano e preenchê-los, "por dentro" e "por fora". Preencher "por dentro" consiste em desenhar o que os adolescentes pensam existir no interior do corpo, a partir da informação que possuem até aquele momento. O orientador não interfere; já no terceiro momento, reunir todo o grupo para apresentação dos desenhos e debate; o orientador, pela observação feita e pelas dúvidas que trouxerem, deve esclarecer a localização e a função de cada órgão e sua relação com o corpo todo. Deve fazê-lo de forma breve, abordando o essencial dentro das características de cada órgão. Evitar detalhes, mas retomar conhecimentos básicos com que o grupo já teve contato em aulas de ciência, de biologia. A ênfase deve estar na *integração* entre os sistemas do corpo humano (circulatório, respiratório, nervoso, reprodutor); nenhum é mais importante que os outros e todos trabalham articuladamente.

O orientador e o facilitador mostram o que o grupo fez e depois complementam se necessário com informações, utilizando-se de materiais (ilustrações, figuras de livros, cartazes) para melhor visualizar o sistema integrado do corpo humano.

b) Imagem mental

Objetivo: Oportunizar aos adolescentes vivenciarem e tomarem consciência da imagem que têm do seu próprio corpo e das mudanças físicas ocorridas.

Nº de participantes: 15 a 25 adolescentes.

Tempo: 60min

Material: Sala ampla e confortável, folhas de papel sulfite e lápis, toca-fitas, música calma.

Desenvolvimento: No primeiro momento o orientador pede aos participantes que andem pela sala, descalços, acompanhando o som da música e seguindo as instruções do facilitador:

1) Andar na ponta dos pés;

2) Andar apoiando o corpo no calcanhar;

3) Andar na chuva;

4) Andar numa superfície quente;

5) Andar passando por uma porta estreita;

6) Andar em câmera lenta;

7) Andar em marcha ré.

Os adolescentes não devem tocar no corpo do outro colega. No segundo momento, pedir a todos que parem onde estão, fechem os olhos, pensem na parte de seu corpo que acham mais bonita e atrativa, e guardem mentalmente essa imagem consigo. Já no terceiro momento solicitar que cada participante sente, pegue uma folha de papel sulfite e desenhe, esquematize no papel a imagem captada pelo seu cérebro. Não colocar o nome. Lembrar que é somente um esquema e não um desenho artístico.

No quarto momento, o orientador solicita aos participantes que terminem seu desenho e virem o mesmo para baixo e aguardem até que todos terminem. Após um tempo, pedir que façam as folhas circularem, em sentido horário, com o esquema para baixo, e parem de passar quando as folhas atingirem a metade do círculo, para então virarem as mesmas.

Cada participante, com uma folha nas mãos, comentará ou mostrará o que a pessoa conseguiu passar de sua imagem mental.

Quando todos terminarem, pedir para circular os desenhos até que cada um chegue ao seu dono. Cada participante poderá guardar seu desenho.

Pontos para discussão:

• Os homens e as mulheres estão satisfeitos com suas formas físicas?

• A forma como nos sentimos em relação ao nosso corpo é influenciada pela opinião de pessoas do outro sexo do que acham interessante ou atraente?

• Existem partes de nosso corpo que podemos modificar. Por que e para quê?

c) Meu corpo, eu manejo, eu conheço

Objetivos: Possibilitar que a criança/adolescente possa perceber seu corpo e refletir sua importância.

Nº de participantes: Com idade entre 10 a 13 anos.

Tempo: 1:30h

Material: Cd de música instrumental, um aparelho de toca cd, rolos de barbantes, tesouras, lápis coloridos e giz de cera colorida.

Desenvolvimento: No primeiro momento, o orientador, com a ajuda do facilitador, promove uma atividade de relaxamento. Passos para o relaxamento: caminhar lentamente em todas as direções; saltar com uma perna; saltar com as duas pernas; mover os braços lentamente em todas as direções; mover e rodar a cabeça para frente e para trás, para os lados; caminhar em círculo; sentar no chão; fechar os olhos, imaginar um peso quente nos pés, sobre os dedos, as unhas, a planta do pé. Subindo pela perna, na panturrilha (batata da perna), no joelho, nas coxas, no quadril, nos órgãos genitais (meninos pênis e testículos, meninas a vulva) e nas nádegas. Na cintura, no umbigo e na barriga, sentir como os peitos e os pulmões se expandem quando se enchem de ar. Subir aos ombros, sentir os braços, cotovelo, mãos, dedos sentir a cabeça, as orelhas, os olhos, os cílios, a sobrancelha, o nariz (perceber que é pela narina que entra e sai o ar- oxigênio), boca (para comer) os lábios (para beijar) os dentes e a língua. Abrir e fechar os olhos, inchar as bochechas, soprar, morder a língua, mover a cabeça em todas as direções, fazer caretas, mover ombros, braços, mãos e dedos, mover a cintura, pernas (dobrar, esticar, fazer bicicleta), pés (rodar, esticar, bater palmas com os pés). Respirar fundo e dar um grito. Após isso, o orientador deve deixar que os adolescentes expressem livremente sobre como se sentiram e o que mais gostaram. E, agora relaxados e calmos, o orientador pede que desenhem seu retrato no papel com suas características.

d) Como me vejo!

Objetivo: Possibilitar que o adolescente se olhe e faça sua descrição.

Nº de participantes: Até 30 pessoas.

Tempo: 40min

Material: Um espelho grande.

Desenvolvimento: O orientador pede que, de um em um, levante-se e dirija-se até o espelho, olhe e descreva o que está vendo. Todos podem ajudar lembrando detalhes ou partes que não foram descritas e que são importantes para identificar e dizer que cada um é um ser único e sua beleza está em um todo.

Não há mais em quem ou em que acreditar...
Hoje, é difícil ser gente, está difícil ser humano!

9
Puberdade

a) Objetivo: Informar que o corpo expressa desejo, sensações, emoções, vontades, sexualidade.

b) Conteúdo: Conceitos, puberdade corporal, puberdade psíquica, puberdade social. Fase hormonal.

c) Dinâmicas:

a) Salada de frutas;

b) Desenhando a puberdade;

c) Retratos;

d) Sinto-me diferente.

Puberdade

O ser humano passa, no transcorrer de sua vida, por várias fases de modificações, e as duas maiores modificações no desenvolvimento biopsicossocial do homem são o nascimento e a adolescência/puberdade. São grandes modificações que ocorrem, cada uma em um curto espaço de tempo. O envelhecimento também é uma grande modificação, porém ocorre de forma gradativa e num período maior de tempo.

Mas afinal o que é puberdade?

Existe certa confusão entre os termos adolescência e puberdade mesmo entre profissionais que trabalham nesta área. Porém, na 5ª temática explicamos adolescência e agora falaremos especificamente de puberdade.

Púbis vem do latim *pubertate* e significa "penugem, barba, pelo". Puberdade "é um conjunto de transformações psicofisiológicas, ligado à maturação sexual, que traduzem a passagem progressiva da infância à adolescência". É também um processo biológico que se inicia entre 9 e 14 anos aproximadamente e se caracteriza pelo surgimento de uma atividade hormonal que desencadeia os chamados caracteres sexuais secundários, marcados por intensas mudanças corporais, como a aceleração na velocidade do crescimento, aumento do órgão genital, e da estatura. Também ocorre o estabelecimento da capacidade de fecundação e de reprodução e mudanças na composição corporal, principalmente no tecido gorduroso e muscular. Para melhor entendimento subdividimos as fases, do desenvolvimento em corporal, psíquico e social.

Puberdade corporal

É na área do corpo que se operam as maiores e mais visíveis modificações entre a infância e a adolescência. É a fase do amadurecimento dos centros do sistema nervoso central que determinam o momento do desenvolvimento sexual do jovem. A maturação natural depende do desenvolvimento que inclui o hipotálamo, a hipófise, as gônadas e a cápsula suprarrenal. A criança se torna púbere, está na fase da puberdade com maior produção de testosterona nos rapazes com idade entre 13-14 anos e estrogênio e progesterona nas moças com idade entre 11-12 anos aproximadamente. Com o hormônio testosterona surgem as características sexuais secundárias masculinas, a produção de espermatozoides, aumento do impulso sexual, agressividade, crescimento em altura e da força física. Com os hormônios estrogênios e progesterona surgem às características sexuais secundárias femininas. O estrogênio é responsável pela maior erotização sexual, pela produção da lubrificação vaginal quando há excitação sexual. A progesterona está mais voltada à vida reprodutiva.

Osório (1989: 66) considera o final da puberdade quando

> [...] a puberdade estará concluída e, com ela, o crescimento físico e o amadurecimento gonodal (que

permite a plena execução das funções reprodutivas), em torno dos 18 anos, coincidindo com a soldadura das cartilagens de conjugação das epífises dos ossos longos, o que determina o fim do crescimento esquelético.

Puberdade psíquica

Quanto à puberdade psíquica, o seu desenvolvimento é pouco percebível, pois na área mental as evoluções ocorrem de forma mais lenta. No adolescer, o indivíduo assiste e sofre ativa e passivamente a uma série de mudanças já descritas. E, por conseguinte, em seu ego, o adolescente vive neste momento evolutivo a perda de seu corpo infantil, com uma mente ainda infantil e com um corpo que vai se fazendo inexoravelmente adulto, que ele teme, desconhece e deseja e, provavelmente, que ele percebe aos poucos diferente do que idealizava ter quando adulto.

Assim, querendo ou não, o adolescente é levado a habitar um novo corpo e a experimentar uma nova mente. Surgindo um conflito intenso interno de aceitação ou não desse corpo.

Poderemos observar melhor quando, ao aplicarmos uma dinâmica que fale ou solicite que reflita sobre as mudanças ocorridas no seu corpo, os desenhos realizados pelos adolescentes, permitem-nos constatar claramente os conflitos vividos em relação ao corpo e ao seu esquema corporal. Estes expressam suas ansiedades e fantasias frente às mudanças. Os desenhos refletem a aparição de caracteres sexuais secundários, às vezes, como algo bizarro, anormal, na zona genital. Em outros há uma negação da sexualidade com desenhos sem definição sexual. É frequente também observarmos as queixas hipocondríacas (fenômeno comum a diversas psicopatias que leva algumas pessoas a crer que são portadoras de moléstias e dando origem à tristeza, depressão) na adolescência, tais como cefaleias, dores abdominais, sentimentos de ansiedade, impotência levando a uma anorexia nervosa ou obesidade que representam muitas vezes tentativas onipotentes de controle do processo puberal.

Entre outras, é necessário não desvalorizar estas queixas, que poderão requerer uma avaliação de um profissional conhecedor desta fase e que atenda essa clientela.

Cabe ressaltar que nessa fase a adaptação, adequação ao grupo de iguais, tem papel fundamental na aceitação ou rejeição do corpo. O adolescente começa a perceber que seu corpo não corresponde à idealização que havia feito de como seria quando adulto; via de regra, é através da identificação e comparação com outros adolescentes que ele começa a ter uma ideia concreta de seu esquema corporal, resultando muitas vezes no afastamento ou isolamento social, ou na aproximação dos iguais para o convívio social.

As roupas como partes do corpo são também importantes; são elas que expressam a identidade, impulsos, fantasias e conflitos do adolescente. Usam roupas grandes por dificuldades de perder a bissexualidade infantil, a uniformidade no vestir, a identidade grupal, as roupas velhas e até mesmo sujas revelam as dificuldades em enfrentar as mudanças corporais, desfazer-se do corpo infantil, ou ainda refletem uma defesa de afastar o gênero oposto, na medida em que eventuais parceiros são mantidos à distância.

Também por conflito evitam despir-se e/ou ou tomar banho frente a outras pessoas mesmo da família por constrangimento e por defrontar-se visualmente com as mudanças corporais. Portanto, a relação do adolescente com o seu corpo é um dos indícios de integridade e normalidade de seu ego.

Puberdade social

Além da puberdade "corporal" e "psíquica", ocorre a puberdade social. Segundo Tiba (1986: 24):

> [...] Esta é uma decorrência das modificações pubertárias corporais e mentais. Com estas modificações o púbere percebe e sente o ambiente de maneira mais rica e elaborada e, assim, passa a reagir ao ambiente de maneira diferente de como reagiria quando criança.

Assim sendo, a puberdade social se refere muito mais a como o púbere percebe e reage perante o social do que como o social se relaciona com ele. É a relação do ser no mundo infantil com o ser no mundo adolescente.

Esta passagem tem como destaque a atenção do grau de interesse do púbere para determinados assuntos, ou seja, o púbere está tão preocupado com si mesmo que não presta atenção às pessoas que lhe estão próximas ou, muitas vezes, o grupo de outros púberes lhe interessa para ouvir o que é de seu interesse. Quando não interessa, logo se desliga, dispersa. Por ter a atenção voltada para si, acredita que tudo gira em torno de si mesmo, que todos falam dele, reparam nele; ele reclama muito e acha que tudo é com ele, julga-se extremamente prejudicado, não deixando alternativas aos que convivem com ele.

E, por sua própria iniciativa, raramente deseja ser o primeiro ou o último, principalmente pelo receio de chamar a atenção dos outros sobre si mesmo. Todos lhe causam um conflito interno intenso que só tende a aumentar a ressocialização familiar e comunitária.

À medida que sua ressocialização se efetiva, mais facilmente o púbere encontra o seu lugar na família e posteriormente na comunidade. Mas, para que tal processo ocorra será necessário que o adolescente se fortaleça sobre o controle de si, demonstrando maior segurança e aceitando situações novas mais tranquilamente.

Muitos deles precisam do apoio de uma equipe de profissionais, além do apoio da família e da escola.

Concluímos que a puberdade é uma fase, um período, que se mistura e muitas vezes se confunde com a adolescência marcada por intensas mudanças e transformações.

Muitas destas levam o adolescente/púbere a se analisar se ele perde ou ganha. O importante é que o ambiente familiar e comunitário garanta a possibilidade de comprovar os seus valores, apoiá-lo em suas novas descobertas e conquistas, para superar mais facilmente os conflitos emergentes.

Menina *Menino*

Como sugestão um desenho simples e fácil de fazer que sirva como um dos métodos explicativos, para demonstrar as mudanças que ocorrem no corpo da menina e do menino; note que a forma geométrica do *triângulo* é propositadamente utilizada como um dos recursos facilitadores para o orientador não se esquecer de nenhuma mudança. Ou seja, no menino o que mais cresce é o tórax e na menina é o quadril. Nas dinâmicas a seguir cito algumas das modificações que ocorrem na fase da adolescência, tanto para meninos como para meninas. Para maiores informações, sugiro livros da área médica e da área de enfermagem sobre a adolescência.

Adolescer: crescer, engrossar, tornar-se maior, atingir a maioridade.

Dinâmicas

a) Salada de fruta

Objetivos: Descontrair, favorecendo a interação do grupo.

Nº de participantes: 20 a 24 jovens.

Tempo: 25min

Material: Papel com o nome das frutas: maçã, laranja, uva e banana (opcional).

Desenvolvimento: Todos sentados (não pode ter cadeiras vazias), cada pessoa receberá o nome de uma destas quatro frutas: maçã, banana, laranja e uva. Quando o orientador falar o nome de uma delas, as pessoas que receberam o nome daquela fruta trocarão rapidamente de lugar. Numa determinada rodada o facilitador pegará uma cadeira e sentará logo. Alguém ficará em pé e terá que pegar uma ficha com o orientador e fazer o que está escrito. O orientador continua falando o nome das frutas até que consiga sentar-se. Em alguns momentos pode falar "Salada de frutas" e todos se levantam e trocam de cadeiras rapidamente. Podemos também, optar por contar uma história ou fato e utilizarmos os nomes das frutas. Para finalizar, oferecer uma fruta estimulando a alimentação saudável.

b) Desenhando a puberdade

Objetivos: Informar, orientar, identificar e ilustrar as transformações do corpo na fase da puberdade. Explicar a diferença entre adolescência e puberdade, destacando as modificações afetivas que acontecem na puberdade.

Nº de participantes: Livre.

Tempo: 35min

Material: Lousa de giz ou quadro branco, giz ou pincel de quadro branco.

Desenvolvimento: Iniciar a orientação desenhando na lousa o menino e a menina (modelo no texto da temática Puberdade) e, conforme se explica a puberdade, fazer as alterações no desenho conforme as modificações do corpo. Sugerimos utilizar uma forma simples e objetiva de explicar por meio do desenho e muito bate-papo; os adolescentes vão dizendo o que perceberam, o que muda ou mudou.

c) Retratos

Objetivos: Refletir e orientar os/as adolescentes sobre as modificações do corpo, físicas e afetivas que acontecem no período puberdade.

Nº de participantes: Livre.

Tempo: 60min

Material: Papel, lápis, lápis de cor, tiras com instruções.

Desenvolvimento: O orientador solicita aos adolescentes, que façam quatro grupos e distribui aos grupos uma tira de papel com a descrição de um rapaz (menino) ou de uma moça (menina). A partir das instruções, eles fazem um retrato da personagem descrita. Quando todos terminarem os retratos, solicitar que mostrem os desenhos aos outros e que digam o que está acontecendo com o/a personagem. O orientador explica que muitos dos fatos descritos exploram algumas das modificações que ocorrem na puberdade. A seguir apresentamos algumas das descrições de possíveis alterações físicas e psíquicas. O educador pode alterá-las de acordo com a faixa etária a ser trabalhada.

a) "Tenho pelos debaixo do braço, nos órgãos genitais e os pelos da minha perna engrossam. E a minha voz esta engrossando e afinando. Isso é normal?" (Júlia, 17 anos).

b) "Olhei para mim e me acho estranho. Minhas pernas e os meus braços cresceram de repente, sinto-me desajeitado" (Fernando, 13 anos).

c) "Ultimamente tenho mudado muito de humor, tem horas em que me sinto bem e de repente, sem que nada aconteça, me dá a maior tristeza" (Rose, quase 13 anos).

d) "Fiquei muito assustado quando, um dia desses ao acordar percebi que minha roupa de dormir e o lençol estavam molhados! (Leonardo, 14 para 15 anos).

e) "Estou desesperada, minha cara está cheia de espinhas. E para completar meus seios cresceram demais e tenho vergonha, o que eu faço?" (Letícia, 16 anos).

f) "Outro dia, levei o maior susto: depois da aula de prática esportiva, percebi que debaixo do meu braço havia cheiro horroroso. Quando eu era menor eu não percebia cheiro algum!" (Jorge, 15 anos).

g) "Outro dia fiquei olhando uma menina linda passar, e fiquei excitado" (Adriano, 15 anos).

h) "Nesta semana, tomei o maior susto, pois a tal menstruação apareceu" (Jane, 14 anos).

i) "Antigamente, eu preferia ficar em casa com meus pais. Hoje, prefiro ficar com meus amigos" (João, 14 anos).

d) Sinto-me diferente

Objetivos: Compreender o início da puberdade, reconhecendo as modificações que se operam nesta fase.

Nº de participantes: Até 30 pessoas adolescentes com 10 a 11 anos.

Tempo: 50min

Material: Uma ficha de atividades para cada um (de acordo com o gênero), lápis de cor, de cera, canetas coloridas, transparência dos órgãos genitais, ou desenho dos órgãos genitais, retroprojetor (no caso de transparências). Um texto sobre mudanças corporais.

Desenvolvimento: Entregar a ficha e solicitar que completem as questões. Podem também levantar e perguntar para os colegas, orientador e facilitador, e o tempo será estipulado. O importante é estimular a descrição das mudanças corporais. O orientador vai discutindo conforme as dúvidas que possam surgir, deixando-os livres para comentar ao final, corrigir e completar as questões. Se necessário, usar material visual complementar, como as transparências ou figuras para facilitar a compreensão de todos.

Folha: desenho masculino para meninos e desenho feminino para meninas

- **Perguntas para meninas**

O corpo aumenta em _______________ e _______________.

Aparecem as _______________ e as _______________ no rosto.

Crescem _________________ nas _______________ axilas e em volta do púbis.

Os quadris _________________ e se _____________________.

As nádegas ______________________________.

As coxas __________________________________.

Aparece a primeira ___________, chamada de ___________.

(Respostas: peso e altura; espinhas e as acnes; pelos nas pernas; aumentam e se alargam; aumentam; se alongam, menstruação, chamada de menarca).

- **Perguntas para meninos**

O corpo aumenta em _________________ e _______________.

Aparecem as _______________ e os _______________ no rosto.

Cresce o ________________ e aparece a _________________.

Os ombros e músculos ________________.

Nas pernas e região pubiana aparecem os ________________.

A noite, dormindo, acontece a _________________________.

(Respostas: peso e altura; espinhas e os cravos; pênis e aparece a ereção; aumentam; pelos, ejaculação noturna)

10
Corpo de mulher – Corpo de homem

a) Objetivos: Reconhecer as fases finais das mudanças biopsicossociais. Conhecer a anatomia e fisiologia dos aparelhos reprodutores. Propor a valorização dos órgãos genitais, diminuindo a vulgaridade. Identificar os nomes populares conhecidos relacionados com os nomes técnicos.

b) Conteúdo: Imagem corporal que temos; noções de anatomia e fisiologia dos órgãos internos e externos do corpo do homem e da mulher; sexualidade entendida como prazer, amor e tolerância.

c) Dinâmicas:

a) Sensibilização dos nomes populares;

b) Massa de pão;

c) Gincana – órgãos genitais internos e externos;

d) Caixa de segredo.

Corpo, parte de um ser humano

Comentamos que na 8ª temática – Adolescer, dividiu-se o assunto em três encontros semanais, objetivando uma maior compreensão e evolução do aprendizado com a assimilação do conhecimento nas questões das mudanças biológicas, fisiológicas, psicológicas e sociais.

No tema Adolescer, explicamos as mudanças corporais, peso, altura, entre outras. Na 9ª temática – Puberdade, falamos da aceleração desse crescimento, da aquisição da capacidade de fecundação e reprodução – fase hormonal. E, por último, na 10ª temática – Corpo de mulher, corpo de homem, falaremos um pouco mais a respeito das mudanças anatômicas e fisiológicas, da fecundação e reprodução, da genitalidade, sempre enfocando os aspectos biopsicossociais envolvidos em cada um dos temas.

O corpo do adolescente e da adolescente está modificando, percebem que não poderão segurar as mudanças, elas acontecerão. Cabe aceitar, entender por que mudou e aprender a cuidar desse corpo, "quase adulto". Diríamos que ser adolescente é estar numa viajem cujo final é tornar-se adulto, e não tem como recuar ou voltar, a direção é seguir em frente. E no transcorrer dessa viagem os adolescentes sofrem influências e sentem medo de seguir ou do que irão encontrar no final. E, neste percurso uma das preocupações é com o corpo e suas modificações.

Quantos adolescentes observam, imaginam, pensam ou dizem: que corpo, que cabelo, que músculos, que pele, que dentes perfeitos, alto(a), bonito(a); eu queria ser assim...

A mídia há muito tempo reforça imagens que induzem a um embelezamento que massacra e faz os adolescentes ficarem atônitos frente à televisão ou imagem, sofrem com tantos modelos de beleza, de charme, de sucesso, de como se vestir, se maquiar, enfim, a mensagem é: "tem que ser lindo(a), perfeito(a)". Mas, não explica ou deixa opções de como conseguir essa perfeição. Ora, logo o perigo da frustração, do baixo astral, baixa autoestima surge e promove ansiedade, depreciação, depressão.

Muitos sonham com uma plástica no corpo todo. Mudar o nariz, aumentar ou diminuir os seios, lipoaspiração. E, diante da situação apresentada, o orientador precisa estimular o adolescente a refletir: Afinal, com tudo que cada um tem, não dá para ser feliz? Será que você (adolescente) é o "ser" mais feio e imperfeito do planeta? Todos os(as) modelos, os artistas de novelas, cinema, são perfeitos?

Vamos lá, reajam, saibam que artistas e atores, antes de fazer uma imagem fotográfica, antes de iniciar as filmagens se maquiam para disfarçar as espinhas, para afinar o nariz, passam produtos nos cabelos para que fiquem lisos e brilhantes. E que, ao término das fotos e filmagens, essa maquiagem precisa ser retocada possivelmente para esconder muitas rugas, olheiras, pintas e/ou marcas de celulite.

Pense: você quer ser real ou de tinta, de produtos, ou de silicone?

E, ainda quando falamos de corpo, o que ouvimos ou lemos é sobre dietas para emagrecer milagrosas, corpo inteiro, só músculos rígidos, pele bronzeada e dicas para seduzir. Será que o corpo é só isso?

Claro que não! A beleza encontra-se além desses itens e aparece quando você sorri naturalmente, brinca, canta, demonstra atenção, carinho, afetividade, amizade. Sua beleza não está fora, está dentro de você.

Cada pessoa tem um corpo que é o resultado de uma combinação genética e específica para fazê-la única, mais do que ficar preocupado/a em virar modelo ou símbolo de beleza. É preciso cuidar deste corpo com atenção e responsabilidade, ele é seu corpo; é com ele que você (adolescente) pode passear, trabalhar, descansar, abraçar, beijar, sorrir e amar. É com esse corpo que se consegue efetivamente sentir prazer e iniciar o prazer sexual.

Neste encontro tentaremos dialogar sobre as partes do corpo que muitas vezes desconhecemos ou que simplesmente sabemos que existe, mas esquecemos que exigem cuidados, entre estes os genitais internos e externos.

Lembrando que é na adolescência que os jovens ficam aptos fisiologicamente para gerar um filho, no caso de haver uma relação sexual sem prevenção com o uso de um método contraceptivo. Assim, é muito importante conhecermos o sistema reprodutor por dentro e por fora, tudo com muita seriedade e tranquilidade. O que vamos ver é anatomia e fisiologia humanas do sistema reprodutor masculino e feminino.

O sistema reprodutor é um termo aplicado a um grupo de órgãos necessários ou acessórios aos processos de reprodução. As unidades básicas da reprodução sexual são as células germinais masculinas e femininas. O aparelho reprodutor feminino compõe-se de órgãos genitais externos compostos pelos pequenos e grandes lábios vaginais e pelo clitóris que, em conjunto, formam a vulva.

Os órgãos reprodutores femininos internos são os *ovários, as trompas de falópio, o útero e a vagina.*

• *Trompas de falópio*: ou ovidutos, são dois tubos curvos ligados ao útero. A extremidade livre de cada trompa, alargada e franjada, situa-se em um dos ovários. O interior dos ovidutos é revestido por células ciliadas. No interior da trompa, o óvulo se desloca até a cavidade uterina, impulsionado pelos batimentos ciliares.

• *Útero*: é um órgão musculoso e oco, do tamanho aproximadamente igual a uma pera. Em uma mulher que nunca engravidou, o útero tem aproximadamente 7,5cm de comprimento por 5cm de largura. Os arranjos dos músculos da parede uterina permitem grande expansão do órgão durante a gravidez (o bebê pode atingir mais de 4kg). A porção superior do útero é larga e está conectada às trompas. Sua porção inferior (o colo uterino) é estreita e se comunica com a vagina.

O interior do útero é revestido por um tecido ricamente vascularizado (o endométrio). A partir da puberdade, todos os meses, o endométrio fica mais espesso e rico em vasos sanguíneos, como preparação para uma possível gravidez. Deixando de ocorrer por volta dos 50 anos, com a chegada da menopausa. Se a gravidez não ocorrer, o endométrio que se desenvolveu é eliminado através da menstruação junto ao sangue.

• *Vagina*: é um canal musculoso que se abre para o exterior, na genitália externa. Até a primeira relação sexual, a entrada da vagina é parcialmente recoberta por uma fina membrana, o hímen, de função ainda desconhecida. A vagina é revestida por uma membrana mucosa, cujas células liberam glicogênio. Bactérias presentes na mucosa vaginal fermentam o glicogênio, produzindo ácido lático que confere ao meio vaginal um PH ácido, que impede a proliferação da maioria dos microorganismos patogênicos. Durante a excitação sexual, a parede da vagina se dilata e se recobre de substâncias lubrificantes que facilitam a penetração do pênis.

• *Ovários*: os dois ovários da mulher estão situados na região das virilhas, um em cada lado do corpo. Têm forma de uma pequena azeitona, com 3cm de comprimento e apresentam, em sua porção mais externa (córtex ovariano), as células que darão origem aos óvulos.

Observações:

• *Colo do útero*: parte inferior do útero e tem um orifício por onde vai passar a menstruação ou, num parto normal, esse orifício aumenta para dar passagem ao bebê.

• *Corpo do útero*: parte maior do útero que cresce durante a gravidez e retorna depois ao tamanho normal. É constituído por duas camadas externas: uma membrana chamada peritônio e um tecido muscular chamado miométrio. A camada interna é uma mucosa chamada endométrio que se desprende durante a menstruação, renovando-se mensalmente.

• *Ovulogênese*: é o processo de formação dos óvulos; inicia-se ainda antes do nascimento, em torno do terceiro mês de vida uterina. As células precursoras dos óvulos multiplicam durante a fase fetal feminina. Em seguida, param de se dividir e crescem, transformando-se em ovócitos primários. Ao nascer, a mulher tem cerca de 400 mil ovócitos primários.

• *Folículos ovarianos*: as células germinais femininas transformam-se em óvulos na maturidade. O grupo de células ováricas, que rodeiam cada óvulo, diferencia-se em células foliculares, secretando nutrientes para o óvulo. Durante a época da reprodução, conforme o óvulo se prepara para ser liberado, o tecido circundante torna-se menos compacto e enche-se de líquido. Esta massa de tecido, líquido e óvulo recebem o nome de folículo De Graaf. A mulher tem apenas um único folículo De Graaf em um ovário em cada ciclo menstrual. Quando o folículo De Graaf alcança a maturidade, ele libera o óvulo, processo chamado de ovulação. O óvulo está então preparado para a fecundação.

• *Ovulação*: na verdade, o óvulo é o ovócito secundário, cuja meiose somente irá ocorrer se acontecer a fecundação. Caso contrário, o ovócito degenerará em 24h após sua liberação.

• *Menstruação*: ocorre uma vez ao mês com uma duração de 3 a 5 dias; é uma camada interna do endométrio que desmancha e é eliminada através da vagina junto com um pouco de sangue. Esse sangue se chama menstruação.

• *Menarca*: termo usado para designar a primeira menstruação, que constitui importante evento na sequência do amadurecimento do eixo hipotálamo-hipófise-ovários (H_H_O) e um marco significativo para as meninas, já que simboliza sua entrada na vida de mulher adulta. A idade, na maioria das adolescentes, é em média entre 12 anos e meio após o início do desenvolvimento mamário (M2), durante o estágio (M4) do desenvolvimento na classificação de Tanner, geralmente seis a doze meses após o pico de crescimento estatural.

Genitália feminina externa ou vulva

• *Monte de vênus*: é a parte onde existe maior quantidade de pelos. Tem o formato de um triângulo com a ponta voltada para baixo.

• *Clitóris*: é um órgão arredondado e bem pequeno que fica acima da entrada da uretra. É um dos responsáveis pelo prazer da mulher.

• *Abertura da uretra*: é o orifício (buraquinho) por onde sai a urina.

• *Abertura da vagina*: é uma abertura alongada. Por aí saem o sangue menstrual e o bebê. Nas mulheres que ainda não tiveram relações sexuais com penetração essa abertura é recoberta por uma pele chamada de hímen.

• *Grandes lábios*: é a parte mais externa da vulva, recoberta por pelos.

• *Pequenos lábios*: podem ser vistos quando afastamos os grandes lábios. Não têm pelos e são muito sensíveis.

• *Seios*: na puberdade, o hormônio do ovário (estrógeno e progesterona) estimula o desenvolvimento das glândulas mamárias e o crescimento dos seios. Seu interior é feito de tecidos gordurosos e cheio de pequenos canais e cavidades (alvéolos) nos quais o leite se armazena durante a gravidez e a amamentação.

• *Mamas*: produzem leite que alimenta o recém-nascido. O leite é produzido pelas glândulas mamárias (conjunto de pequenas bolsas de células secretoras conectadas entre si por meio de ductos). Existem cerca de 20 conjuntos glandulares em cada seio e seus ductos se abrem nos mamilos, por onde o leite é expelido.

Sistema reprodutor masculino: homem

O aparelho genital destina-se à formação de novos indivíduos. Formado por órgãos distintos: *o testículo, a próstata, o pênis* e uma série de *ductos* que conduzem o esperma.

Órgãos genitais externos:

• *Pênis*: membro que, quando excitado endurece. Tem duas funções: urinária e reprodutora. Numa relação sexual, solta um líquido chamado esperma. Este líquido contém espermatozoides que fertilizam o óvulo da mulher e fazem com que se forme o bebê.

• *Prepúcio*: é a pele que cobre a ponta do pênis. Precisa ser puxada para trás na hora do banho para evitar o acúmulo de uma secreção chamada esmegma, que causa irritação, infecção e mau cheiro.

• *Glande*: conhecida também por cabeça do pênis, é muito sensível e sua pele bem macia.

• *Saco escrotal*: tem o formato de um saco e dentro dele ficam duas bolas chamadas testículos.

Órgãos genitais internos

• *Testículo*: glândula responsável pela produção dos gametas masculinos. Tem uma forma ovoide, sendo as suas dimensões cerca de 4cm de comprimento, 2cm de largura e 3cm de espessura. É um órgão par que está situado na parte anterior da região perineal, por baixo do pênis, no interior das bolsas escrotais, suspenso pelo cordão espermático.

Sua função: a) Exócrina: a formação dos espermatozoides. b) Endócrina: a secreção de testosterona.

• *Uretra*: canal por onde sai a urina e o esperma.

• *Epidídimo*: canal ligado aos testículos, onde ficam armazenados os espermatozoides até amadurecerem e serem expelidos pela ejaculação.

• *Canais deferentes*: são dois canais muito finos que saem dos testículos e servem para conduzir os espermatozoides até a próstata.

• *Próstata*: é uma glândula de secreção externa. Tem a forma de uma castanha e está situada atrás da sínfise púbica, por baixo do colo da bexiga, adiante da ampola retal. É atravessada pela uretra. Secreta o *líquido prostático* que, durante a ejaculação, é misturado com os espermatozóides provenientes das vesículas seminais.

• *Vesículas seminais*: é um órgão tubular cuja função é secretar um líquido gelatinoso que ativa a locomoção dos espermatozoides (para que possam nadar). Estão situadas acima da próstata e terminam nos ductos ejaculatórios, junto aos ductos deferentes.

• *Canal ejaculatório*: canal por onde passa a urina e o esperma na hora da ejaculação.

Quanto aos cuidados de higiene

A melhor coisa que podemos fazer pelo nosso corpo é tomar um bom banho diariamente com água e sabonete, e caprichar na limpeza da região genital. A moça deve lavar a região da vulva com água e sabonete (de preferência sabonete neutro), evitar o uso de desodorantes, álcool ou quaisquer outros produtos que podem causar irritações. E se aparecer um cheiro forte e ruim que manche a calcinha é sinal de que pode haver uma infecção, e será necessária a ajuda de um médico para prescrever o medicamento adequado ao problema e à idade da paciente.

O rapaz também deve banhar-se diariamente e trocar a cueca; no banho precisa lavar seu pênis e seu saco escrotal com água e sabonete, lembrando sempre de puxar a pele que envolve a parte superior do pênis (prepúcio) para evitar infecções.

Tão importante quanto a abordagem anatômica e fisiológica do corpo humano, especificamente os órgãos genitais, masculino e feminino, é o cuidado e o aconselhamento adequando desses jovens à sexualidade.

Falamos de sexualidade e da sua importância e agora nos parece que é preciso enfatizar que a vida sexual e a sexualidade, ambas estejam ligadas ao amor, o maior e mais belo dos sentimentos.

Para amar, tanto a menina como o menino precisam saber que o seu corpo lhes pertence, e devem descobri-lo aos poucos. A função sexual não deve ser um continente misterioso. Importante é que os dois respeitem o seu corpo e o corpo do outro, a sua vida sexual e o prazer.

E, falando de prazer, este é o mesmo que gozo e orgasmo? É tudo a mesma coisa?

O prazer pode ser entendido como algo que satisfaz, agrada, e uma distração, um divertimento. Pense, pode-se sentir prazer ao contemplar o corpo da pessoa amada, ao sentir o seu cheiro, ao receber dela(e) um abraço ou uma carícia. Há outros tipos de prazer como: o prazer intelectual ao ler um livro, prazer de descobrir um segredo da pessoa que amamos, prazer de ter suas preferências, gosto artístico, sua cultura, maneira de andar, de rir, de viver, enfim, tudo é fonte de prazer quando se está apaixonado, quando se está de bem com a vida.

A palavra gozo é semelhante ao significado de prazer, gosto, satisfação, vantagens, interesses, motivo de alegria.

Para muitos, o orgasmo é o ponto mais alto do prazer, da excitação. É uma das finalidades do amor. É uma sensação a mais, quando o amor se faz em condições de confiança e entrega.

Essas explicações se fazem importantes para que se possa introduzir o assunto sem constrangimento, facilitar a comunicação. Durante e após as explicações, o educador/orientador observa e percebe as reações do grupo para discutir este assunto, cuida da faixa etária; para adolescentes entre 10-13 anos, a abordagem deve ser simples referente às dúvidas apresentadas. Muitas perguntas surgirão, mas o orientador salientará que é um aprendizado de uma vida inteira para descobrirem e compreenderem eles mesmos a resposta a uma sexualidade saudável.

Torna-se imprescindível, portanto, que o adolescente consiga adquirir a tolerância que é, de todas as virtudes, a mais importante no domínio da sexualidade. Ela permite aceitar o comportamento do outro e levá-lo à satisfação das necessidades de ternura, prazer e amor.

O que se busca nesta tentativa de compreensão é que não devemos ter medo dos nossos defeitos, se os reconhecermos e aceitarmos, a diferença está em enfatizar a beleza de como ser. E ainda é das nossas fraquezas que tiramos nossa força.

Dinâmicas

a) Sensibilização dos nomes populares

Objetivo: Conhecer os termos "populares" mais utilizados para os órgãos genitais masculinos e femininos. Identificar os nomes técnicos dos órgãos genitais masculinos e femininos.

Nº de participantes: Grupos de até 20 pessoas.

Tempo: 30min

Material: Folha sulfite, canetas esferográficas, quadro negro e giz.

Desenvolvimento: Explicar a dinâmica aos participantes, pedir que se dividam em grupos de no máximo dez pessoas. Cada grupo elege um coordenador e recebe o material (folha sulfite e caneta). O facilitador escreve no quadro os termos: vagina e pênis. O orientador solicita aos participantes que façam o mesmo na folha que receberam; após um tempo pedir que preencham o quadro com o maior número possível de termos populares que conheçam. Após o tempo estabelecido de 10min, o facilitador recolhe todas as canetas e o orientador pede que cada grupo cite os nomes para que possa escrevê-los no quadro de giz. Não pode haver nomes repetidos. Ganha o grupo que mais disser nomes populares. Lembrete: o orientador deverá analisar cada nome e verificar com o grande grupo, se esse nome realmente existe. E, finalmente para concluir a dinâmica, o orientador destaca a importância do conhecimento dos termos populares, utilizados pela comunidade, onde são escritos ou usados (banheiros públicos mesas, cadeiras, para xingar outros), refletir quanto a como são pronunciados, se existe vulgaridade em pronunciá-los e por quê.

Pênis	*Vagina*

b) Massa de pão

Objetivos: Desmistificar tabus e preconceitos existentes. Expressar a sexualidade por meio da arte de modelar.

Nº de participantes: De 10 a 25 adolescentes.

Tempo: 60min

Material: 1kg de farinha de trigo, 1/2kg de sal, uma jarra com água, uma bacia de plástico grande, folhas de sulfite, canetas coloridas.

Desenvolvimento: No primeiro momento, o orientador chama alguns voluntários para fazer a "massa de pão", sovando-a até tornar-se homogênea. No segundo momento, os participantes do grupo caminham pela sala para escolher um lugar cômodo para se sentar. De preferência, que fiquem separados ou de costas uns para os outros. O orientador solicita que cada um, de olhos fechados, pegue uma porção de massa e sinta a consistência, cheiro, temperatura, elasticidade, explore a massa (perceba, sinta o cheiro, maciez). Após um tempo, o orientador solicita que abram os olhos e iniciem o trabalho de modelar as partes genitais do corpo masculino ou feminino; a escolha é de cada um, fazer do seu jeito, não tem certo ou errado. Pode fazer um boneco ou somente o órgão genital. No terceiro momento, o orientador pede aos participantes para colocarem em exposição suas obras de arte e convidam a todos para apreciar as peças. (A folha sulfite serve para colocar a massa modelada em cima). Após um tempo, o orientador comenta: O que há de comum entre os corpos? Quais as diferenças? O que é sexo? Por que das formas? Estão vestidos ou não? Através desta dinâmica podem-se explorar os modelos, padrões de beleza impostos socialmente, o erótico, as informações sobre o funcionamento do corpo, a anatomia e fisiologia do aparelho reprodutor masculino e feminino. E responder a dúvidas e curiosidades.

c) Órgãos genitais internos e externos

Objetivos: Conhecer os nomes técnicos dos órgãos genitais e suas partes. Aprender as subdivisões de cada órgão genital (anatomia e fisiologia básica).

Nº de participantes: Livre.

Tempo: 60min

Material: Folhas copiadas com as perguntas "No corpo - por dentro e por fora", premiação ao grupo vencedor, livros para consultas sobre anatomia e fisiologia.

Desenvolvimento: Dividir em dois ou três grupos mistos (meninos e meninas). Pedir para que escolham o nome do grupo. Distribuir a folha com as perguntas para todos lerem, estudarem e responderem, memorizando as partes (10min). O orientador deverá ter as fichas, cada uma com o número da pergunta correspondente ao nome do órgão genital masculino ou feminino e sua explicação, resposta. O orientador explica quais são as regras: o primeiro grupo sorteia um número, o facilitador lê a pergunta conforme o quadro abaixo de perguntas. Terá um adolescente que poderá ser o controlador de tempo, 30seg para cada resposta com tolerância de mais tempo caso a resposta seja extensa. Atenção: a resposta não pode ser lida. Se houver 3 grupos, cada grupo terá 9 perguntas para responder; se houver 2 grupos, cada grupo terá 13 perguntas para responder. Oportunizar que todos do grupo possam responder uma ou mais perguntas, o facilitador faz o controle do rodízio. O orientador escreverá no quadro a pontuação de cada equipe. Os grupos poderão contar com a ajuda do orientador e/ou facilitador, porém o valor a ser considerado como certo será de 2 e não de 3; essa ajuda será de até 2 vezes para cada grupo. Para respostas incompletas, os grupos adversários definem se concordam ou não. Ganha o grupo que obtiver maior número na somatória de pontuação. No caso dos grupos não conseguirem responder a uma ou mais perguntas, o orientador esclarecerá as respostas, sanando as dúvidas para o grupo todo. E neste caso a pontuação será para todos os grupos igual a 1 ponto. Valor das respostas: Correta = 3, incompleta = 2.

Perguntas: No corpo, por dentro e por fora

1) Nome de um membro que tem duas funções: urinária e reprodutora. *R.*: Pênis.

2) Nome do membro que libera um líquido chamado esperma. *R.*: Pênis.

3) Nome da pele que cobre a ponta do pênis. *R*.: Prepúcio.

4) Faz parte dos órgãos genitais masculinos e precisa ser puxada para trás na hora do banho para evitar o acúmulo de uma secreção que pode provocar irritação, infecção e mau cheiro. *R*.: Prepúcio.

5) Nos órgãos genitais masculinos há um membro que tem uma pele muito sensível e macia. Como se chama? *R*.: Glande.

6) Conhecida como cabeça do pênis. *R*.: Glande.

7) Como se chamam as duas "bolas" que ficam dentro do saco escrotal. *R*.: Testículos.

8) Tem o formato de um saco. *R*.: Saco Escrotal.

9) São os órgãos genitais externos masculinos. *R*.: Pênis, prepúcio, glande, saco escrotal.

10) São os órgãos genitais internos masculinos. *R*.: Testículos, uretra, epidídimo, canais deferentes, próstata, vesículas seminais, canal ejaculatório.

11) Tem a forma de ovos e produzem o esperma e os hormônios masculinos. *R*.: Testículos.

12) Canal que expele (sai) a urina e o esperma. *R*.: Uretra.

13) Certo ou errado que o epidídimo é um canal ligado aos testículos, onde ficam armazenados os espermatozoides até amadurecerem. *R*.: Certo.

14) Como se chamam os dois canais muito finos que saem dos testículos e servem para conduzir os espermatozoides até a próstata. *R*.: Canais deferentes.

15) Como se chama a glândula que produz grande parte do esperma e onde se misturam os espermatozoides. *R*.: Próstata.

16) Canal por onde passa a urina e o esperma na hora da ejaculação. *R*.: Canal ejaculatório.

17) Explique como deve ser no banho a limpeza do pênis. *R*.: Puxar bem a pele que envolve a parte superior e lavando

com água e sabonete; com isso evita o mau cheiro, pois o prepúcio acumula uma secreção chamada esmegma que causa o mau cheiro e possibilita as infecções.

18) Quais são os órgãos genitais externos femininos também conhecidos como vulva. *R.*: Monte de Vênus, clitóris, abertura da uretra, abertura da vagina, grandes lábios e pequenos lábios.

19) São os órgãos genitais internos da mulher. *R.*: Útero, colo do útero, corpo do útero, tubas uterinas, ovários, vagina.

20) É o local onde o feto se desenvolve durante a gravidez. *R.*: Útero.

21) Parte inferior do útero que tem um "buraquinho" por onde desce a menstruação. *R.*: Colo do útero.

22) Tem um buraquinho onde sai a urina. *R.*: Abertura da uretra.

23) É um órgão arredondado e bem pequeno que fica acima da entrada da uretra, é também importante por ser responsável pelo prazer da mulher. *R.*: Clitóris.

24) O que é monte de Vênus? *R.*: Parte onde existe maior quantidade de pelos.

25) Nome do canal ligado aos testículos que armazena os espermatozoides até amadurecer. *R.*: Epidídimo.

26) Nome dado à secreção que provoca mau cheiro, irritação ou até infecção e que se acumula na parte debaixo do prepúcio? *R.*: Esmegma.

27) O que é menstruação e quando acontece? *R.*: É a camada interna do endométrio que se desmancha e é eliminada através da vagina junto com um pouco de sangue; esse sangue se chama menstruação.

d) Caixa de segredo

Objetivo: Despertar o interesse da turma/grupo para o tema principal.

Nº de participantes: Livre.

Tempo: 10min

Material: 1 caixa de presentes (pode ser uma caixa de bombons).

Desenvolvimento: Colocar a caixa de presente sobre a mesa e aguardar a reação do grupo. Deixar que tentem adivinhar o que é. Dar dicas para despertar o interesse do grupo para que descubram: é bom, é gostoso, dá muito prazer, é gostoso com mais pessoas, muitos gostam, têm várias opções de cores, tamanhos, e preferências. – O que é?

A partir daí, entrar no assunto. Se possível, no final da aula, sortear o presente.

11
Relacionamento familiar

a) Objetivos: Refletir sobre a importância do bom relacionamento familiar. Apresentar as disfunções na comunicação como causa dos conflitos familiares. Conciliar a fase das mudanças do adolescente com um bom relacionamento familiar. Buscar um equilíbrio.

b) Conteúdo: Conflitos familiares; problemas de relacionamento familiar.

c) Dinâmicas:

a) A viagem;

b) Minha família;

c) A troca de um segredo;

d) Acróstico/família.

Relacionamento familiar

A família é a primeira instituição de uma sociedade, sendo provavelmente a mais antiga e a mais importante criação humana e social, emergindo, inicialmente, como relação natural, espontânea e diferenciando-se, posteriormente, até chegar à configuração moderna de monogamia, gerando a esfera das relações privadas.

Hoje, a família tornou-se uma instituição fragilizada que está à deriva de uma evolução da era da informática, reúne-se frente às máquinas, deleitando-se com programas de televisão e computador. Assim, as crianças sobrevivem com distúrbios de socialização seguidos de dificuldades escolares e culminam na adolescência, com condutas sociopáticas, que vão do furto às violências, das dificuldades com a lei à morte no trânsito.

Maakaroun (1993: 2) em *Família e sociedade* cita que o número de condutas sociopáticas está aumentando no mundo atual.

> [...] nunca se conheceu tanto sobre o ser humano em suas necessidades mais profundas. Os pais, em seus desabafos nos consultórios, relatam que não têm autoridade sobre seus filhos, pois os filhos de hoje não honram pai e mãe [...]. Tudo isto é verdade. Pais e filhos, dentro da sociedade atual, nada têm em comum, porque nunca se encontram. Os filhos se assemelham à infinidade de babás que tiveram e ao número de programas de televisão que assistiram. Uma nova consistência emerge rapidamente neste final de século e uma revisão das iatrogenias humanas passa a ser publicada antes que se alastre a epidemia do abandono.

É comum falar que o problema da família está na falta de comunicação. A comunicação é apenas um aspecto de um universo muito mais amplo. O relacionamento dentro da família está ligado à maneira como as pessoas relacionam-se na sociedade. Há um vínculo muito estreito entre a vida familiar e a estrutura social. Não é possível entender um sem entender o outro.

Durante o ciclo de vida de uma pessoa, ela passa por várias fases: infância, adolescência, vida adulta e terceira idade. Cada fase tem características comportamentais próprias, maneiras de pensar, valores e conceitos compatíveis com cada uma delas. Em cada estágio do ciclo de vida existem papéis distintos a serem desempenhados pelos membros da família, uns em relação aos outros.

Os membros de uma família são afetados pelas experiências que aparecem no ciclo da vida familiar: nascimento, enfermidade, escola, novo emprego, falta de emprego, ausência temporária de um dos membros, aposentadoria e morte. Considerem que família inclui de três a quatro gerações. Estas são subsistemas emocionais que reagem aos relacionamentos anteriores, atuais e futuros, dentro de um sistema familiar maior. Para melhor exemplificar é só verificar a influência que sofremos de nossos avós, pais, irmãos e filhos.

Passada a adolescência, os filhos surpreendem agindo como adultos. Começam a tomar decisões próprias sobre as quais já não se consegue interferir. E quando não se está preparado para esse momento, a sensação é de que foi "puxado o tapete", literalmente. Há a sensação do sentimento "estou fora do time" e isto conota a definição de dispensável. As opiniões dos pais perdem o valor, sobretudo quando a educação conduziu os filhos a sua autonomia, o que é muito saudável. Mas os pais, pobres pais, têm que reconhecer que perderam a posição.

O processo educativo então precisa renovar-se ao invés de falar o que o filho deve fazer; será mais conveniente que o pai e a mãe falem, ou melhor, comentem o que fizeram e como tomaram suas decisões em determinadas situações. Quando contam sua história de escolhas, de acertos e erros, o canal de comunicação com o filho "quase" adulto é maior, porque eles se sentem legitimados pelos pais na condição de pessoas que podem confiar e com quem já podem "dividir" a própria história, sem a preocupação de educar. Poderá ser um momento em que a reflexão de ambos, pais e filhos, pode aproximá-los e garantir que sejam bons confidentes um do outro, sem críticas ou julgamentos.

Outro fator que corrobora para o distanciamento é depreciá-lo abertamente no conflito, na perturbação do relacionamento familiar. Em nossa sociedade, muitos homens desde a infância, aprendem a não sentir, não se entregar, a não deixar ebulir toda e qualquer emoção, com receio de que esta exposição possa parecer pueril ou constrangedora. Tendo aprendido a bloquear os sentimentos difíceis, os pais por infelicidade, também bloquearam o belo sentimento do amor.

Criar as crianças era sempre considerado "serviço de mulher" e o pai, trabalhando longe de casa por muitas horas, tinha pouco contato com os filhos, porém as crianças precisam tanto do pai como da mãe. Precisam sentir-se amadas por eles. E os pais precisam sentir-se amados pelos filhos. Esta profícua relação entre ambas as partes deve ser mantida e valorizada, caso contrário é quase inevitável o distanciamento, onde os filhos procurarão referências diferentes e distantes do seio familiar.

As amizades exercem um papel prioritário e indiscutível sobre a modelação da personalidade da criança e identidade do adolescente, seja pelo tempo destinado a este relacionamento, seja pelo apelo inegável do ser humano de relacionar-se socialmente, assim as amizades devem ser preservadas; os membros da família devem cultivar sistemas de amizades fora do seio familiar. Manter-se socialmente em ambientes de convívio social como igreja, associações, clubes, propicia manter-se próximos dos filhos e dos amigos de seus filhos.

Conforme dito anteriormente, a família sendo uma das instituições mais antigas sofre influência da mídia, do ambiente, comunidade e por sua vez da própria sociedade com seu apelo consumista e com seus valores distorcidos e, por mais que estejam envolvidos por estes fatores, os pais precisam saber quais são os papéis que eles exercem dentro de seus lares. Quais responsabilidades são inerentes e atribuídas a cada um, no intuito de conduzir de forma harmoniosa e equilibrada o relacionamento familiar. Mantendo a comunicação aberta, sem autoridade e sim respeito.

O texto a seguir refere-se a uma carta entregue por um adolescente de 15 anos, ao término de uma das dinâmicas que falávamos sobre relacionamento familiar.

> Minha família é assim.
>
> O relacionamento com a minha família sempre foi difícil e agora vai de mal a pior, o relacionamento com o meu pai é quase nada, é um bom-dia ou uma boa-tarde, de vez em quando, ele me dá o que eu preciso quando peço e eu não reclamo; o meu irmão, esse sim se dá bem com o meu pai e só com ele, nunca fizemos nada juntos, ou seja, é um péssimo relacionamento. Minha irmã já não mora mais conosco, era ela o meu grande trunfo. Na família era com ela que eu conversava, desabafava e tudo mais, mas agora minha grande amiga é minha mãe, pois minha irmã

> não mora mais comigo, ou seja, meu relacionamento familiar se resume a minha grande amiga, minha mãe. Quanto aos outros, meu pai e meu irmão, sempre estarão aqui, ou pelo menos por um grande tempo. Ainda, não é tarde demais? (C.M., 15 anos).

Em poucas palavras ele nos diz a dificuldade de comunicação na família, a sua solidão, o distanciamento do pai, a preferência pelo irmão, a saudade da irmã, a aproximação da mãe.

Vamos pensar no que está acontecendo? Os pais não podem descuidar-se do exemplo diário que devem dispensar aos filhos. Dar desculpas como, falta de tempo, a empregada que faltou, o chefe que repreendeu, estou cansado. Nada disso serve para os filhos, eles precisam de mais, muito mais; os filhos adolescentes testam seus pais a todo o momento, veem seus defeitos e vícios e falam sem medir, são diretos e os pais não querem ouvir, então evitam. Mas sempre é hora de mudar.

Qualidade de vida pode ser obtida através de uma boa convivência fraternal e tranquila. Não digo para serem super pais, devem sim, procurar serem os mais honestos com seus filhos. Admitir os erros já equivale a mil acertos. Na criação dos filhos devemos atentar para a sua boa educação. Frequentemente baseamo-nos na culpa. Conseguimos controlá-los, fazê-los obedecer-nos através da ameaça e, consequentemente, com culpa. A culpa nada mais é do que a transferência de nossa própria responsabilidade para as costas de outro. Passamos nossa vida inteira procurando o agressor e a vítima. Jamais nos questionamos qual a nossa parcela de responsabilidade sobre os fatos que ocorrem conosco no dia a dia. Tentemos de uma forma neutra, sem pré-julgamentos, e veremos que nos acontecimentos bons ou ruins temos nossa parte de responsabilidade.

Devemos ser responsáveis também para vivenciar as consequências de nossos atos. Devemos nos educar e ensinar os filhos a verdadeira noção de responsabilidade. Que de toda ação gera-se uma reação, boa ou má, conforme nossa inclinação no momento, e que devemos ser responsáveis para assumir as consequências sem culpar o vizinho, o governo, o chefe, o mau tempo, o trânsito, as notas baixas. Responsabilidade, respeito é o que devemos sempre ensinar aos filhos; a racionalidade em vez do impulso; a caridade e a fraternidade. Só assim conseguiremos ajudá-los a se tornarem adultos mais tranquilos e felizes. Fraternidade, responsabilidade e respeito aprende-se com o exemplo dos pais.

Podemos dizer que os pais precisam saber que educar os filhos é ensiná-los a iniciar pequenos voos e cuidar de suas asas e quando chegar à adolescência permitir que possam realizar seus voos (agora mais longos) até sua longa viagem de tornar-se adulto. Educar é mais que missão é compromisso, é responsabilidade.

Dinâmicas

a) A viagem

Objetivo: Proporcionar um ambiente calmo onde o adolescente possa imaginar um lugar onde quer estar, e qual a relação desse lugar com a família.

Nº de participantes: Livre.

Tempo: 40min

Material: Aparelho de som, música instrumental calma.

Desenvolvimento: Dar boas-vindas ao grupo e convidá-los para fazer uma viagem. O orientador explica que todos devem permanecer sentados, com as cadeiras afastadas umas das outras, ao som de uma música calma. Solicitar que fechem os olhos e imaginem um lugar que queiram ir. Depois perguntar: Vai levar algum objeto consigo? Vai de carro, ônibus, ou a pé? Quem vai com você nesta viagem? Amigo, família, ou não vai levar ninguém? O orientador faz a narrativa da viagem com lugares bonitos, etc. Após algum tempo, avisar que está na hora de retornar, solicitar que lentamente vão voltando e que podem abrir os olhos; o facilitador acende a luz. Novamente em círculo, o orientador faz comentários e pergunta se alguém quer comentar sobre sua viagem.

Obs.: Durante a narração da viagem o orientador e facilitador cuidam e observam as reações e expressões corporais e faciais.

Questionamentos para fazer após o término da viagem. (orientador)

- Quem não conseguiu sair do lugar?
- Quem levou algum objeto? O quê?
- Para onde foram?
- Quem estava com você?
- Como se sentiu neste lugar?
- Quem teve dificuldades em voltar?
- Descreva este lugar.
- Sua família poderia ter ido com você?

b) Minha família

Objetivos: Permitir ao adolescente descrever ou falar de sua família. Estimular que o grupo ajude o adolescente que apresentar dificuldades no convívio familiar.

Nº de participantes: Livre.

Tempo: 45min

Material: Folhas de sulfite, lápis e canetas coloridas.

Desenvolvimento: Com uma música suave, o orientador inicia a conversa sobre a família em geral, perguntado e expondo possíveis situações de dificuldades, conflitos diários, como: não deixar os filhos saírem, não deixar namorar, obrigar a fazer tarefas domésticas, bater, castigar, maltratar, pais usuários de drogas, álcool. Aguardar até que comecem a falar e fazer comentários; após um tempo o orientador solicita que cada um pegue uma folha e descreva ou desenhe a sua família. Na folha escrevam MINHA FAMÍLIA. O orientador não dá muitas explicações e espera o trabalho se realizar; após 20min, em círculo, pede que cada um apresente sua família e fale sobre ela.

c) A troca de um segredo

Objetivo: criar maior habilidade de empatia entre os participantes grupais.

Nº de participantes: 20 a 25 pessoas.

Tempo: 45min

Material: Lápis e papel branco.

Desenvolvimento: O orientador distribui uma folha aos participantes e pede que escrevam uma dificuldade que sentem no relacionamento familiar, e que não gostariam de expor oralmente. O orientador solicita que após todos escreverem, dobrem a folha de forma idêntica; este recolhe e mistura os papéis e distribui novamente aos participantes; a seguir, o orientador recomenda que cada qual assuma o problema que recebeu como se fosse seu e pense: O que farei com tal problema? Após um tempo, cada um lerá em voz alta o problema que assumiu, usando a primeira pessoa "eu" e, fazendo as adaptações necessárias, dará uma possível solução ao problema apresentado. Quanto aos demais, só será permitido propor soluções, não sendo permitidas perguntas sobre o problema (evita a exposição de quem escreveu). Ao final, o orientador possibilita o debate sobre as reações formulando as seguintes perguntas:

- Como você se sentiu ao descreverem o seu problema?
- Como se sentiu ao explicar o problema de outro?
- No seu entender, o outro compreendeu o seu problema?

• Conseguiu colocar-se na situação exposta?

• Compreendeu o problema do outro?

• Como você se sentiu em relação aos outros membros do grupo?

• Conseguiram dar soluções possíveis para resolver seu problema?

d) Acróstico/família

Objetivo: Entender acróstico como uma composição poética na qual o conjunto das letras iniciais (às vezes do meio ou do fim dos versos) forma um nome de pessoa ou objetos. Estimular a criatividade artística de cada um.

Nº de pessoas: Livre.

Tempo: 40min

Material: Sala ampla; aparelho de som; música instrumental suave; cadeiras; pranchetas; folhas em branco; lápis coloridos; canetas.

Desenvolvimento: Explicar o que é um acróstico para os jovens, dizer que a palavra é FAMÍLIA, ao som de uma música calma, deixar que usem a imaginação e criatividade para criar. Após todos terminarem, solicitar que apresentem sua obra de arte e esta será afixada num quadro ou mural que todos têm acesso. Lembrar que todo esforço deve ser elogiado.

Na vida precisamos usar os obstáculos não como barreiras, mas como estratégias de crescimento e fortalecimento.

12

Convívio familiar

a) Objetivo: Refletir quais as possibilidades de se conseguir um bom convívio familiar.

b) Conteúdo: Conflitos, problemas e soluções para se viver em família.

c) Dinâmicas:

a) A ponte;

b) Família imaginária;

c) Corrente humana;

d) Faça mais do que ouvir: compreenda!

Convívio familiar

Anteriormente falamos sobre o relacionamento familiar e, dando continuidade à reflexão da importância do tema, falamos do convívio familiar, do viver junto, do partilhar, do estar em grupo. Ao longo da vida, sempre participamos de algum grupo: escola, time de futebol, basquete, vôlei, comunidade, vizinhos, empresa, igreja, etc. O primeiro destes grupos é a família, mas afinal o que é família?

Maffesoli (1987: 101) nos diz que "família é o primeiro lugar de pertencimento de valor territorial, espaço histórico e geográfico privilegiado do indivíduo, local em que ocorrem as relações que unem o lugar e o nós". É a instituição responsável pelo apoio físico, emocional, educacional e social de seus membros.

Para Montoro (1994: 65) "a família é um sistema de vínculos afetivos responsáveis pela formação da estrutura psíquica da criança". A família faz a interação, o apego e adaptação social e cognitiva das crianças. E, tendo uma função socializadora, as crianças iniciam as vivências de aprendizagem, introjeção de padrões e valores, permitindo a assimilação de regras e normas de contexto familiar.

E, é na fase da adolescência que esse convívio, essa socialização é questionada; pertencer a um grupo familiar para muitos adolescentes não é fácil, a convivência harmoniosa entre pessoas de idades, modos de ser e pensamentos diferentes.

Mas, se cada um compreender um pouco que seja o outro, dar a liberdade a esse(a) filho(a) deixar claro o que quer, mantendo um diálogo equilibrado sempre definido pelos papéis, filho(a), pai, mãe, fica mais fácil se dar bem a maior parte do tempo.

Quando um filho(a) cresce, a família demora um pouco a perceber e continua agindo como se ele(a) ainda não soubesse o que quer ou gosta, isso pode causar conflitos.

E aqui vão umas dicas simples, mas que podem ajudar a você, filho(a), a você, pai ou mãe: primeiro é preciso lembrar que os pais gostam de você e que você (filho) gosta deles (pais); depois, embora sejam seus pais, eles não conseguem ler os seus pensamentos, e nem você consegue saber o que eles pensam; em alguns momentos, "É preciso dizer tudo" o que pensa, caso contrário como é que eles (seus pais) vão saber? Conversar é sempre o melhor caminho; ouvir o que o outro está falando deve ser uma regra; compreender o que o outro quer é uma dádiva; aceitar como o outro é, é um exercício.

Cabe salientar que a responsabilidade de as coisas darem certo não é só sua, mas, se você fizer sua parte, com certeza terá bons resultados.

É importante deixar claro que é preciso haver a adoção, e aqui explico o que entendo por adoção: é amar e ser amado, é dar e receber afeto, é o caminho para o aperfeiçoamento da convivência humana, é o aceitar ou outro como ele é. Se vocês (pais) adotarem seu filho, e você (adolescente) adotar seus pais, pode dizer: EU AMO!

Os pais podem, em alguns momentos, precisar dizer NÃO, mas explicar o porquê do NÃO é uma das formas mais diretas de AMAR. Com o amor presente, vivenciar a questão de pôr limites é uma forma de CUIDAR, de querer bem!

Na família não tem EU ou VOCÊ e, sim, o NÓS (juntos) – personalizador em crescimento. Evite comparações, não pode haver um mais importante, todos têm seu potencial e sua importância!

E, para finalizar esta reflexão, não o assunto, posso dizer que estou aprendendo que educar filhos adolescentes é como empinar uma pipa, você mantém e controla a altura apenas por um fio podendo, em alguns momentos, puxar ou soltar. A isso eu chamo de disciplina.

Amar é deixar seu filho(a) adolescente aprender a voar, sob supervisão.

Dinâmicas

a) A ponte

Objetivos: Auxiliar o adolescente a vivenciar a prática do limite do outro, do convívio, do compromisso com o outro.

Nº de participantes: Números pares.

Tempo: 30min

Material: Sala ampla com aparelho de som cds, tábua de madeira com largura de aproximadamente 40cm. E de comprimento mais de 1,5m.

Desenvolvimento: O orientador pede para que se dividam em 2 grupos e cada um se posicione numa extremidade da tábua estendida no chão. O orientador explica a dinâmica: no centro da sala temos uma tábua que será a nossa PONTE. De um lado, temos um abismo; do outro, uma montanha. Todos deverão passar na ponte sem cair, e isso vale para os dois grupos. Os grupos podem combinar estratégias para ultrapassar a ponte e, depois de feitas as combinações, os grupos fazem o trajeto para atravessar a ponte. O facilitador lembra que essa passagem pode ser fácil ou difícil e que neste trajeto encontraremos outras pessoas e precisaremos delas para nos ajudar; precisaremos saber negociar; é como na vida diária, temos que respeitar, encontramo-nos de frente, ou dentro de um pequeno espaço e precisamos conviver para sobreviver; isso é o nosso cotidiano. Assim o orientador dá o sinal de início e cada equipe numa extremidade deve atravessar a ponte. Ou seja, os grupos passarão, ao mesmo tempo, pela trilha. Inicia-se a caminhada ao som de uma música suave. O orientador estimula o grupo a solicitar ajuda para os companheiros, tendo a possibilidade de dar as mãos, de se abraçarem. No trajeto os códigos serão: cuidado, calma, pense, sem pressa, olhe a ponte, não pode cair da ponte, olhe quem está passando, olhe quem cruza por você, quem te pede ajuda, quem te empurra, perceba o outro!

Sugestão: vedar os olhos de alguns, fingir que um deles é portador de uma necessidade especial, tudo isso serve para demonstrar as diversidades e dificuldades no cotidiano familiar.

Pontos para discussão:

1) O que significa a ponte?

2) Você ajudou outras pessoas a passar?

3) É necessário respeitar o outro para conviver junto?

4) Foi difícil negociar para que todos atravessassem a ponte?

5) Quem mais atrapalhou na travessia? Por quê? Na família quem são essas pessoas?

*b) Família imaginária**

Objetivos: Identificação das qualidades e defeitos de sua família. Destacar as vantagens e desvantagens de pertencer a ela. Percebendo como melhor existir nessa família, preservando ao máximo sua identidade pessoal.

Nº de participantes: Livre.

Tempo: 60min

---

* Adaptação da dinâmica do livro *Saúde, vida e alegria*: sugestões pedagógicas. Vol. 2. Porto Alegre: Artes Médicas Sul, 2000.

Material: Cartolina ou papel Kraft, cola, revistas, jornais, canetas coloridas.

Desenvolvimento: Pedir que façam, individualmente ou em grupo, a colagem de uma família ideal, discutindo o porquê de cada escolha. Pedir para elegerem um relator que possa explicar esses motivos. O relator de cada grupo mostra a colagem do grupo identificando a mesma por um nome ou cor escolhida pelo grupo e fala da colagem que traz consigo. Além disso, ouve, das demais equipes, opiniões sobre o que seria a família ideal, discutindo se concorda ou não com ela. O orientador acompanha o grupo e faz a reflexão final, o que acharam ou que mais ouviram.

c) Corrente humana

Objetivo: Interação de um grupo, com um toque de carinho e amor.

Nº de participantes: Números pares.

Tempo: Em média de 5 a 6min para cada participante.

Material: Vendas para os olhos um total de 3 a 5.

Desenvolvimento: *Primeiro momento*: relaxamento do grupo com música suave. Apagam-se algumas lâmpadas. *Segundo momento*: formam-se dois círculos humanos, um no meio e outro no entorno. Colocam-se as vendas nos olhos dos três participantes do círculo externo. Cada um destes será acompanhado pela pessoa que se encontra a sua frente, para andar dentro da corrente humana (do círculo). Durante a passagem, as pessoas que estiverem na roda terão que fazer algum gesto de carinho no colega que está de olhos vendados. Este gesto poderá ser: um aperto de mão, um abraço, um beijo, etc. Assim que terminarem de passar nos círculos, outros vendam os olhos e, acompanhados pelos seus respectivos companheiros, continuam a corrente humana. *Terceiro momento*: discussão sobre o que sentiram, dando e recebendo afetos de pessoas que trabalham, que estudam ou estão no mesmo encontro com você.

d) Faça mais do que ouvir: compreenda!

Objetivos: Proporcionar a análise de conteúdo de um assunto problema. Introduzir um novo conteúdo, ou conclusão do estudo de um tema. Discussão do problema e exame de solução, estimular a participação geral do grupo e estimular a capacidade de observação e julgamento de todos os participantes.

Nº de participantes: Indicação para adolescentes com idade acima de 14 anos.

Tempo: 60min

Material: Papel, canetas, pranchetas, cadeiras, sala ampla.

Desenvolvimento: Consiste na divisão do grupo em dois subgrupos (GV = grupo de verbalização; GO = grupo de observação). O primeiro grupo é o que irá discutir o tema na primeira fase, e o segundo observa e se prepara para substituí-lo. Na segunda fase, o primeiro grupo observa e o segundo discute. É uma técnica bastante fácil e informal. A dinâmica é importante porque o GO deve cumprir um papel na observação, buscando encontrar aspectos positivos e negativos na objetividade e operatividade do GV, levando o grupo a um consenso geral e desenvolvendo habilidades de liderança. O orientador propõe o problema e explica qual o objetivo que pretende com o grupo. Explica como se processará a discussão e fixa o tempo disponível. O grupo é dividido em dois. Um grupo formará um círculo interno (GV) e o outro um círculo externo (GO). Apenas o GV debate o tema. O GO observa e anota. Após o tempo determinado, o orientador pede para fazer a inversão, passando o grupo interior para o exterior e o exterior para o interior. Após as discussões, o orientador poderá apresentar uma síntese do assunto debatido e a conclusão de todo o grupo sobre a dinâmica.

13
ECA – Estatuto e cidadania

a) Objetivos: Despertar para direitos e deveres do cidadão. Estimular a expressão dos conhecimentos sobre o tema e favorecer a discussão. Analisar o Estatuto da Criança e do Adolescente como um instrumento de consulta diária.

b) Conteúdos: Lei 8069 – ECA; educação e cultura na construção da cidadania, instrumentos de exercício da cidadania; direitos e deveres; Estado e poder.

c) Dinâmicas:

a) Teatro ECA – Estatuto da Criança e do Adolescente;

b) Voto, um exercício de cidadania;

c) Ouvindo e concluindo;

d) Estudo dividido.

O exercício da cidadania

Iniciaremos falando sobre a lei que determina os direitos e deveres da criança e do adolescente, e depois dos instrumentos para exercer uma cidadania no seu bairro, município, Estado e país.

O ECA – Estatuto da Criança e do Adolescente (1990), a constituição das crianças e dos adolescentes, veio para garantir igualdade de condições a todas as crianças e adolescentes deste país, ou seja, até 1988 vigorava no Brasil o código de menores. Esse código de menores se aplicava a todas as crianças e adolescentes pobres, órfãos; no entanto, os filhos de classe média acima estavam sob o código civil, que rege a garantia dos direitos inerentes à pessoa humana. Muitos, por não conhecerem o ECA, dizem que a lei veio apenas para proteger pequenos "bandidos" e tirar a autoridade dos pais, mas, ao interpretá-la, entendemos que esta lei veio para reforçar a responsabilidade da família em relação a seus filhos, dando garantia dos direitos já assegurados pela lei federal de 1988, fazendo com que esses direitos sejam respeitados. Direito à vida, à saúde, ao trabalho, educação, praticar esporte, lazer, profissionalização, convivência comunitária e familiar.

Bastaria a realização plena e a garantia de um só desses artigos, o 7º, para que o Brasil resgatasse a maior parte de sua dívida social para com milhões de crianças e adolescentes, garantindo a construção básica de uma nova sociedade.

Art.7º: "A criança e o adolescente têm direito à proteção, à vida e à saúde, mediante a efetivação de políticas sociais e públicas que permitam o nascimento e o desenvolvimento sadio e harmonioso, em condições dignas de existência".

Com alimentação adequada, saneamento básico, moradia, acompanhados por medidas simples de prevenção, educação em saúde e facilidades no pronto atendimento médico de crianças e adolescentes, quase 70% das doenças poderiam ser evitadas ou atenuadas.

Direito à saúde está junto ao direito à vida porque uma coisa leva à outra: se a pessoa tem saúde, o direito à vida está sendo garantido. Quando falamos em vida saudável, o que logo pensamos é praticar esportes, ter uma boa alimentação, dormir bem, essas coisas. Mas quando falamos em saúde, o problema é mais grave no Brasil: pensamos nos hospitais públicos, nos planos de saúde, nas epidemias, nos preços dos remédios, não se sabem quais desses são prioridades ou quais estão piores. De repente todos são ruins, são péssimos!

O que precisamos lembrar é que a SAÚDE é um direito. E o Estado tem sua responsabilidade de viabilizar o acesso de graça para você, adolescente.

Estes são alguns dos direitos que o Estado deve assegurar:

• Atendimento pré e perinatal: atendimento na gravidez e no parto.

• Atendimento emergencial: o hospital tem que prestar socorro imediato, em casos de risco de vida.

• Acompanhamento dos pais: pelo menos um dos pais ou responsável tem o direito de ficar com seu filho em caso de internação.

• Prioridade absoluta de atendimento médico.

• Informação: campanhas de prevenção – do uso de drogas, de doenças transmitidas pelo sexo (DST, da Aids, da gravidez inoportuna).

E ainda, no art. 4º: "É dever da família e da sociedade e do Estado assegurar, com absoluta prioridade, o direito à vida, à saúde, a alimentação, à educação, à convivência familiar e comunitária, além de colocá-las a salvo de toda forma de negligência, discriminação, exploração, violência, crueldade e opressão".

A família é composta por pai, mãe, filho, avós, tios, sendo assim, entende-se que também é dever da criança e do adolescente assegurar a efetivação dos diretos referentes à vida, cuidar da saúde, e isso inclui não fazer uso de substâncias que prejudiquem o seu desenvolvimento físico e moral.

A educação não é aquela informal que se aprende desde pequeno, esta educação de que trata a lei é a escolar, então a leitura que se deve ter é que é responsabilidade da criança e do adolescente estudar e fazer disto uma prioridade.

Mas, então, por que não têm força, no Brasil, estas leis tão justas, progressivas e das quais tanto nos orgulhamos?

Por que continua sendo vilipendiado o direito à saúde, à proteção contra os maus-tratos e ao abuso físico e sexual? O extermínio de menores e o aumento das taxas de criminalidade e acidentes são exemplos trágicos da desumanização e da ineficiência prática de nossas leis e de nossas redes de apoio social.

Um dos motivos por que as palavras da lei não se transformam em ações concretas do poder público é que a maioria da população não sabe que além de ter direitos, tem o poder e o dever de organizar-se para exigi-los. Muitos desconhecem o fato de que hoje qualquer cidadão pode participar das decisões sobre políticas públicas –

incluindo decisões sobre verbas através de conselhos paritários, obrigatórios por lei e ligados aos poderes executivos municipal, estadual e federal.

O conceito de cidadania é importante para entender o papel das políticas públicas.

Cidadania: direito de ter, usufruir e conhecer os próprios direitos. Direitos que as pessoas têm de participar da sociedade de ter acesso aos benefícios sociais. Além da garantia de direitos, a concepção de cidadania aqui apresentada inclui a articulação entre projetos pessoais e coletivos, ou seja, trata-se de ética, de responsabilidade, em que há desenvolvimento pessoal na medida em que aumentam os compromissos e os encargos assumidos com o coletivo. A cidadania é centrada no respeito a valores socialmente acordados.

O Estatuto da Criança e do Adolescente não utiliza o termo menor por se tratar de um termo apenas para os pobres e com sentido pejorativo. O art. 2º determina que: "considera-se criança, para os efeitos desta lei, a pessoa até doze anos de idade incompletos e adolescente entre doze e dezoito anos de idade".

Todo adolescente é um cidadão e como cidadão deve ter a oportunidade de conhecer as leis que garantem seus direitos e, ao mesmo tempo, ser estimulado no sentido de agir para tirar a lei do papel e fazê-la acontecer.

Conhecer a lei, apontar o abuso, o dano, já é o primeiro passo para encontrar a dignidade.

Nós, como educadores, devemos incentivar as ações solidárias, intervir em situações de riscos e promover ações de saúde, coordenadas intersetorialmente entre áreas de educação, saúde, justiça, comunicação e outras. Isto é exercer o direito pleno de cidadania, compartilhando a responsabilidade civil no processo de erguer uma nação saudável.

Num desses itens está em o adolescente conhecer bem, conhecer muito todos os seus direitos e deveres é um caminho seguro para o exercício da cidadania. Em sua casa, por exemplo, as regras que tem de seguir o ajuda a viver em harmonia. E elas existem somente para o bem-estar familiar. É também com essa finalidade que nosso país, nosso Estado e nosso município são organizados segundo alguns princípios e algumas normas. Eles nos indicam as possibilidades e os limites de um cidadão para agir individualmente ou em grupo, respeitando toda e qualquer diferença. Por isso mesmo, precisamos saber como está organizada a nossa sociedade e quais são os nossos direitos e deveres.

Ao trabalharmos com os jovens nos perguntamos se não seria mais fácil lidar com as coisas que eles já conhecem. E a partir desses conhecimentos trabalhar com as informações de lei, facilitando o interagir com a sua realidade.

Ao elaborarmos as dinâmicas de grupo, nossa preocupação era que os temas escolhidos fossem agradáveis para serem discutidos. Iniciamos levantando os problemas do bairro, da escola, da região em que morávamos. A intenção era elaborarmos um texto objetivo que possibilitasse discutir e compreender educação e cultura na construção da cidadania; quais os instrumentos de exercício da cidadania; seus direitos e deveres; o que é Estado e poder; qual a importância do voto, do título de eleitor; bem como funções exercidas por um vereador, um deputado, um prefeito. Neste momento contamos com a ajuda de uma profissional advogada que veio enriquecer o conhecimento dos adolescentes e da equipe. Realizamos uma visita à Câmara Municipal, e ao Fórum da cidade; essas visitas oportunizaram aos adolescentes conversar com alguns vereadores, juízes, promotores e funcionários.

Promovemos um evento e convidamos candidatos à vaga de vereador no legislativo na nossa cidade de Foz do Iguaçu; tal iniciativa obteve como resultado a redação da carta de reivindicações dos adolescentes do bairro Porto Meira, (que foi publicada no jornal da cidade). E mais tarde discutida com representantes do bairro e do legislativo.

Tais iniciativas aqui apresentadas servem como sugestões que obtiveram uma avaliação positiva dos adolescentes que nos solicitaram outros momentos como esses (Apêndice I – Textos do ECA, p. 214).

> Dizer que o adolescente é o futuro do país, mas, como ser futuro se o presente não lhe pertence!

Dinâmicas

a) Teatro: ECA – Estatuto da Criança e do Adolescente

Objetivos: Analisar e compreender melhor as causas e consequências de certos problemas e comportamentos de pessoas que desrespeitam o Estatuto da Criança e do Adolescente.

Nº de participantes: Livre.

Tempo: 60min

Material: Sala ampla, cópias de textos com os diretos do ECA (saúde, vida, proteção no trabalho, educação, profissionalização, convivência comunitária, convivência familiar).

Desenvolvimento: Solicitar que se forme de seis a sete grupos, distribuir o texto copiado sobre os direitos da criança e do adolescente. O orientador pede que leiam o texto e discutam com os membros do grupo as seguintes questões: comparação de direitos e a nossa realidade, como estão? Adequação ou inadequação das leis? No seu bairro essa lei é respeitada? Quais as ações que o grupo poderia realizar? Após o tempo estipulado de até 30min, o orientador solicita que o grupo elabore um pequeno roteiro para uma apresentação teatral. Deixar fluir livremente e, após as apresentações, discutir as interpretações e a possível solução, o facilitador anotará as expressões de consenso.

b) Voto, um exercício de cidadania

Objetivos: Entender o voto como a primeira forma de manifestar sua cidadania. Diferenciar ação política de ação de politicagem.

Nº de participantes: Livre.

Tempo: 60min

Material: Tablado ou palco, microfone, urna (caixa de papelão), Título de Eleitor (simulação), caneta, mesas para votação. Ficha de proposta (pode constar nome, idade, proposta).

Desenvolvimento: Os adolescentes devem apresentar suas propostas escritas na "ficha de proposta" ao tribunal eleitoral, composto por quatro adolescentes que farão a leitura e a aprovação para ser apresentada ao público. No caso de não ser aceita a proposta, o candidato poderá reformular a mesma e apresentá-la novamente. Após a apreciação das propostas, será aberta a exposição ao público com um palanque, tatame ou caixas, microfone ou simulação destes. Os adolescentes candidatos terão 5min para expor suas ideias e convencer o seu público; ao término dos 5min, o tribunal eleitoral solicita a votação da proposta e, no caso de aprovação, todas as propostas serão encaminhadas para a mesa da assessoria jurídica composta de um(a) advogado(a) e um adolescente. A assessora jurídica fará a leitura das propostas para redigir uma carta de reivindicações dentro de parâmetros citados em lei. Depois de pronta, apresentar aos adolescentes.

c) Ouvindo e concluindo

Objetivos: Ler e discutir a respeito do tema ou assunto específico com os membros do grupo, e sempre ouvindo a opinião de todos.

Nº de participantes: Livre.

Tempo: 45min

Material: Cópias de anúncios publicados que falem sobre a política local e nacional. Papel em branco e canetas para o grupo. Ficha de proposta (nela podem constar: nome; idade; proposta).

Desenvolvimento: O orientador faz uma pergunta sobre o assunto já visto (neste caso, política), ouve a opinião emitida pelo grupo e pode fazer comentários para estimular a discussão com o grupo sobre as mesmas. Divide a sala em pequenos grupos. Distribui os textos para o estudo sobre a pergunta. *O que é política para vocês?* Após a leitura e discussão dos textos, tirar conclusões sobre o tema. Citar os comentários tidos como mais importantes. Cada grupo apresenta suas conclusões e anota as demais apresentadas. O orientador faz a apreciação sobre as conclusões.

d) Estudo dividido

Objetivos: Analisar as opiniões e conclusões dos grupos, observando as várias visões de um mesmo assunto.

Nº de participantes: Livre.

Tempo: 60min

Material: Cópias de um texto com assuntos polêmicos e vários subtítulos do mesmo texto (partes do texto), folhas em branco, canetas, sala ampla, cadeiras para todos sentarem.

Desenvolvimento: Dividir em três ou quatro grupos. Entregar os assuntos (recortados em partes) aos grupos. O grupo recebe parte do texto para estudar durante 5-10min. Em seguida, pedir que escrevam o que entenderam e as dúvidas que permaneceram. Trocar as partes de textos e os comentários entre os grupos, pedindo que analisem e completem o trabalho. E novamente trocar os comentários escritos pelos grupos (entre os grupos) e assim prosseguir até que o trabalho volte ao grupo original (o primeiro grupo que escreveu o comentário) que revê e dá unidade ao tema. Solicitar ao representante de cada grupo que leia o resultado. O orientador faz a conclusão.

14
Namorar é... ficar é...

a) Objetivos: Discutir as diferenças, vantagens e desvantagens, entre o ficar e o namorar. Refletir se o amor tem sentido e é vivenciado da mesma maneira pelas meninas e pelos meninos.

b) Conteúdo: Os relacionamentos afetivos e seus resultados; o momento de "ficar" e de "namorar";

c) Dinâmicas:

a) Dançando com balões;

b) Meu primeiro amor;

c) Tribunal de júri.

Namorar é... Ficar é...

Uma das maiores modificações que ocorrem na puberdade e adolescência é o intenso interesse nas diferentes formas de relacionamento entre as pessoas.

A primeira relação afetiva da criança é com a mãe que cuida dela. A seguir vêm os envolvimentos com as pessoas com quem convive e têm contato direto com ela (pai, irmão, avós, parentes, amigos etc.). A criança recebe passivamente uma carga mais afetiva dos pais e irmãos, pelo simples fato de ter nascido. O fato de existir já é motivo mais que suficiente para ser amado. Este amor que gratuitamente ela recebe, vai alimentando o seu lado afetivo, criando nela um bom potencial afetivo.

Uma criança bem-amada tem grandes possibilidades de ter também uma boa capacidade de amar. Uma vez formado o núcleo do eu, a criança passa a desenvolver seus papéis sociais. Agora a criança já não é tão passiva como na fase anterior. Ela é mais participante na relação com as pessoas com as quais existe uma interação.

Agora o afeto que chega não é tão gratuito. É na socialização comunitária que a criança sem perceber a sua família amplia o seu mundo e entra em contato com outras crianças. Tudo que vai acontecendo consigo ela vai registrando e isso vai fazer parte da sua futura personalidade. São ingredientes que vão se combinando, se superpondo e sendo constituídos de afeto positivo e respeito que vêm da mãe, da família e da comunidade. O produto final pode ser uma personalidade sadia com capacidade de amar e respeitar o próximo. Com a puberdade, surgem as características sexuais secundárias que provocam uma modificação básica dos sentimentos. Causam as inseguranças, os medos.

Os relacionamentos afetivos que envolvem amizade, "coleguismo" podem sofrer interferência da sexualização do vínculo. A estas modificações acrescenta-se o amadurecimento psíquico, que torna o púbere capaz de raciocinar sobre um acontecimento fazendo relação e hipóteses tanto para benefício quanto para prejuízo de si mesmo, de sua autoimagem.

Um exemplo disso é se o púbere não aceitar, junto com essas modificações, o crescimento das mãos, das pernas, dos pés ou dos pelos (exemplos) e começar a fazer conjecturas, hipóteses que os outros podem estar reparando em suas mãos (ou pés, pernas, pelos, etc.) e, se caso a garota que lhe interessa lhe disser "não", o púbere acredita que é por causa de suas mãos.

Ela nem precisa dizer nada. Esta interpretação passa a ser verdade para o púbere que evita buscar o motivo real do afastamento dela.

Assim o relacionamento afetivo entre duas pessoas de gêneros diferentes é resultado de um amadurecimento psíquico, social e biológico que busca atender mais uma etapa da vida dos adolescentes. E para os adolescentes é um momento de conflito e confusão, sendo necessário um tempo de aceite de si mesmo.

Ficar, namorar é relacionamento, é um exercício de busca de equidade de gênero, onde o "ficar" tornou-se uma fase de treinamento em papéis sexuais.

"Ficante": esse termo muitas vezes expresso pelos adolescentes que nos deram como significado de pessoa que "fica algumas vezes sem compromisso".

O "ficar" começou a ser praticado entre os jovens em meados da década de 1970, especialmente nos grandes centros urbanos, difundindo-se mais tarde a praticamente todos os locais onde existam adolescentes. Consiste num contrato informal mútuo de companhia, onde os jovens "ficam" juntos durante um determinado período, trocando experiências e aprendendo os princípios mais elementares da convivência e da afetividade. Essa prática tem significados diferentes conforme a região considerada, às vezes, em grupos diferentes de uma região. O "ficar" pode se constituir apenas em conversa, mas geralmente inclui troca de carícias, eventualmente, chega às relações sexuais.

Ainda que nem sempre as coisas transcorram conforme o planejado, o "ficar" implica falta de compromisso, de continuidade, sendo comum que adolescentes que "ficaram" em uma festa no dia anterior, por exemplo, sequer conversem no dia seguinte.

O "ficar", na linguagem do jovem de hoje, é relacionar-se afetivamente com outra pessoa sem um compromisso contínuo, e nem precisando dar qualquer satisfação. O jovem "fica" para adquirir e vivenciar experiências ou até para um futuro ou por uma simples atração física. "Ficar" é importante por envolver experiências agradáveis e desagradáveis. O adolescente e a adolescente tornam-se mais atenciosos(as) com relação ao seu corpo, despertando a vaidade onde acontece o auge da sexualidade e sensualidade e, em consequência, a melhora da autoestima. O mesmo acontece com o namorar.

O "ficar" constitui-se em alternativas para se viver um intenso momento de descobertas sexuais, é uma importante forma de aprendizado social, afetivo e sensorial.

Embora exista bastante liberalidade e tolerância, os ou as adolescentes que "ficam" com muita frequência não são bem vistos entre os próprios jovens, que por vezes até lhes atribuem apelidos pejorativos. Não é raro também que o namoro entre jovens comece por um episódio de "ficar".

Namorar é: cortejar, cativar, seduzir, atrair, cobiçar, desejar ardentemente. Quer seja ou não precedido pelo "ficar", já existe certo compromisso maior entre as partes. O contrato implícito do namoro exige, por exemplo, um grau de fidelidade que habitualmente não existe no "ficar". O namoro é um período onde se testam, além dos papéis, a capacidade afetiva e até erótica de cada um. É no decorrer do namoro, na medida em que ele vai se firmando, que os jovens vão se assegurando do afeto e da atração mútua e, embora não seja obrigatória essa trajetória, pode levar até mesmo a uma união mais estável, nos moldes tradicionais.

Nessa concepção, o namorar tem como características a transitoriedade e a intensidade de afetividade de amor que envolve: cuidado, respeito, preocupação com o outro, aceitação do outro. Características essas que precisam de um tempo para efetivamente se realizar.

É certo também que nessa fase da vida surgem questionamentos os mais diversos, todos eles oriundos da inexperiência e da falta relativa de maturidade peculiar aos adolescentes.

Os rapazes têm, com muita frequência, as angústias geradas pela insegurança, procuram por uma "receita" pronta sobre como se comportar, que evidentemente não existe. Questões tais como: Qual a melhor maneira de abordar uma garota por quem estou interessado? Ou, o que devo dizer para começar uma conversa? São apenas perguntas que evidentemente não podem ter uma resposta única e categórica. No entanto, podem-se enfatizar alguns tópicos, tais como a necessidade de combater a timidez, que gera enorme medo de rejeição e não raramente leva os jovens a "não saber o que dizer..."

Uma das dúvidas comuns entre os adolescentes é o momento de passar do "ficar" para o "namorar". Não existem, evidentemente, normas fixas, mas o "ficar" usualmente se inicia entre os 13 ou 14 anos, numa fase de total imaturidade; nessa época seria pouco provável que os jovens já tivessem alcançado a maturidade afetiva para desejar um compromisso mais duradouro. Geralmente não sendo mais praticado após os 16 ou 17 anos, quando a maturidade afetiva do jovem quase sempre pede formas mais duradouras de relacionamentos. Sendo motivo de preocupação se o jovem ou a jovem continuar a querer apenas "ficar" após os 17, 18 anos.

Muitas vezes o medo ou a dúvida do ou da jovem diz respeito ao temor da não aceitação familiar da pessoa que namora. Embora esse fato seja mais marcante entre as moças, mesmo os rapazes podem vivenciá-lo. Porém, o fato de a família não aceitar ou temer um compromisso mais sério posiciona-se contra ao namoro.

Ainda que muito frequentemente esse temor seja infundido, em muitos casos ele é embasado na realidade. As famílias, numa possivelmente distorcida expressão de amor, tentam direcionar os sentimentos dos jovens para alvos socialmente mais aceitáveis.

Além dos aspectos referentes aos motivos explicitados pela família para aprovar ou não um namoro, importa lembrar que, devido à tendência contestatória natural dessa fase da vida, o proibido é quase sempre mais gostoso! Assim, muitas vezes, a melhor receita para uma família incentivar um relacionamento entre adolescentes é proibi-lo...

Portanto nós, como educadores, devemos propor discussões e atividades que ajudem os jovens a estabelecer relacionamentos prazerosos e saudáveis; ajudá-los a ficarem espertos para que um namoro não se transforme em um drama; levá-los também a pensar seriamente nos motivos apresentados pelos familiares para desaprovarem o namoro. Importa por isso enfatizar que, além de ser necessário incentivar o desenvolvimento da personalidade e da maturação emocional de cada um, devemos também priorizar o lado racional da situação, olhando para a qualidade dos relacionamentos que quer queiram ou não envolvem sentimentos!

Dinâmicas

a) Dançando com balões

Objetivos: Permitir que os jovens participantes tenham um momento de descontração, e que possam se aproximar no intuito de estimular respeito e sensibilidade afetiva.

Nº de participantes: Números pares.

Tempo: 20min

Material: Sala ampla, balões, aparelho de som, música atual de movimento.

Desenvolvimento: Ao som de uma música, entregar um balão para cada dupla. Este deve ser inflado. Pedir para aguardarem as orientações de como proceder. O orientador explica que devem prestar atenção ao que for solicitado e realizar na sequência: balão entre as costas das duplas; troca de duplas; balão entre a dupla (na frente); troca de duplas, sem colocar a mão no balão; e sem deixar cair (troca de dupla sem perder o balão). Termina a dinâmica quando as duplas conseguirem realizar o solicitado sem derrubar o balão.

b) Meu primeiro amor

Objetivos: Discutir a diferença entre ficar e namorar e os sentimentos que envolvem esses relacionamentos.

Nº de participantes: Livre.

Tempo: 60min

Material: Revistas, colas, tesouras, lápis, papel Kraft, cópias das fichas do namorado(a) ideal.

Desenvolvimento: O orientador e/ou facilitador iniciam falando de relacionamentos e depois perguntam o que é ficar, o que é namorar, para os adolescentes; após algum tempo de diálogo, pedir para o grupo se dividir e formar grupos de 2 a 4 adolescentes.

Um grupo faz a colagem do que é ficar. Outro faz a colagem do que é namorar em papel sulfite. Os demais grupos devem discutir e responder as perguntas da ficha namorado(a) ideal (modelo abaixo). Após 30min, o orientador solicita que retornem ao grande grupo para a apresentação de seus trabalhos. Após as apresentações, o orientador abre para discussão dos seguintes pontos: Qual a diferença? Será que o amor tem o mesmo sentindo e é vivenciado da mesma maneira pelas meninas e pelos meninos? Qual a melhor idade? Como é a questão relacionar-se, sentimentos?

Obs.: O facilitador poderá montar um painel para colocar todos os trabalhos realizados.

Meu namorado ideal/Minha namorada ideal

Grupo: ____________________ Idade(s) _______________

Sexo: F (   ) M (   )

Gostaria que meu namorado/minha namorada fosse:

____.

Não gostaria que meu namorado/minha namorada fosse:

____.

c) Tribunal de júri

Objetivos: Simular um tribunal de júri onde se discutirá o que é melhor para o adolescente – ficar ou namorar. Refletir as diferenças, vantagens e desvantagens.

Nº de participantes: Livre.

Tempo: 60min

Material: Mesas, cadeiras.

Desenvolvimento: O orientador explica que irão dramatizar um julgamento, no qual o réu será a questão: "É melhor ficar ou namorar..." Para realizar a dinâmica, o grupo escolherá um juiz, o júri será composto de cinco adolescentes, e os demais devem dividir-se em um grupo do Ficar, e um grupo do Namorar; após essa divisão cada grupo deve indicar três advogados para acusar e defender, e as testemunhas de 3-4.

• *Juiz*: Este deverá ouvir atentamente e intervir quando necessário para organizar ou solicitar que os advogados sejam mais claros em suas colocações.

• *Adolescentes da DEFESA, da ACUSAÇÃO* sendo de três a quatro em cada grupo: Argumentar o possível para acusar /defender o réu; podem relatar fatos, casos como exemplos;

• *Adolescentes do júri (5-6 pessoas):* Devem estabelecer quais serão os critérios para julgar o réu. São exemplos de critérios: melhor defesa, argumentação, veracidade, exemplos, consistência e persistência.

• *As testemunhas*: Levantar argumentos de defesa e acusação. As testemunhas trabalharão de improviso. Serão solicitadas pela defesa e/ou acusação e, identificadas, deverão assumir o papel que lhes for delegado. Assim, improvisarão seus depoimentos de defesa/acusação.

• *Regras de desenvolvimento do tribunal de júri*: Apenas os três advogados eleitos nos grupos de defesa e acusação terão direito à voz. Os demais nos grupos funcionarão como apoio, podendo passar bilhetes e cochichar. A defesa/acusação terão rodadas de 2min para argumentar e chamar testemunhas. Serão feitas rodadas tantas quantas forem necessárias, a critério do juiz. Ao chamar as testemunhas, os advogados deverão identificá-las, para que o colega chamado possa improvisar seu depoimento.

Assim que o juiz determinar o término do julgamento, o júri terá um tempo para se reunir e chegar a um veredicto (5min). Findo esse tempo, deverão apresentar o veredicto e justificá-lo. Se for necessário, a justificativa poderá ser individual.

Obs.: Se houver necessidade, o orientador poderá fazer a conclusão da dinâmica, destacando a decisão do grupo pelo veredicto apresentado.

15
Saúde sexual

a) Objetivos: Refletir quanto aos perigos da transmissão sexual. Entender a cadeia de transmissão. Estimular a expressão dos conhecimentos pelo grupo. Favorecer as discussões sobre DSTs/Aids.

b) Conteúdo: Como se prevenir; tipos; sinais e sintomas; cuidados e tratamento.

c) Dinâmicas:

a) Pegar ou não pegar;

b) Contatos pessoais;

c) Jogo do sentimento;

d) Quer dançar?

DSTs – doenças sexualmente transmissíveis: Como se prevenir?

O nosso principal objetivo com essa temática é conversar com os jovens para discutir quais as doenças conhecidas como DSTs, doenças sexualmente transmissíveis, como se prevenir, se cuidar e curtir essa fase de descobertas com prazer, sem medos.

Sabemos que a relação sexual é um desses momentos importantes e, para isso, eles(as) precisam estar preparados(as) para assumi-la com responsabilidade, carinho e, sobretudo, com comportamentos de prevenção e de autocuidado. E é justamente na adolescência que vários jovens têm muitas dúvidas sobre as questões ligadas ao corpo e à sexualidade e, em geral, por não encontrarem materiais educativos atualizados ou com uma linguagem mais objetiva e simples, ou um lugar ou pessoas que possam solucionar suas dúvidas. Iniciar uma vida sexual muitas vezes desinformado(a) e despreparado(a) é um risco, e muitas vezes com consequências graves para sua saúde sexual, reprodutiva e seu próprio futuro.

Para quem já iniciou sua vida sexual, sempre é tempo de observar e ter cuidados para não contrair nenhuma dessas doenças. Quem ainda não iniciou, deve ficar ligado nessas informações, porque vai precisar delas mais cedo ou mais tarde. Você já deve ter ouvido falar sobre as doenças: sífilis, gonorreia e Aids. Elas são alguns exemplos de DSTs, doenças sexualmente transmissíveis, e são doenças que você pode adquirir através de relações sexuais (vaginal, anal, ou oral) sem proteção com pessoas contaminadas. São bastante comuns e algumas delas são fáceis de tratar e curar, se o tratamento for iniciado logo.

No caso de não tratadas, as consequências são lastimáveis: esterilidade (infertilidade) no homem e na mulher; gravidez ectópica (gravidez nas trompas); maior chance de aparecimento de alguns tipos de câncer no útero, pênis e ânus; nascimento de criança prematura, com lesões orgânicas ou morte fetal.

São alguns dos sintomas percebidos: corrimento uretral; corrimento vaginal. Verrugas nos genitais, úlceras (feridas, bolhas) nos genitais, irritação (queimação), tumorações (caroços, ínguas), assintomáticos (às vezes não aparece o sintoma externo, ou seja, por fora).

A seguir descreveremos em breve explanação as doenças sexualmente transmissíveis, lembrando que o leitor deverá estar sempre fazendo leituras mais atualizadas sobre tais patologias em consequência da evolução da tecnologia e dos tratamentos e cuidados destas, bem como das vias de transmissão.

• *Corrimentos vaginais*: é a presença do corrimento saindo pela vagina; muitas vezes o corrimento vaginal pode ser devido a uma infecção da vagina ou somente um aumento da secreção normal da mulher.

A vagina não é completamente seca. Diariamente é produzida uma pequena quantidade de secreção que é muito importante para lubrificar a vagina durante a relação sexual; serve também como proteção ou destruição de outras bactérias e ajuda na hora de engravidar.

Esta secreção normal é composta de líquidos, algumas bactérias protetoras (naturais do corpo) e muco cervical (secreção natural da mulher produzida no colo do útero). Ela é branca ou transparente, não tem cheiro ruim e a quantidade pode variar muito de mulher para mulher, podendo aumentar no período fértil, nos dias mais quentes e com a excitação sexual. Por isso, nem sempre o corrimento vaginal é uma DST.

Um corrimento anormal de cor amarelada, acinzentada ou esverdeada pode ter como causas: infecção por bactérias, vírus e fungos; aumento ou diminuição dos hormônios; uso de vestuários inadequados ou absorventes fora do período menstrual; falta de higiene e/ou excesso de higiene no local; irritação, alergia; *stress* (cansaço), fatores emocionais.

Os sintomas mais comuns são: queimação ou ardor, dor na relação sexual, prurido (coceira).

É importante lembrar que não se deve automedicar, a indicação é sempre procurar um/uma ginecologista para fazer o exame ginecológico. O tratamento que deu certo para uma amiga ou de outra vez, nem sempre terá o mesmo sucesso (desta vez o problema pode ser outro). Sem saber a causa exata, evite usar pomadas ou outros medicamentos, pois muitas vezes a situação pode piorar.

Portanto, evite procurar o balconista da farmácia para se consultar.

• *Tricomoníase vaginal*: é um corrimento amarelado, com mau cheiro, também provoca coceira, ardência ao urinar e dor durante o ato sexual.

• *Gonorreia ou blenorragia*: infecção genital causada por uma bactéria chamada gonococo e se pega pela relação sexual com o/a parceiro/a contaminado/a; no homem, o principal sintoma é o corrimento amarelado e viscoso que sai do pênis (canal da urina), provocando dor e ardência ao urinar. Na mulher, pode apresentar um corrimento vaginal ou um caroço na vagina, como também pode acontecer de não apresentar sintomas.

A mulher pode transmitir a doença para seu parceiro e, durante o parto, o bebê pode adquirir a doença, levando principalmente à infecção dos olhos. Além disso, se não tratada rapidamente, pode causar inflamação nas trompas e incapacidade de engravidar no futuro. No homem, se não for tratada, pode infeccionar a próstata e os testículos.

O diagnóstico se faz colhendo a secreção no canal da urina no homem e no colo do útero da mulher.

• *Sífilis*: é uma doença infecciosa causada por uma bactéria chamada *trepanema.* Se não tratada, pode ser progressiva e crônica. Começa com uma pequena ferida no pênis, na vagina ou no ânus. É conhecida como cancro duro.

É uma ferida que não dói e desaparece sozinha (meses mais tarde a doença volta com manchas avermelhadas pelo corpo e depois alterações na pele frequentemente nas palmas das mãos e planta dos pés e mucosas, principalmente na região dos órgãos genitais). Se não for tratada, pode afetar o coração, o cérebro e os ossos podendo levar à paralisia, doença mental, cegueira ou até à morte.

Os primeiros sintomas podem aparecer numa média de 21 dias após a contaminação. A segunda fase pode surgir após 6 a 8 semanas dos primeiros sintomas. A terceira fase apresenta sinais e sintomas geralmente após 3 a 12 anos de infecção.

O diagnóstico pode ser feito através de um exame clínico (quando tiver lesão) e/ou exame de sangue VDRL (para detectar sífilis) no caso de resultado positivo, tratar corretamente com um profissional de saúde. Sífilis quando tratada corretamente tem cura.

• *Herpes genital*: é uma infecção genital denominada de *Herpes porgenitalis*. São pequenas bolhas dolorosas que aparecem no pênis, vagina ou ânus e, quando elas arrebentam, provocam dor, queimação e feridas que desaparecem após algumas semanas.

Os sintomas estão relacionados a fatores desencadeantes como a baixa resistência e o *stress*. Pega-se através do contato sexual com o/a parceiro/a contaminado/a e com lesão ativa.

O recém-nascido pode se contaminar na hora do parto, caso a mulher tenha a doença em atividade.

• *Condiloma acuminado (HPV, couve-flor)*: também chamado de "crista de galo", é uma infecção genital causada pelo vírus HPV (Papilomavírus humano).

É caracterizado por verrugas ou manchas (brancas ou escuras) no pênis, vagina, ânus e boca. É transmitida pelo contato físico com uma pessoa contaminada e com infecção ativa. Geralmente é o aparecimento de verrugas na região genital do homem e da mulher.

Algumas vezes a lesão pode ter formas diferentes, como: manchas no colo do útero, vagina, na uretra do homem. Por isso é necessário passar por uma consulta médica especializada (ginecologista, urologista, dermatologista).

Se a pessoa não procurar tratamento, em alguns casos e com o passar do tempo, (geralmente vários anos) pode se transformar num câncer do colo do útero. É importante lembrar que toda a mulher que já teve ou está tendo relação sexual precisa fazer o exame chamado de prevenção ao câncer de colo de útero (Papanicolau ou Citologia Oncótica) regularmente, mesmo não sentindo absolutamente nada. Este exame permite achar lesões antes que fiquem mais sérias, facilitando o tratamento.

• *Uretrite não gonocócica*: é uma infecção do canal da urina (uretra) parecida com a gonorreia, porém provocada por outros germes (como *clamídia* ou *tricomonas*).

No homem, o pênis apresenta uma leve secreção (cor de clara de ovo) geralmente perceptível pela manhã. Pode ou não causar ardência ao urinar.

Na mulher os sintomas são semelhantes, porém menos intensos. Mas atenção: esse corrimento pode ser confundido com os secretos normais e por isso passar despercebido.

Aproximadamente 70% dos casos registrados em mulheres não apresentam sintomas. Porém, continuam sendo transmissíveis aos seus parceiros sexuais e podem causar sérias consequências para o futuro reprodutivo (incapacidade de ter filhos).

• *Cancro mole*: é uma infecção genital provocada por uma bactéria chamada *Haemophilus ducrey.* Sua transmissão é pelo contato sexual com o parceiro(a) contaminado(a).

Tanto para o homem como para a mulher, aparece na forma de ferida(s) tipo úlceras com pus, geralmente dolorosa(s) nos órgãos genitais (pênis, vulva e/ou ânus). Pode também surgir caroços ou ínguas dolorosas na virilha.

Ao contrário da sífilis, sem tratamento, essas úlceras não desaparecem espontaneamente e vão piorando progressivamente. É uma DST bem mais comum no sexo masculino. Os sintomas podem aparecer de três a cinco dias, podendo demorar até duas semanas após a contaminação.

• *Hepatite B*: infecção causada pelo vírus da hepatite B, que afeta principalmente o fígado. Sua transmissão é pelo contato com parceiro/a contaminado/a e transfusão ou contato com sangue contaminado.

Também pode transmitir da mãe para o(a) filho(a) durante a gravidez. A transmissão é parecida com a do HIV, só que ainda mais contagiosa.

Os sintomas inicialmente são: falta de apetite, náuseas, vômitos, alterações no olfato e paladar, cansaço, mal-estar, dor no corpo, dor de cabeça e febre baixa. Após algum tempo, esses sintomas podem diminuir, ocorrendo então icterícia (pele amarelada), até o desaparecimento gradativo dos mesmos.

E a hepatite B pode evoluir de forma crônica, podendo causar cirrose hepática ou câncer de fígado, mesmo sem a pessoa ter apresentado os sintomas anteriores. Geralmente isto pode ocorrer muitos anos depois. O tempo que demora em aparecer os sintomas pode ser de 45 a 180 dias; entretanto, em alguns casos, pode ser que nunca apareçam. Mesmo assim, a pessoa pode ser portadora do vírus, podendo transmiti-lo a outros/as.

A prevenção hoje se faz com vacina, e sua primeira dose deve ser aplicada no 1º mês de vida do bebê. Quem não a tomou, basta procurar um posto de saúde e atualizar sua carteira de vacinação, recebendo as orientações necessárias por um profissional de enfermagem.

Importante: o tratamento médico envolve, em grande parte dos casos, acompanhamento ambulatorial na fase inicial da doença. Depois disto, é essencial continuar mantendo cuidados médicos para evitar complicações graves, como a cirrose hepática e o câncer de fígado. Os bebês nascidos de mães infectadas devem ser tratados imediatamente para evitar que peguem a doença.

• *Aids ou Sida – HIV*: a Aids ou Sida é a Síndrome da Imunodeficiência Adquirida, que vem a ser a perda da imunidade celular responsável pela defesa do organismo contra vírus, fungos, protozoários e bactérias. É provocada por um retrovírus, o HIV. Ou seja, é um conjunto de doenças causadas por um vírus chamado HIV (Vírus da Imunodeficiência Humana), o qual provoca a destruição da defesa do organismo da pessoa.

Como se pega Aids? Através da relação sexual (oral, anal, ou vaginal) com parceiros/as contaminados/as e transfusão ou contato com sangue contaminado. Também pode ser transmitida da mãe para o filho durante a gravidez ou através da amamentação.

Quanto aos sintomas da Aids estes podem variar, desde manifestações simples como febre, diarreia, perda de peso, e até doenças mais graves como: tuberculose, alguns tipos de câncer etc.

É importante lembrarmos que o fato de ser um portador do vírus HIV (ser HIV+) não significa já estar com a doença Aids; esta pode demorar muitos anos para manifestar. Ao contrário da transmissão, em que a pessoa sendo portadora do HIV + e não apresentando qualquer sintoma da Aids, transmite o vírus em todas as formas de contato.

A Aids em relação às DSTs causa maior preocupação pelo motivo de as outras terem cura, se forem tratadas adequadamente. Para a Aids ainda não existe nenhuma vacina ou medicamentos que eliminem o vírus transmissor, o HIV. O que existe são medicamentos que podem diminuir a quantidade de vírus no corpo da pessoa infectada, tornando a convivência com a doença mais fácil.

Quanto antes a infecção for descoberta, qualquer que seja a DST, melhor será para o tratamento. A presença de outra DST facilita a contaminação pelo HIV.

Prevenir a DST é fácil: use camisinha! Confira agora algumas dicas para evitar que a doença se espalhe:

a) Procurar atendimento médico o mais breve possível.

b) Fazer o tratamento recomendado sem interromper os medicamentos receitados pelo médico.

c) Avisar as pessoas que tiveram relacionamento com você, que elas devem procurar o médico (podem estar contaminadas).

d) Tomar cuidados com a higiene íntima (lavar bem os órgãos genitais com água e sabão).

e) Realizar exames ginecológicos periódicos. Eles diagnosticam estas doenças principalmente no caso de mulheres que não apresentam sintomas.

f) Evitar relações sexuais enquanto não estiver curado(a).

g) Divulgar as informações que você aprendeu sobre essas doenças.

h) Realizar acompanhamento pré-natal, prevenindo as complicações decorrentes das infecções.

i) Usar preservativos (camisinha de vênus) durante as relações. Esta é a proteção mais segura.

Quanto à Aids, algumas sugestões também importantes.

Assim se pega:

• Transando sem camisinha.

• Usando seringa e/ou agulha que já foi usada por outra pessoa.

• Por transfusão de sangue contaminado pelo HIV.

• Usando instrumentos que furam ou cortam (alicate de cutícula, por exemplo), não esterilizados.

• Por contaminação durante a gravidez, no parto ou na amamentação (o bebê).

Assim não se pega:

• Pelo suor.

• Por beijo no rosto.

• Na boca (a não ser que haja ferida na boca: língua, mucosa ou gengiva).

• Por aperto de mão ou abraço.

• Masturbação.

• Bebedouro.

- Alimentos e bebidas.
- Pelo sabonete ou toalha.
- Por copo ou talheres.
- Por picada de insetos.
- No assento de ônibus ou banheiro.
- Em piscina.
- Pelo ar.
- Doando sangue.
- Convívio social do dia a dia (trabalho, escola, visitas, reuniões).

A camisinha ainda é o único método que pode prevenir sua transmissão nos contatos ou relações sexuais.

O Brasil possui um dos melhores programas de distribuição de medicamentos e atenção às pessoas portadoras do vírus HIV e doentes de Aids do mundo. Não tenha medo ou vergonha de fazer o teste e/ou de procurar ajuda qualificada.

Uma pessoa infectada pelo HIV pode e deve levar uma vida social "normal", rodeada pela família e pelos amigos. Depende de cada um de nós a ação de prevenir e ser solidário.

Espero que você tenha conhecido um pouco mais sobre as DSTs, incluindo HIV-Aids.

E como sugestão, procure na sua cidade o Programa de DSTs e Aids e solicite *folder(s)*, panfletos e outros materiais que possam lhe auxiliar didaticamente na reflexão junto ao público alvo.

Pelo Ministério da Saúde o site Disque Saúde/Pergunte AIDS: 08000 61 1997 e www.aids.gov.br

Dinâmicas

a) Pegar ou não pegar

Objetivos: Refletir como é fácil envolver-se e não conseguir dizer NÃO.

Nº de participantes: Livre.

Tempo: 20min

Material: Um pacote de balas coloridas; uma bandeja; aparelho de som; música animada.

Desenvolvimento: Pedir para o grupo ficar em círculo e, ao som de uma música animada, ensinar o ritmo para dançar (todos) e só pode parar quando a música parar. Iniciar dançando no círculo, o facilitador entrará na roda com uma bandeja de balas, passará na frente desses adolescentes como se estivesse oferecendo, insinuando, ofertando discretamente. Após uns 5-7min desliga a música e verifica quem pegou balas explicando que algumas daquelas balas são drogas, outras são DST e outras Aids.

O orientador pede para refletirem sobre o que aconteceu. Após algum tempo, explica que numa festa pode rolar muita diversão, mas é preciso estar sempre alerta, atento e se cuidar porque você pode não conseguir dizer "Não Obrigado(a)!".

b) Contatos pessoais

Objetivos: Facilitar a compreensão da transmissão sexual do HIV e das DSTs, cadeia de transmissão, sexo seguro e situações de risco.

Nº de participantes: 15 a 20 adolescentes.

Tempo: 40min

Material: Sala ampla, folha de papel sulfite, lápis ou caneta, música alegre e movimentada.

Desenvolvimento: Entregar para cada um dos participantes uma folha (conforme indicado abaixo) com apenas uma figura (geométrica) já desenhada pelo facilitador, sendo: 2 folhas com triângulo; 4 folhas com um quadrado; 7 ou mais folhas com um círculo.

Os participantes devem dançar pela sala e conversar com seus colegas, com a finalidade de integração. Em um determinado momento, o facilitador solicita aos participantes que parem e copiem o desenho do colega que estiver mais próximo e depois continuem dançando. Esse processo se repetirá por mais ou menos 4 vezes. Após o término da atividade, o orientador deverá perguntar se os participantes têm ideia do significado das figuras. Discutir com o grupo o significado das figuras e o que aconteceu com cada participante.

- Círculo – pessoas sadias;
- Quadrado – portador de DST;
- Triângulo – portador de HIV.

Pontos para discussão:

1) Quantos participantes começaram o jogo com círculos?

2) Quantos participantes começaram o jogo com quadrados?

3) Quantos participantes começaram o jogo com triângulos?

4) Quantos participantes chegaram ao final do jogo sem triângulos na folha?

5) O que significa ter mais de um triângulo na folha?

6) O que significa ter mais de um quadrado na folha?

7) É possível prever quem é o portador de DST/Aids, levando em conta apenas à aparência física?

8) Você se preocupa com a ideia de contrair DST/Aids?

9) Que relação existe entre DST/Aids?

c) Jogo do sentimento

Objetivos: Facilitar a identificação de sentimentos e emoções envolvidas em situações concretas de vivências com o HIV/Aids e a contaminação pelo vírus HIV, permitindo um espaço de verbalização de sentimentos de perda de pessoas vivendo com HIV/Aids.

Nº de participantes: 20 a 25 pessoas.

Tempo: 30min

Material: 4 tiras de papel (tiras pequenas), canetas e lápis.

Desenvolvimento: Solicitar aos participantes que formem um círculo; o orientador pede que cada participante escreva sigilosamente nas tiras de papel o seguinte: na primeira tira, escreva o nome de um órgão, uma parte importante do corpo humano (opinião pessoal de cada um). Na segunda tira, escreva o nome da pessoa mais importante para sua vida. Na terceira, escreva o nome de um sentimento importante. Na quarta tira, escreva o bem material mais importante que você possui. A seguir, o orientador informa que os participantes devem escolher um dos papéis para descartar. O papel deverá ser amassado e jogado no meio do círculo. Em seguida, deverá ser descartado um segundo papel, que também será amassado e jogado no chão. Descartar o terceiro e em seguida o papel que restou. O orientador espera em silêncio por alguns minutos e inicia a discussão com o grupo: o que você sentiu quando teve que se desfazer de seus bens, pessoais ou sentimentais? Que sentimentos estão envolvidos neste processo? Como você relaciona estes sentimentos com os sentimentos de quem descobriu ser portador do HIV ou estar com hepatite B ou C?

d) Quer dançar?

Objetivo: Identificar o conhecimento dos participantes quanto às diversas doenças sexualmente transmissíveis.

Nº de participantes: Livre.

Tempo: 35min

Material: Tiras de papéis escritos com os nomes de DSTs, pode ter nomes repetidos, dependendo do número de participantes. Folhas de papel em branco, canetas, pranchetas e aparelho de som, cd com música alegre, movimentada.

Desenvolvimento: Tocar uma música alegre para que os adolescentes se movimentem e dancem. O orientador convida (alguns) para vir à frente ou ao centro do círculo; após um tempo, o facilitador entrega uma tira de papel dobrada para cada participante e pede que continuem dançando, se quiserem podem trocar de papel ou não com os colegas. Não pode abrir o papel. Após um tempo desligar a música e pedir a todos para sentarem e abrir as tiras de papéis que trocaram ou receberam e, segundo o que está escrito, formar os grupos conforme o nome da doença escrita no papel. No quadro (de giz ou branco) o orientador escreve perguntas que devem discutir e responder para depois apresentar ao grupo.

Perguntas:

1) Quais são os meios de transmissão?

2) Nomes populares conhecidos dessa doença?

3) Quais são os sinais ou sintomas da doença?

4) Como evitar?

5) Uma frase para alertar os jovens quanto ao perigo de pegar uma DST.

Após um tempo, pedir aos adolescentes que façam um círculo para apresentarem a doença que discutiram nos pequenos grupos, respondendo as perguntas e avaliando a dinâmica, na questão de aprendizado.

16
Primeira vez

a) Objetivos: Refletir sobre as situações de pressão/sedução que levam à decisão da primeira relação. Identificar se existe diferença no sentimento e desejo da primeira relação para meninos e meninas.

b) Conteúdo: Primeiro amor, primeiro beijo, virgindade.

c) Dinâmicas:

a) Abraço de acolhida e/ou despedida;

b) A balança;

c) Primeira vez?;

d) O que eles(as) pensam?

A primeira transa, a primeira vez

Cada vez mais vemos que os jovens estão “ficando” mais, e “namorando” menos, mas, e a primeira vez, a primeira relação sexual, quando está acontecendo? E como está acontecendo?

Vivenciamos no cotidiano de nossas casas a influência de uma mídia que mostra a erotização nos relacionamentos, mas não vemos ou ouvimos o “depois”, os “sentimentos”. Diariamente visualiza-se na televisão ou em vídeos atrizes e atores no desempenho de seus papéis que se dão bem, não engravidam, não contraem nenhuma doença, e os pais, a família, aceitam, concordam “numa boa”.

Que bom se tudo fosse verdade, não teríamos problemas para discutir até porque, todos são maduros, responsáveis para saber o que querem e como querem.

No entanto, mesmo com a mídia e a possibilidade de escolha dos métodos, temos muitos jovens que nos procuram com dúvidas como: qual a melhor idade para fazer sexo pela primeira vez? Será que estou preparado(a)?

Existem coisas que acontecem na vida e que jamais esquecemos, uma delas é a primeira vez. A primeira vez é a manifestação da sexualidade infantil repleta de medos, curiosidades e fantasias para a sexualidade própria do mundo adulto.

Mesmo que o tema possa mexer com os teus sentimentos, meu prezado educador, será necessário rever, e extrapolar, para poder ajudar os jovens a encarar esse assunto/tema com tranquilidade, sabendo como agir e também como lidar com as dúvidas que o adolescente tenha. O educador necessita estar atento para perceber o conflito entre garantir a importância e o direito ao prazer e falar sobre os riscos advindos de possíveis descuidos frente à manifestação da sexualidade. Em algumas vezes a orientação pode minar ou destruir as expectativas de beleza, de prazer, de paixão que muitos imaginam ou idealizam acerca da primeira vez. Todavia a orientação é necessária.

Primeira vez, assunto importante, e cada vez mais constatamos jovens que iniciam suas relações sexuais sem observar alguns detalhes que vão além da sedução do encantar, da *performance*: são os cuidados necessários à proteção para continuarem a viver felizes e seguros.

O educador precisa frisar que não existe idade ou hora certa para se iniciar sexualmente. O importante é que os jovens consigam perceber seus desejos, reconhecer seus impulsos e saibam "frear" esses mesmos impulsos destacando sua maturidade e decisão de iniciar ou não. E, caso decidam iniciar, que saibam fazê-lo com segurança, com proteção.

Quanto às expectativas da primeira relação sexual para as garotas e garotos é importante trabalharmos as dúvidas, sentimentos e fantasias ligadas a esse tema. Muitas meninas temem perder a virgindade; temem uma gravidez; temem se contaminar, adquirir doença(s); acreditam que é preciso amar e que jamais irão sentir-se desrespeitadas; frustrar-se.

Para os meninos, percebemos que eles querem e precisam transar, ou seja, precisam ter a primeira relação sexual, pois somente assim podem responder à pressão social imposta na questão da *performance* sexual. Eles temem ter ou não ter uma ereção; temem se ela irá gostar do tamanho do seu pênis; se vai se dar bem; quer saber se ela gostou da relação, entre outras coisas.

Independente de quais sejam as dúvidas apresentadas, é válido discutir com os jovens essa temática, fazendo-os perceber a diferença do por que iniciar e do por que adiar.

Orientá-los quanto às diferenças que existem entre sexual e genital, entre sentimento e prazer, entre ceder à pressão do grupo ou escolher com calma sua "deusa", seu "príncipe".

Identificar os riscos a vulnerabilidade e quais os meios de proteção existentes.

E, que para tal decisão, podem contar com profissionais especializados em adolescência (hebiatras) que, com certeza, podem ajudá-los nas orientações para promoção de uma vida sexual saudável.

O educador/orientador que oportunizar essas e outras reflexões estará auxiliando os jovens a pensar no seu projeto de vida. E você, jovem, não se precipite, procure buscar orientações com uma pessoa de sua confiança; seus pais, um professor, o pai ou a mãe de um amigo, um profissional de saúde. O objetivo é se cuidar e ser feliz.

Dinâmicas

a) Abraço de acolhida e/ou de despedida

Objetivos: Permitir que façam a acolhida ou despedida do pequeno urso (bicho de pelúcia), demonstrando carinho, afeição, como eles gostariam de ser recebidos ou de se despedirem do grupo neste dia. Demonstrar sentimentos de que gostou da presença do colega neste dia no grupo, usando o urso (bicho de pelúcia) para falar.

Nº de participantes: Livre.

Tempo: 10 a 15min

Material: Um bicho de pelúcia, de preferência, um urso.

Desenvolvimento: Indicado para os grupos de adolescentes com idade entre 12-13 anos. Pedir para que fiquem de pé e em círculo; o orientador inicia segurando o urso de pelúcia e virando-se para o adolescente que está a sua direita, fala algo bonito de sentimento para o bicho urso, em seguida, os dois de frente um para o outro abraçam juntos o bicho de pelúcia, demonstrando a acolhida ou despedida. E assim todos imitam o gesto.

Desenvolvimento: Indicado para os grupos de adolescentes com idade entre 14 e 17 anos. (Sem o bicho de pelúcia). Pedir para que fiquem em pé e em círculo; o orientador solicita que se voltem e permaneçam de frente para o seu colega da direita; o orientador inicia fazendo a acolhida ou despedida do seu colega que está a sua frente, abraça o colega, e assim cada dupla sucessivamente repete o gesto. O importante é que consigam dizer e demonstrar um para o outro sentimento de carinho e respeito desejando coisas boas, elogiar o colega. Manifestar a expressão oral positiva.

b) A balança

Objetivos: Auxiliar os adolescentes a avaliarem as razões e consequências para se adiar ou iniciar sua vida sexual. Identificando situações de pressão/sedução que levam à relação sexual.

Nº de participantes: Indicado para os grupos de adolescentes com idade acima de 13 anos.

Tempo: 40min

Material: Sala ampla e confortável, tiras de papel-cartão, 5 cabides, barbante, 10 pratos descartáveis (de bolo), etiquetas adesivas, canetas coloridas.

Obs.: Durante a dinâmica, o orientador pode solicitar que confeccionem as balanças (uma para cada grupo) ou podem deixá-las prontas.

Desenvolvimento: Inicialmente o orientador comenta sobre o que é uma relação sexual, qual a melhor idade, porque têm pessoas que preferem não ter relações sexuais, outras referem que gostam, e como está a cabeça dos nossos adolescentes sobre esse tema. Isso facilitará uma discussão e possibilitará o êxito da dinâmica. O facilitador solicita aos participantes para formarem 5 grupos de 4 a 5 pessoas. Mostra a balança pronta e explica como será a dinâmica, cada prato da balança será etiquetado com números que simbolizam:

Prato 1: INICIAR – O porquê de se iniciar a vida sexual.

Prato 2: ADIAR – O porquê de se adiar a vida sexual.

O facilitador distribuirá uma balança e 10 fichas ou mais (tiras de papel-cartão) para os grupos. Cada grupo discutirá sobre as razões/situações dos porquês de se iniciar ou adiar a primeira relação. Um membro do grupo escreverá nas fichas as situações apontadas durante a discussão. Após o tempo aproximado de 15min, um adolescente lê o que escreveu e o grupo define onde coloca cada ficha preenchida segundo a opção de escolha nos respectivos pratos, ou seja, no prato 1 da balança todas as fichas que indiquem o iniciar as relações sexuais e, no prato 2, as fichas referentes ao adiar das relações sexuais. Cada grupo apresentará seu trabalho, equilibrando a balança no dedo indicador, identificando em qual dos pratos predomina a opção do grupo (o prato mais pesado). Ao término da apresentação de todos os grupos, o facilitador irá pendurar em seu dedo uma balança com os pratos vazios. O orientador irá reunir todas as fichas preenchidas e poderá expor as razões citadas pelos grupos e argumentar; tal ação será oportunizada para que possam refletir e discutir mais sobre cada situação mencionada pelo orientador. Finalizadas as argumentações, um dos adolescentes vai até a balança, e coloca a ficha no prato escolhido. O objetivo é que visualizem o equilíbrio X desequilíbrio da mesma, mostrando a decisão de cada grupo e depois do grande grupo, a partir do prato mais pesado.

Obs.: A dinâmica poderá ser aplicada para grupos de adolescentes menores de 13 anos, entretanto o enfoque será o primeiro relacionamento e não a primeira relação.

c) Primeira vez

Objetivos: Refletir se a primeira vez é igual para meninos e meninas e qual é o nível real, os pensamentos mágicos.

Nº de participantes: Livre.

Tempo: 60min

Material: Papel branco, canetas, cópias das perguntas para serem entregues aos grupos.

Desenvolvimento: A dinâmica oportuniza muitas reflexões e começa com o orientador conversando com o grupo sobre a "primeira vez", o que pensam, como querem que aconteça, se pensou qual a melhor idade. Deixar que façam comentários sobre o assunto. Após algum tempo, o orientador explica que teremos duas perguntas de letras A e B e o orientador lê em voz alta as perguntas.

a) Como você imagina a primeira relação sexual?

Pede que não se identifiquem, respondam individualmente, dobrem e coloquem os papéis no centro da roda numa caixa. Depois mistura os papéis, e o facilitador os retira ao acaso, lê a resposta e pergunta se a resposta lida é de um rapaz ou de uma moça. Deixa a polêmica acontecer e pontuam as possíveis diferenças. Solicita que formem dois grupos um de meninos e um de meninas, e cada grupo respectivamente recebe a pergunta referente ao seu gênero, leem a pergunta, debatem e respondem a mesma:

b) O que a garota imagina da primeira relação sexual? Do que precisa? O que o rapaz imagina da primeira relação sexual? Do que precisa?

Após um tempo, o orientador reúne os subgrupos para apresentarem aquilo que escreveram e discutiram: semelhanças e diferenças e os porquês dessas.

Um dos objetivos dessas discussões é ajudar o adolescente a refletir em nível real, os pensamentos mágicos. O orientador deve trazer informações que porventura faltarem ao grupo e questionar possíveis respostas irreais. Garantir que a atividade ajude a pensar as demandas que uma vida sexual exige e ainda questionar para debateram no grande grupo: houve uma conversa com quem se quer ter a primeira relação sexual? Ele ou ela pensa como você? Há outras pessoas com quem trocar ideias a respeito da primeira relação sexual? É esperada a criação de um vínculo com a pessoa com quem se relacionará sexualmente? E se apenas uma das pessoas quiser compromisso e a outra não? Que lugar escolher para a relação? Oferece segurança? Tem dinheiro no caso de precisar pagar? Citar a importância de uma consulta com um profissional de saúde de preferência um(a) enfermeiro(a) ou médico(a) hebiatra (especialista em adolescência), para ter certeza de sua decisão.

Obs.: Poderá haver adolescentes que já iniciaram as relações sexuais e o orientador, sabedor disso, pode utilizar a dinâmica para refletir com o grupo como foi, o que pode mudar, o que procura nesse relacionamento. Lembrar de jamais expor um adolescente a falar o seu exemplo.

d) O que eles(as) pensam?

Objetivo: Saber o que os adolescentes pensam antes de iniciarem sua vida sexual.

Nº de participantes: Livre.

Tempo: 50min

Material: Xerox de um pequeno texto que retrate uma situação (tema).

Desenvolvimento: Dividir em grupos de 3-4 pessoas de ambos os gêneros, entregar um texto que retrate uma situação de decisão para iniciar a vida sexual. O grupo lê e discute o que entendeu e, depois de um tempo, os grupos falam sua opinião sobre o texto apresentado, sua conclusão aos colegas. Os demais colegas dos grupos podem concordar ou discordar da conclusão.

Textos: (as frases abaixo são de uma entrevista de campo realizada junto com os adolescentes nos atendimentos individuais).

• "Um dia destes uma amiga contou-me que o rapaz com quem ela estava saindo, queria transar, e ela teve medo de perdê-lo. Eu falei que para mim, um cara que força logo no primeiro mês, não deveria estar querendo nada sério" (Yara, 15 anos).

• "Em minha opinião, se o casal decidir, tem que avisar que o que não está correto é um só ter que comprar a camisinha. Os dois têm que dividir, isto é responsabilidade" (João, 16 anos).

• "A primeira vez de um menino tem que ser com uma garota que já tenha experiência. Porque quando for com a namorada, o cara já praticou bastante e não vai falhar" (Val, 16 anos).

• "Eu gostaria que a primeira vez fosse com a minha namorada, teria muito mais tesão" (Paulo, 14 anos).

• "Para mim, a primeira vez de um menino e da menina é igual não tem diferença" (Lia, 16 anos).

• "O meu medo é de falhar, brochar mesmo, o que eu faço? Ela não vai mais querer ficar comigo?" (Leandro, 14 anos).

• "Tenho uma amiga que é virgem e o maior medo dela é ter medo mesmo, medo do menino não entender e forçar, tirar vantagem, perder o namorado, gravidez, dor...." (Tabi, 13 anos).

17 Comunicação

a) Objetivos: Demonstrar as várias maneiras de comunicação. Refletir a importância de saber comunicar-se.

b) Conteúdo: Valorizar a comunicação; conseguir dizer o sim e dizer o não!

c) Dinâmicas:

a) Saber ouvir...;

b) Pranchas de expressão;

c) É conversando que a gente se comunica!;

d) Técnica do boato.

Saber comunicar-se

A comunicação adequada é aquela que tenta diminuir conflitos, mal-entendidos e atingir objetivos definidos para a solução de problemas detectados na interação com outros; é também um bate-papo descontraído entre amigos.

O existir do homem só é possível por meio da comunicação. Muitos autores discutem o envolvimento das pessoas no processo de comunicação, embora nem sempre conscientes de sua significação como condição fundamental para o pleno desenvolvimento do ser humano. Ela permeia toda a vida do homem, pois desde o nascimento, ele passa a influenciar e a ser influenciado pelo meio em que vive. Desde cedo, a criança percebe que, pelos sons e atitudes, pode obter as coisas que deseja.

No decorrer da vida, o desenvolvimento da comunicação adquire maior complexidade pela própria necessidade de domínio da linguagem, leitura, processo de raciocínio, análise do mundo e de si próprio, além da participação em organizações sociais.

O homem encontra-se em constante interação com seu meio e, para isso, ele utiliza a comunicação. Esta envolve uma gama de fenômenos, como elementos psicológicos e sociais que ocorrem entre as pessoas e dentro de cada uma delas, em contextos interpessoais e de massa. Podemos dizer que se comunicar é o processo de transmitir e de receber mensagens por meio de códigos, signos ou gestos sejam eles símbolos ou sinais. Ou seja, signos – são estímulos que transmitem uma mensagem, qualquer coisa que faça referência a outra coisa ou ideia. São convencionais e arbitrários.

Símbolos: São signos que têm uma única decodificação possível.

Sinais: São signos que têm mais de um significado. As finalidades básicas da comunicação são entender o mundo, relacionar-se com os outros e transformar a si mesmos e a realidade. A comunicação é, antes de qualquer coisa, um ato criativo. Não existe apenas um agente emissor e um receptor, mas uma troca entre as pessoas, formando um sistema de interação: processo recíproco que provoca mudanças na forma de sentir, pensar e a atuar dos envolvidos.

Tipos de comunicação

• **Comunicação verbal:** Refere-se às palavras expressas por meio da fala ou escrita;

• **Comunicação não verbal:** Não está associada às palavras e ocorre por meio de gestos, silêncio, expressão facial, postura corporal etc. Podemos dizer que nos comunicamos com o corpo todo além dos sons emitidos pelo aparelho fonador.

Mas não podemos esquecer que o nosso objetivo é demonstrar por meio de dinâmicas de grupo, tipos de comunicação além da verbal, despertando para a importância de saber ouvir, ter paciência, saber transmitir a mensagem e que essa seja compreendida.

Assim, para se comunicar é preciso:

• Falar claramente o que queremos e o que estamos sentindo e qual a nossa opinião;

• Escutar com atenção o que a outra pessoa está dizendo sem interrompê-la;

• Respeitar a opinião das outras pessoas mesmo que não concordemos com ela;

• Aprender a resolver os problemas, conflitos com o diálogo.

Dinâmicas

a) Saber ouvir...

Objetivos: Aprender a ouvir e usar seus demais sentidos.

Nº de participantes: Livre.

Tempo: 25min

Material: Faixas para vendar os olhos de 3 ou 4 pessoas, 4 tesouras, 4 folhas com um desenho (de preferência sem detalhes).

Desenvolvimento: Solicitar 8 pessoas do grupo e explicar que um deles estará de olhos vendados e o outro com as mãos amarradas (simulação). O de olhos vendados será guiado pelo colega de mãos amarradas, este pode falar, encostar o corpo; o que não pode é usar as mãos para ajudar ou facilitar a tarefa da dupla. O de olhos vendados deve achar uma tesoura e uma folha com um desenho que deverá recortar. Sempre orientado pelo seu colega guia, ganha quem melhor executar a tarefa. Após todos terminarem, o orientador faz uma breve reflexão e solicita que relatem como se sentiram; quais as dificuldades; houve confiança; o colega foi claro na comunicação; paciência; soube ouvir.

b) Pranchas de expressão

Objetivo: Observar e interpretar a comunicação corporal.

Nº de participantes: Livre.

Tempo: 30min

Material: Folhas em branco de tamanho sulfite escritas com as palavras de expressão: *raiva, medo, felicidade, preocupação, tristeza, angústia, assustado, apaixonado, chocado, dor, abobado, decepcionado.*

Desenvolvimento: O orientador solicita um número de pessoas suficientes ao número de pranchas escolhidas previamente. Entrega as pranchas e explica que cada um deve fixar sua prancha nas costas e, ao apresentar-se aos demais do grupo, não mostrar a mesma apenas expressar por comunicação não verbal o que a prancha indicar. Os demais devem observar a comunicação não verbal do colega e identificar qual é a expressão demonstrada. No caso de acertarem, o adolescente mostra a prancha fixada nas suas costas. Ao término desta, comentar a criatividade e estilos de expressão de cada um, elogiando os mesmos.

c) É conversando que a gente se comunica

Objetivos: Fornecer subsídios para a expressão não verbal de seus sentimentos, necessidades e opiniões em interpretação teatral.

Nº de participantes: 20-25 adolescentes.

Tempo: 60min

Material: Papel sulfite, lápis, saquinho com tarefas, quadro sobre comunicações, fita adesiva.

Desenvolvimento: O orientador inicia falando sobre a comunicação, sua importância, como seria o mundo se não tivéssemos a chance de nos comunicar. Em seguida, divide a turma em 5 grupos e pede que cada um dos grupos retire um papelzinho do saquinho, pedir que não comentem com os demais, informar que cada grupo recebeu uma tarefa e que irá apresentar em forma de mímica, comunicação não verbal. Lembrar que não podem utilizar a comunicação-verbal. Os grupos têm 5min para combinar como vai ser a simulação.

Conforme os grupos vão apresentando, os outros tentam adivinhar o que está sendo simulado. Quando todos terminarem, o educador pergunta a opinião de cada um, qual o grupo que melhor utilizou a comunicação não verbal, e por quê? E ainda, por que é importante saber comunicar-se?

As opiniões citadas o facilitador escreve no quadro. Em seguida, coloca o cartaz: "Para se comunicar bem é preciso...", lê as frases, e explica cada uma comparando-as com os motivos ou exemplos citados.

Para se comunicar bem é preciso:

• *Falar claramente* o que queremos, o que estamos sentindo e qual a nossa opinião;

• *Escutar com atenção* o que a outra pessoa está dizendo sem apressá-la.

• *Respeitar a opinião* das outras pessoas mesmo que não concordemos com ela.

• *Aprender a resolver os problemas* com outras pessoas através do diálogo.

Tarefas:

a) Você quer sair mais tarde e precisa pedir para seu pai; este, porém, está muito nervoso porque você não arrumou seu quarto, que está uma bagunça!

b) Você está namorando escondido e sua mãe descobre. Assustada, pede que vá para casa antes que seu pai volte do trabalho!

c) Seu boletim escolar tem três notas vermelhas (D), não sabe como falar com seus pais.

d) Mentiu que iria estudar e foi jogar futsal; sua irmã descobre e faz chantagem.

d) Técnica do boato

Objetivos: Treinar a percepção da comunicação livre dos bloqueios, ruídos, filtragens, que põem obstáculos não só ao relacionamento dos membros, como também à produtividade do grupo. Demonstrar o efeito das distorções de comunicação.

Nº de participantes: Livre.

Tempo: 45min

Material: Para estimulação gráfica, uma lâmina de pelo menos 20 detalhes, um gravador, fita ou filmadora no caso de estimulação verbal: um texto que contenha mais de 20 detalhes significativos. Sala ampla, cadeiras.

Desenvolvimento: O trabalho poderá ser realizado através de dois tipos de estimulação: verbal e gráfico.

Estimulação gráfica:

1) O orientador deverá prover-se de uma lâmina de tamanho grande que represente uma cena na qual figurem pelo menos 20 detalhes significativos. Deverá dispor também de um aparelho gravador para registrar textualmente as sucessivas exposições. Costuma-se usar lâminas em que objetos ou situações são desenhados com certa ambiguidade, a fim de poder observar a capacidade de percepção dos indivíduos na experiência. Utilizam-se, também, duas lâminas.

2) O orientador convida seis ou sete pessoas para atuar como protagonistas de uma experiência interessante. Solicita a estas pessoas que se retirem do local por um momento, dizendo-lhes que quando for chamada, uma por vez, deverão

escutar atentamente o que se lhes diz e repetir o mais exatamente possível. Não se informa ao protagonista o objetivo da prova, se bem que isso pouco importa.

3) Coloca-se diante do grupo a lâmina grande, mas de tal forma que não seja visível para as pessoas que vão entrando.

4) O orientador chama uma das pessoas que saíram e pede a um espectador previamente designado que descreva a lâmina em voz alta, enquanto o primeiro sujeito da experiência presta atenção ao relato, sem ver a lâmina.

5) Antes de começar a descrição da lâmina, faz-se funcionar o gravador, o qual registrará o processo até o final da experiência.

6) Através desta primeira descrição direta da lâmina, o grupo poderá advertir "quão eliminadora de detalhes e imperfeita pode ser uma percepção ainda quando seja descrita por um indivíduo que nesse momento estivesse observando diretamente a cena".

7) Terminada a descrição da lâmina pelo primeiro indivíduo, chama-se ao recinto um segundo sujeito, o qual se coloca junto ao primeiro, sem que nenhum dos dois veja a lâmina. O primeiro indivíduo descreve então ao segundo o que acaba de ouvir, fazendo-o com a maior fidelidade possível. Então o primeiro pode sentar-se entre os espectadores, pois sua tarefa está terminada.

8) Faz-se entrar o terceiro indivíduo e procede-se do mesmo modo que no passo anterior. O segundo relata ao terceiro o que acaba de ouvir. Assim sucessivamente com todas as pessoas que tenham saído do recinto, até que o último deles repita o que o penúltimo relatou.

9) Ouvem-se os relatos através das gravações ou do relator e debate-se o assunto, em termos de distorções de comunicação.

10) Com a estimulação verbal, pode-se utilizar um texto, com mais ou menos 20 detalhes significativos.

18
Prevenção

a) Objetivos: Possibilitar aos adolescentes reconhecer os recursos disponibilizados para desenvolver e assumir comportamentos de autocuidado e prevenção, entendendo o que é sexo seguro.

b) Conteúdo: Conceitos, orientação, classificação dos métodos.

c) Dinâmicas:

a) As cores da prevenção;

b) Dupla proteção (gravidez e DST);

c) Vamos dançar...;

d) Errar menos.

Prevenção

Inicialmente vamos conhecer a definição de cada termo, a fim de enriquecer o debate referente à proposta prevenção.

Contracepção – anticoncepção, prevenção da gravidez; Contraceptivo-anticoncepcional. Agentes que evitam a concepção, como um condom, um diafragma cervical ou uma pílula/comprimido que tem ação esteróide sistêmica que inibe a ovulação.

Métodos contraceptivos, ou anticoncepcionais, têm como função a prevenção da fertilização ou a implantação do ovo, dada pelo encontro do espermatozoide masculino com o óvulo maduro na trompa uterina e, com isso, evitar uma gravidez e/ou doença sexualmente transmissível.

Os métodos contraceptivos podem ser usados tanto pelos homens quanto pelas mulheres, e existem vários métodos para evitar que o espermatozoide encontre o óvulo, sendo que alguns são mais seguros e oferecem mais vantagens que outros.

As estruturas e funções do aparelho reprodutor feminino são reguladas pelos hormônios sexuais, estrógeno e progesterona. Estes hormônios são produzidos pelos ovários. Nos ovários são encontrados os folículos, que contém os óvulos. A menina, ao nascer contém cerca de dois milhões de folículos, mas a maioria degenera e, na época da puberdade, restam ainda em torno de 300.000 folículos. Os folículos liberam aproximadamente 450 óvulos durante a fase reprodutiva da mulher, um em cada ciclo menstrual. Os folículos restantes, com seus óvulos, degeneram ao longo dos anos. Quando não ocorre a fecundação, o óvulo é eliminado durante a menstruação ao final do ciclo.

Para que um casal possa iniciar sua atividade sexual é preciso que conheçam os contraceptivos e saibam como usá-los. É preciso que procurem orientação profissional de um médico(a) ou enfermeiro(a) junto a uma clínica, posto, unidade de saúde que trabalhe com o programa de planejamento familiar. Para que o casal possa escolher de forma adequada como pode evitar a gravidez e DSTs.

Não existe um método que seja definido como o melhor pelas pessoas que o utilizam. Nem sempre o que é bom para um amigo, amiga, um vizinho, vizinha, ou um vendedor da farmácia, será bom para o outro. É necessária uma prescrição médica que atenda às suas necessidades e condições biológicas e fisiológicas e também que tenha aprendido como usá-lo adequadamente.

Para trabalharmos a prevenção e contracepção com os adolescentes é necessário que o(s) profissional(is) observe(m) algumas sugestões:

Primeira: o profissional que atender a ou o adolescente deve solicitar a presença do companheiro(a) para que a orientação e a decisão sejam idealmente feitas pelo casal, ou seja, é tanto do homem quanto da mulher a responsabilidade da anticoncepção.

Segunda: garantir acesso aos serviços de saúde com uma atenção diferenciada a essa clientela.

Terceira: viabilizar os métodos, explicando que cada um deles tem critérios específicos de importância e cuidados (importante que seja sempre um profissional especialista em adolescência para melhor realizar essas orientações).

Quarta: orientar a prática sexual e contraceptiva segura.

Quinta: estabelecer responsabilidade nos retornos.

Sexta: avaliar periodicamente os comportamentos de risco.

Sétima: explicar sobre benefícios e efeitos da medicação e privacidade dos registros.

Oitava: o profissional precisa desenvolver uma empatia para atender esses adolescentes como:

- Olhar nos olhos do adolescente para conversar;
- Ouvir muito mais que falar; aprenda com eles;
- Empatia – mostre que você entende o que ele sente;
- Transmita confiança e apoio ao cliente que te procurou;
- Reconheça e elogie o que estiver certo;
- Use respostas e gestos que demonstrem interesse;
- Devolva com suas palavras o que ele lhe diz;
- Dê ajuda prática, se precisar, ensine e simule a técnica correta para tirar suas dúvidas;
- Dê poucas e relevantes informações;
- Trabalhe com o que ele/ela sabe;
- Use linguagem simples; faça perguntas abertas;
- Dê uma ou duas sugestões, não ordens;
- Evite palavras que soam como julgamento.

Nona: o(a) profissional, precisa muitas vezes, entender que o adolescente não usa o método por que:

- Tem dificuldades em assumir a sua sexualidade;
- Não prevê quando irá ter relações;
- Pensamento mágico – comigo não vai acontecer (engravidar, doença);

• Teste de fertilidade;

• Modo de agressão (para família);

• Desejo de engravidar como projeto de futuro;

• Em franco ritual de passagem (período de confusão não está bem definido).

Décima: a utilização da contracepção por adolescentes sexualmente ativos quando bem orientada, pode contribuir para que a iniciação sexual seja experimentada de forma plena, responsável e menos culpada e vulnerável a situações inesperadas e inoportunas.

A seguir apresentaremos os diversos métodos anticoncepcionais que podem ser classificados em várias categorias:

Métodos de barreira

• Preservativo-feminino e masculino;

• Espermicida;

• Diafragma.

Métodos comportamentais ou naturais ou primitivos

• Tabelinha;

• Temperatura;

• Muco cervical;

• Coito interrompido;

• Ducha vaginal.

Métodos hormonais

• Pílula anticoncepcional, minipílula;

• Injeções (mensal ou trimestral);

• Implantes subcutâneos, vaginais (anel).

Método mecânico – intrauterino

• DIU – Dispositivo Intra-Uterino.

Métodos químicos

• Creme;

• Geleia;

• Óvulos;

• Espumas.

Métodos cirúrgicos ou definitivos

• Vasectomia – homens;

• Laqueadura – mulheres – ligadura tubária.

Entendemos que cada indivíduo/casal tem o direito de decidir sobre o uso dos métodos anticoncepcionais que queiram usar. Daí o porquê da grande variedade de métodos anticoncepcionais que vêm de encontro a:

• Preocupações de índole pessoal e cultural;

• Considerações sobre a saúde;

• Preocupações com o custo;

• Considerações sobre a conveniência;

• Mudanças nas necessidades de planejamento familiar e de saúde.

O que estaremos apresentando abaixo, mesmo que de uma forma objetiva sobre os métodos, serve a título de informação para facilitar a utilização das dinâmicas apresentadas para este tema/encontro, porém se faz necessário dizer que é importante estar sempre atualizando tais informações devido ao avanço nas pesquisas e novas tecnologias; os jovens sempre estão em busca de novidades.

• *Camisinha masculina = condom*: É uma capa fina de borracha que deve ser colocada no pênis para impedir seu contato com qualquer superfície.

Hoje já existe o preservativo feminino e masculino, também chamados de "métodos de barreira", pois impedem que o esperma atinja o interior do útero, onde está o óvulo liberado durante a ovulação.

O preservativo masculino, mais conhecido como camisinha ou condom, é o método contraceptivo de barreira mais utilizado. Ele também funciona como uma barreira de proteção em relação às doenças sexualmente transmissíveis e Aids.

Não têm contraindicação, nem necessitam de receita médica. A maior desvantagem é causada pelas falhas de colocação ou vazamento durante o ato sexual.

• *Camisinha feminina*: É uma bolsa de plástico fino, transparente, macio e resistente, com dois anéis, sendo um preso na borda e o outro móvel (que não deve ser removido) dentro da bolsa. Tem a forma de uma camisinha de grandes dimensões que é inserida na vagina, recobrindo suas paredes, e deixando uma abertura voltada para fora, sobre os lábios da vagina.

Portanto, tem o mesmo objetivo do diafragma, ou seja, evita a gravidez ao impedir que o esperma entre no útero e atinja o óvulo. Da mesma forma que o preservativo masculino, também é um método bastante eficiente para se proteger contra doenças sexualmente transmissíveis, principalmente a AIDS, e é descartável, ou seja, normalmente não deve ser reutilizado. É um método ainda relativamente novo e pouco difundido, mas que encontra uma boa aceitação, principalmente pelo homem.

Algumas vantagens do método: Previne DST, inclusive HIV, Aids, e gravidez, quando usado corretamente em cada relação sexual; usado para prevenir DST durante a gravidez; fácil de carregar; usada por homens em qualquer idade; não precisa de prescrição médica; fácil de se obter, é vendido em muitos lugares; o homem assume a responsabilidade de prevenir gravidez e doenças; aumenta o prazer sexual porque elimina a preocupação.

• *Ligadura nas trompas = laqueadura*: A ligadura nas trompas, também conhecida como esterilização feminina, é um método permanente para as mulheres que decidem não ter mais filhos. Este método consiste em ligar e cortar as Trompas de Falópio, para impedir que o óvulo atinja o útero e, dessa forma, seja fecundado e implantado. A eficácia desse método é muito alta, mas não chega a 100%. Por ser um método cirúrgico, é feito apenas após internação em uma clínica, ou hospital. Mas não é recomendado para mulheres, que não têm certeza de que querem filhos.

• *Tabelinha*: A tabelinha, ou método do calendário, é um método de regulação de fertilidade através da abstenção de relações sexuais em determinados períodos. Através de seu ciclo menstrual, a mulher pode saber quais os dias em que está em seu período fértil e os dias em que ela pode manter relações sexuais sem riscos de engravidar. Por isso, é chamada, juntamente com outros, de métodos comportamentais.

São os únicos métodos aprovados pela Igreja, para as pessoas que, por motivo religioso ou outros, não querem evitar gravidez por outros métodos. No entanto, são pouco eficazes se não forem combinados com outros métodos, como preservativos ou espermaticidas, pois dependem da abstenção voluntária nos períodos férteis da mulher.

Teoricamente a mulher é fértil no meio do seu ciclo. Ou seja, nos ciclos mais comuns de 28 a 30 dias, a fertilidade máxima seria entre o 13º, 14º e 15º dia, contando o primeiro dia da menstruação como dia 1º.

Para que o método comportamental funcione melhor, é importante determinar com maior precisão a data em que ocorre a ovulação. O primeiro método comportamental descoberto, chamado vulgarmente de "tabelinha", ou método de Ogino-Knaus (nome dos dois médicos que o inventaram), baseia-se apenas na duração teórica do ciclo menstrual, e da época em que ocorre a ovulação, aproximadamente. É um método que deve ser utilizado apenas por mulheres que têm um ciclo menstrual regular, calculado hoje em 20% da população feminina.

Exige atenção, a mulher deve anotar o início e o fim da menstruação durante seis meses. Por esses motivos, caiu em desuso, pois ignora variações individuais e de ciclo para ciclo. Daí não ser indicado para adolescentes que estão no processo de regulação do ciclo.

• *Vasectomia*: A vasectomia, também conhecida como esterilização masculina, é um procedimento nos quais os vasos deferentes (tubos que conectam os testículos ao pênis) são cortados. Quando estes tubos são cortados, a passagem dos espermatozoides produzidos pelos testículos é bloqueada, e assim o esperma liberado durante a ejaculação é incapaz de fertilizar o óvulo, prevenindo desta forma a gravidez.

O método cirúrgico é muito simples e toma alguns minutos, geralmente não exigindo internação. O médico anestesia a parede do escroto, e depois faz um pequeno corte próximo à sua raiz. Usando uma pinça, levanta o canal deferente e o secciona com bisturi ou tesoura, ligando com um fio as duas pontas. O corte no escroto é suturado e, em seguida, se repete a operação do outro lado. A incidência de complicações é mínima, a não ser um pouco de inchaço (edema) e dor.

O homem deve abster-se de relações sexuais por uma semana depois da operação, assim como de esportes ou esforços que possam prejudicar a cicatrização e a recuperação. Depois disso, pode ter relações sexuais normais, mas protegidas por algum método contraceptivo (camisinha, ou método feminino), pois o esperma não perde imediatamente todos seus espermatozoides. Depois de um mês a um mês e meio não precisa se preocupar mais em usar qualquer método contraceptivo. Cabe lembrar que o método evita gravidez, porém se faz necessário preocupar-se com outras doenças sexualmente transmissíveis e, portanto, sugerimos o uso de um método de barreira.

Em alguns casos é possível reverter a vasectomia através da rejunção das pontas cortadas dos vasos deferentes. Entretanto, a decisão por uma vasectomia deve ser feita com muita segurança e certeza, já que ela é uma solução praticamente permanente e sua reversibilidade não é garantida. É o método contraceptivo de mais baixa taxa de falhas. Mas não é recomendado para homens solteiros, que não têm certeza de que querem filhos.

• *Diafragma*: O diafragma é uma pequena capa de borracha ou de silicone que deve ser colocada na vagina pela mulher antes de cada relação sexual, de tal modo que obstrua a entrada (colo) do útero. É um método de barreira, pois, da mesma forma que a camisinha, este método impede que os espermatozoides atinjam o útero, impedindo a fertilização do óvulo.

Seu uso exige atenção e muita responsabilidade por parte da mulher, que não pode esquecer-se de colocá-lo antes da relação sexual.

Antes da primeira colocação, o médico deve fazer um exame e determinar o tamanho adequado. Existem poucas contraindicações: não serve para mulher virgem, ou que tenha algum problema no colo do útero.

O diafragma, ao contrário da camisinha, pode ser lavado e reutilizado diversas vezes, durando um tempo relativamente longo. Para ser eficiente, o ideal é que ele seja usado com um creme espermaticida, e colocado 15 a 20min antes da relação. Ele pode ser retirado de 6 a 8h depois da relação, lavado com água e sabão, secado e guardado no estojo próprio.

• *DIU – Dispositivo Intra-Uterino*: É uma pequena peça com hastes de cobre ou polietileno que são introduzidas no interior do útero, através da vagina, impedindo a concepção. Há vários modelos de DIU, com formatos e tamanhos diferentes. Alguns têm um fio de cobre enrolado, porque esse metal modifica a acidez do útero e dificulta a sobrevivência dos espermatozoides. Não protege das DSTs/Aids.

Para usá-lo, primeiro a mulher deve fazer um exame médico e ginecológico completo, para ver se é o mais adequado. A colocação é feita em consultório ginecológico por profissionais médicos.

Quem usa o DIU deve ir à consulta ginecológica no mínimo duas vezes ao ano. O DIU só poderá ser retirado por profissionais habilitados e em consultórios ginecológicos.

O DIU é tão eficiente quanto a pílula e é uma opção de escolha para aquelas mulheres que já têm filhos e que desejam espaçar a próxima gravidez por mais de dois anos, ou para aquelas que têm dúvidas sobre uma solução definitiva. Também é um método utilizado para dar uma pausa no uso de métodos hormonais. Os DIUs mais modernos duram de 5 a 10 anos no organismo da mulher.

São contraindicações e cuidados recomendados: O DIU não é recomendado para mulheres que nunca engravidaram; pode ocasionar infecções ginecológicas mais graves; pode aumentar a duração e quantidade do sangramento menstrual provocando anemia; não evita as doenças sexualmente transmissíveis, inclusive a Aids.

Vantagens do método:

• Não suspende a menstruação, nem afeta o ciclo hormonal normal;

• Atuam por longo tempo, evitando erros ou distrações comuns em outros métodos;

• Método bastante seguro (pouco menos do que a pílula);

• É um método reversível: tirando-o, a mulher pode engravidar novamente.

Desvantagens do método:

• É caro (porém, pode ser proporcional ao valor da compra de anticoncepcionais durante cinco ou dez anos).

• Precisa ser colocado por profissional habilitado.

• Não é aconselhado para nulíparas (mulheres que nunca engravidaram).

• Pode aumentar o risco de infecção.

• Causa sangramentos irregulares nos meses iniciais.

• Nem todas as mulheres se adaptam bem ao DIU.

• Mulheres que têm hemorragias muito abundantes ou cólicas fortes na menstruação, ou que tenham alguma anomalia intrauterina, como miomas ou câncer ginecológico, infecções nas trompas, sangramentos vaginais ou alergia ao cobre não podem usar o DIU.

• *Espermicidas*: Os espermicidas são os cremes, supositórios, óvulos, espumas ou geleias especiais colocados dentro da vagina antes da relação. Eles contêm substâncias químicas que, quando colocados na vagina matam ou imobilizam os espermatozoides, impedindo assim que eles fertilizem o óvulo. Devem ser colocados na vagina momentos antes da penetração.

São menos seguros que a camisinha. De preferência, devem ser usados em conjunto com algum método de barreira, como camisinha masculina ou feminina, ou diafragma.

Os espermicidas têm poucas contraindicações: devem ser evitados por mulheres que tenham alguma alergia aos componentes químicos de sua fórmula. O uso isolado do espermicida tem alto índice de falhas e também não previne das DSTs/Aids.

• *Injeções*: É um método bastante seguro, constituído de injeções ou implantações subcutâneas sólidas de hormônios sexuais femininos, que impedem que a mulher possa ovular, impossibilitando desta forma a gravidez. Portanto, funcionam como a pílula, com a diferença de que, ao invés de tomar oralmente todos os dias, pode ser aplicado a cada três meses, ou mensalmente. Pode ser usado por mulheres que estejam amamentando.

As principais indicações das injeções são para mulheres que esquecem a pílula, que não podem tomar a pílula via oral. Quanto à adolescente, a indicação é restrita à prescrição médica por existirem vários tipos de anticoncepcionais injetáveis sendo cada um com sua especificidade, uso, vantagens e desvantagens.

É importante fazer consultas regulares com o ginecologista, ou toda vez que surgir algum efeito indesejável da injeção. As contraindicações são semelhantes às das pílulas, mas como as dosagens dos hormônios são mais fortes, os efeitos colaterais podem ser mais frequentes.

• *Mirena® da Shering*: É um novo método endoceptivo, como o DIU. Trata-se de um dispositivo de plástico ou de metal colocado dentro do útero. É um DIU combinado com hormônios. Tem forma de T, com um reservatório que contém 52mg de um hormônio chamado levonogestrel.

O Mirena atua liberando uma pequena quantidade de hormônio diretamente da parede interna do útero, continuamente por cinco anos. Ele também torna o muco do cervix (colo do útero) mais espesso, prevenindo a entrada do esperma. A dosagem é equivalente a tomar duas a três minipílulas por semana. A diferença do Mirena em relação aos outros dispositivos intrauterinos é que ele evita muitos efeitos colaterais.

Vantagens: A menstruação pode desaparecer completamente em algumas mulheres após poucos meses; tem duração de cinco anos; método seguro (Uma em cada 1000 mulheres poderá engravidar); risco de gravidez ectópica reduzido (cerca de dois a cada 10.000 mulheres ao ano); reduz as dores menstruais;

As desvantagens são semelhantes às do DIU.

• *Contracepção de emergência*: Muitos se referem à "pílula do dia seguinte", mas preferimos não utilizar essa denominação por entendermos que se torna um adjetivo pejorativo. É necessário pensarmos como é entendida para os adolescentes? Faço sexo hoje sem proteção e amanhã uso a pílula do dia seguinte, e tudo bem!

Bem? E onde está a orientação, a responsabilidade, a conscientização da questão, prevenção, cuidar-se, respeitar-se. A contracepção de emergência surgiu para atender emergência, como o nome indica, usar em casos de EMERGÊNCIA sempre prescritas e acompanhadas por um profissional habilitado e ciente da situação. É um método recomendado nos casos em que outros métodos anticoncepcionais não tenham sido adotados ou tenham falhado de alguma forma, como: ruptura da camisinha, desalojamento do diafragma, em caso de estupro, violência sexual, abuso sexual.

São pílulas para evitar a gravidez e não para evitar as DSTs.

O prazo indicado para a primeira dose é dentro de 72 horas após a relação desprotegida ou acidental e a segunda dose depois de 12 horas após a primeira, sempre com prescrição médica; no caso de vômito, a dose deve ser repetida.

Também é chamada de "método de contracepção de emergência". Isto significa dizer que deve ser usada tão logo seja possível após a relação desprotegida.

Este contraceptivo contém o levonorgestrel, que é uma progestina. O levonorgestrel previne a gravidez inibindo a ovulação, fertilização e implantação do ovo. Também atua espessando o muco cervical.

A pílula também nem sempre surte resultados e pode ter efeitos colaterais intensos. Os sintomas mais comuns são náuseas, dores abdominais, fadiga, dor de cabeça, distúrbio no ciclo menstrual, tontura, fragilidade dos seios e, em casos menos comuns, diarreia, vômito, acnes.

• *Pílula (anticoncepcional)*: Conhecidos também como "pílula", os anticoncepcionais anovulatórios por via oral são atualmente o método mais popular de controle da natalidade.

As pílulas são hormônios sintéticos (não naturais) similares ao estrógeno e progesterona, os hormônios naturais produzidos pelo corpo da mulher. As pílulas atuam prevenindo a ovulação, ou seja, o óvulo não é liberado pelo ovário, como ocorre normalmente, aproximadamente no meio do ciclo menstrual. Deste modo não ocorre fertilização pelo esperma. Algumas pílulas também causam um espessamento do muco cervical (secreção natural espessa logo à entrada do útero), dificultando a entrada do esperma no útero.

A adolescente de até 18 anos não tem ainda o metabolismo hormonal plenamente desenvolvido. A ingestão de alguns hormônios sintéticos nessa fase pode não ser indicada. Importante consultar um especialista que prescreverá uma pílula com taxa hormonal compatível com a faixa etária.

Vantagens: Reduz a cólica menstrual e a tensão pré-menstrual. Os períodos ficam mais regulares. É fácil de usar e de custo baixo. Pode reduzir a acne.

Desvantagens: Pode causar efeitos colaterais em algumas mulheres, como náusea, sensibilidade dos seios, ganho de peso ou retenção de água, alterações no humor, manchas na pele, dor de cabeça, aumento na pressão sanguínea. Em algumas mulheres pode causar riscos à saúde. Desta forma, mulheres fumantes, com problemas cardíacos, diabéticas, com doenças do fígado e do coração, hipertensão, suspeita de gravidez, flebite ou varizes, glaucoma, enxaqueca, derrame ou obesidade não devem usar pílulas; É menos efetiva quando tomada com algumas drogas. Certas medicações, como antibióticos e outros, interferem com as pílulas tornando o controle menos efetivo. Uma falha no esquema de tomar a pílula pode cancelar ou diminuir sua efetividade. Tomada por muito tempo, pode aumentar risco de câncer de mama. Não se recomenda para mulheres com menos de 16 ou mais de 40 anos, exceto via prescrição médica.

Cabe, no entanto, salientar a necessidade de se conhecer os métodos e que sua opção seja prescrita por um profissional habilitado. E, quando sugerimos um profissional para atender e orientar os adolescentes que procurarem serviços de saúde para tais informações é devido à preocupação quanto aos riscos e benefícios de cada método e ainda por saber contextualizar, argumentar e persuadir na melhor escolha.

Dinâmicas

a) As cores da prevenção

Objetivos: Conhecer e identificar os métodos contraceptivos, indicação, uso e eficácia na adolescência.

Nº de participantes: Livre.

Tempo: 30min

Material: Papel pardo, pincéis atômicos de várias cores, fita adesiva, folhas de sulfite em branco, etiquetas circulares coloridas (verde, amarela, vermelha).

Desenvolvimento: O orientador coloca uma folha de papel pardo na parede, em que terá como título: métodos contraceptivos, e cinco colunas: 1ª coluna – métodos de barreira, 2ª coluna – métodos comportamentais, 3ª coluna – métodos hormonais, 4ª coluna – dispositivos intrauterinos, 5ª coluna – métodos cirúrgicos. Os adolescentes devem listar individualmente, na folha sulfite, todos os métodos que conhecem. Após algum tempo, o facilitador provoca a discussão no grupo, para que os participantes identifiquem cada método dentro das várias categorias de métodos que estão nas colunas do papel pardo. Assim que terminarem de identificar, o orientador mostra a mesa onde estão os círculos, vermelho, amarelo e verde e o kit dos métodos contraceptivos, solicitando aos participantes observarem as cores e explicando o significado de cada uma delas. Depois indica ao orientador e facilitador qual dos métodos corresponde a qual cor, colocando dentro do círculo, com relação ao uso por adolescentes.

Para escolher considerar que:

Vermelho: Não recomendável;

Amarelo: Algumas restrições (considerando que o método a ser utilizado deve ser monitorado por um profissional do serviço de saúde);

Verde: Livre uso.

b) Dupla proteção (gravidez e DST)

Objetivos: Refletir sobre a importância da prevenção da gravidez e das DSTs usando a dupla proteção. Levantar o conhecimento prévio do grupo sobre o assunto.

Nº de participantes: Livre.

Tempo: 60min

Material: Preservativos masculinos e femininos, se possível em quantidade suficiente, um para cada participante, papel crepom de cores diversas, cartolinas, cola branca, tesouras, revistas velhas, canetas coloridas, sucatas em geral, papel higiênico.

Desenvolvimento: Com os preservativos masculinos e femininos e utilizando criativamente o material disponível, cada integrante do grupo fará um cartaz ou uma peça artesanal ou objeto que sua inventividade sugerir que esteja relacionado ao tema em pauta. Quando todos terminarem as obras de arte, apresentar ao grupo e colocá-las em exposição. Após as exposições, o orientador e o facilitador discutem com o grupo questões como: a dupla proteção, como uma das maneiras de prevenção das DSTs/Aids e gravidez, ao mesmo tempo abordam os principais tópicos trazidos nas criações do grupo, estando atentos para as crenças e os mitos sobre o assunto e para as questões de gêneros que interferem no uso da dupla proteção.

c) Vamos dançar

Objetivos: Propor a descontração por meio da música para escolher seu par e treinar habilidades de como discutir os métodos.

Nº de participantes: Livre, porém, números pares.

Tempo: 45min

Material: Aparelho de som, uma música agradável para mexer com o corpo, sala ampla.

Desenvolvimento: Pedir que os participantes fiquem de pé; ao som da música o orientador solicita que todos dancem, se movimentem; após um tempo, pedir que escolham um par e continuem dançando. Desligar a música e os pares sentam-se próximos e discutem sobre os métodos (como usar, dificuldades, se já usou, qual indicariam, qual não indicariam, porque, qual o valor do método, se o parceiro ou parceira usaria). Após 10min, o orientador abre o círculo novamente e pergunta se gostaram de dançar e o que aprenderam com a experiência do outro colega sobre os métodos.

Questões para refletirem e responderem oralmente:

- Os adolescentes sabem usar métodos contraceptivos?
- Por que têm tantas adolescentes grávidas e pais jovens?
- Quais as dificuldades para se usar os métodos?

d) Errar menos

Objetivo: Mostrar aos jovens que há muita informação e que é preciso estar atento.

Nº de participantes: Livre.

Tempo: 20min

Material: Sala ampla, balão de borracha (2).

Desenvolvimento: O orientador solicita que todos respirem três vezes, fechem os olhos e façam silêncio; o facilitador estoura um balão – susto geral. De olhos abertos, ainda em silêncio, o facilitador repete a ação e estoura o segundo balão – o susto é menor, quase nulo.

Para refletir: Eu, sendo orientado, tenho menos chances de errar. A responsabilidade de decidir é minha.

19
Gravidez inoportuna

a) Objetivo: Despertar sentimentos com relação aos impactos que podem ser gerados diante da gravidez inoportuna.

b) Conteúdo: Impacto do planejamento familiar na vida dos jovens, influência na autoestima, autoimagem e social.

c) Dinâmicas:

a) O ovo é teu; tem que cuidar!;

b) Gravidez é problema?;

c) Teatro de bonecos;

d) Cuidando do ninho.

Gravidez "inoportuna" na adolescência – Ter filhos não é brincar de boneca

O comentário se espalha na escola – é verdade? Ela está grávida mesmo? De quem?

Antigamente, no tempo da nossa vovó quando surgia a primeira menstruação, a menina já era preparada para noivar e casar; a fase do namorar que é tão importante para descobertas hoje, naquela época restringia-se a apenas olhar.

O mundo mudou, evoluiu, os jovens têm uns rolos, o ficar, ambos entendidos como a fase do pré-namoro, do conhecimento, com relacionamentos pouco duradouros.

Estudos mostram que a menarca (primeira menstruação), a primeira ejaculação estão acontecendo mais cedo, aumentando o tempo de período fértil dos adolescentes. E, somado a tudo isso, surge o alerta para o perigo da gravidez na adolescência. Perigo é problema, é gravidez não planejada, é precoce, é inoportuna.

O início das atividades sexuais muitas vezes precipitado, precoce entre os jovens, muitas vezes pela empolgação, por influência do grupo, dos pares, do momento, faltando muitas vezes a orientação sobre o funcionamento do próprio corpo, sobre os métodos anticoncepcionais ou sobre seu uso correto.

Mais uma vez repetimos a importância do jovem saber refletir as implicações (impacto) de uma gravidez sem o devido ou adequado planejamento.

O comentário na escola pode acabar ou diminuir quando o jovem perceber que sua sexualidade é um processo de corresponsabilidade, afeto e comprometimento com o outro, adquirido por meio de orientações adequadas, reflexões, mudanças de atitudes e conscientização do seu projeto de vida. Compreender que uma *sexualidade segura e responsável* é não agir por impulso; a primeira vez deve ser muito valorizada e bem pensada... Que *sexo seguro* é proteger-se para evitar DSTs, gravidez e sofrimento.

Para atuar no campo da prevenção e promoção da saúde dos adolescentes, faz-se necessário contar com um tipo de evidência que nos permita entrar no seu mundo e participar em sua subjetividade. É necessária uma mudança na forma como a saúde reprodutiva dos jovens tem sido investigada, é mudar os paradigmas.

Na maioria dos estudos de investigação sobre a saúde reprodutiva, predomina o enfoque de risco para adolescentes. Muitos são considerados vulneráveis, inclusive por seu comportamento e estilo próprio de ser. É considerado um grupo de alto risco. Gravidez na adolescência apresenta-se como uma epidemia, um problema de saúde pública, descuidando-se dos fatores como paternidade e maternidade responsáveis, esquecendo-se da ideia de que os jovens fazem de sua condição uma circunstância e uma construção social destes.

É necessário sabermos qual é a ideia de risco que eles têm e se é igual a dos educadores e profissionais. Um exemplo clássico e que serve para analisarmos a postura de educar é quando se usa o termo gravidez de risco para o adolescente, pois dentro da sua experiência o risco é mais uma questão de azar. Ao realizar as orientações, precisamos incluir ações de saúde culturalmente acessíveis.

Outro exemplo observado é o conceito de planejamento familiar que se definiu como um programa que orienta as mulheres para o uso de métodos e, ao engravidarem, os cuidados em relação a essa fase. Já para muitos adolescentes o conceito de planejamento é para ter um filho, uma família e também para planejar a possível gravidez, essa é a compreensão do termo e, não para prevenir e evitar gravidez.

Quando falar de sexualidade, é preciso saber qual é o significado para os adolescentes com quem estamos conversando, orientando. Com relação à sexualidade e relação sexual não se deve fazer uma dicotomia, pois ela é parte da vida, é algo que deve ser evitado ou negociado, jamais colocado como "Não se pode fazer...".

O autor Salazar Rojas (1999) afirma que hoje em dia torna-se cada vez mais evidente que as ações preventivas e de promoção à saúde para os adolescentes devem enfatizar não apenas os conhecimentos necessários em matéria de saúde, mas também seus valores, crenças e atitudes, sendo necessário considerar o modo de raciocinar dos adolescentes.

Precisamos considerar que a maioria dos aspectos relacionados à saúde é de natureza social e comportamental. A saúde humana está ligada a sonhos, esperanças, atitudes, valores, crenças e modos de entender dos indivíduos.

Para muitos adolescentes a gravidez, a maternidade, o ser ou tornar-se mãe ou pai pode ser uma experiência gratificante. Muitos estudos referem que existem diferentes vivências da maternidade. Poderíamos pensar que para algumas adolescentes a maternidade pode ser uma experiência de vida plena e de significados positivos.

Concluímos que, ao falarmos de gravidez na adolescência, não podemos desvincular a orientação sexual da sentimental ou afetiva; para os adolescentes as duas coisas estão intimamente ligadas, e os discursos preventivos precisam abrir e incluir o discurso do amor romântico.

Sugerimos que para obter resultados satisfatórios no campo da prevenção e promoção à saúde, é necessário conhecer o contexto das expectativas e perspectivas dos adolescentes. Precisamos respeitar a opinião dos adolescentes e envolvê-los diretamente nas decisões sobre sua saúde e vida.

É necessário, por meio dos grupos e utilizando uma metodologia psicoeducativa, estimularmos a reflexão desses adolescentes para além das informações biomédicas, perceberem que gravidez na adolescência não é como brincar de bonecas e também que não é a mais lamentável consequência. Estamos falando de gente que quer ser gente e ter gente.

> O adolescente precisa de uma referência, essa referência pode ser você educador.

Dinâmicas

a) O ovo é teu; tem que cuidar!

Objetivo: Oportunizar que por meio da descontração, percebam suas responsabilidades.

Nº de participantes: Livre.

Tempo: 20min

Material: 1 bola, sala ampla.

Desenvolvimento: Iniciar falando do tema gravidez; questionar o que sabem, o que pensam; após um tempo, explicar a dinâmica: todos em círculo, sentados; um adolescente fica com a bola e tem que cantar "a galinha chocou" e os demais respondem: "O ovo é teu tem que cuidar!" O adolescente andará em torno do círculo onde os colegas estão sentados, este deve deixar a bola atrás de um deles. Assim que fizer, sai correndo para completar o círculo e ocupar o lugar deste que se levantou para pegar a bola e sair. Antes, porém, terá que responder a uma pergunta que o orientador, facilitador ou colega faça sobre gravidez na adolescência; assim que responder satisfatoriamente faz o mesmo que o primeiro e assim sucessivamente. Todos devem brincar. O orientador explica o porquê da brincadeira "o ovo é teu tem cuidar".

b) Gravidez é problema?

Objetivo: Refletir sobre as consequências da gravidez, ser mãe ou pai na fase adolescer.

Nº de participantes: Até 25 adolescentes com idade entre 15-18 anos.

Tempo: 60min

Material: Papéis para serem distribuídos para os grupos com frases indicando situações a serem dramatizadas.

Desenvolvimento: Dividir a turma oportunizando que todos participem. Cada grupo receberá uma folha de papel com a frase que indica o tema ou a situação a ser dramatizada. Cada grupo terá 15min para discussão do tema. E 5min para apresentar.

Temas:

- Uma adolescente grávida vai dar a notícia a seu namorado.
- Um casal de adolescentes em que a jovem está grávida e quer ter o filho, mas o namorado quer que ela faça aborto.
- Um casal de adolescentes no qual a jovem está grávida e pretende fazer o aborto, mas o adolescente quer que ela tenha o filho.
- Um casal de adolescentes conta aos pais sobre a gravidez da jovem.
- Um casal de adolescentes conversando e orientando outro casal de adolescentes que não perceberam ou refletiram os problemas de uma gravidez não planejada.

Após as apresentações, o orientador abre para perguntas e faz as observações necessárias acerca das apresentações, explorando também as sensações experimentadas pelos membros; cada participante poderá dizer como se sentiu.

c) Teatro de bonecos

Objetivos: Propiciar ao grupo a oportunidade de refletirem a situação de uma gravidez não planejada na adolescência, suas implicações, responsabilidades, alegrias e angústias.

Nº de participantes: Até 25 adolescentes com idade entre 12 a 13 anos.

Tempo: 35min

Material: Bonecos ou fantoches (uma mulher, um homem, um bebê – para simulação do parto).

Desenvolvimento: O orientador usa os bonecos e dramatiza, conta uma história, uma situação de envolvimento, se conversou ou não na decisão de querer ter um filho, namoro ou casamento, com empolgação, a relação, a gravidez... Faz até o momento da gravidez. Pede para alguns responderem: E agora, o que ela faz... E o que ele faz... Com o bebê e com suas vidas. Deixar os jovens expressarem e terminarem a história segurando os bonecos e simulando a situação.

d) Cuidando do ninho

Objetivos: Oportunizar a situação dos adolescentes vivenciarem a situação da paternidade e maternidade apontando suas dificuldades.

Nº de participantes: Até 20 adolescentes.

Tempo: 20min

Material: 2 ovos pintados de cores diferentes ou com uma "carinha" de bebê-menino e bebê-menina.

Desenvolvimento: Entregar a cada três adolescentes, 1 ovo-bebê, tanto meninas como meninos, os ovos devem estar pintados e marcados: uma cor para o sexo feminino e outra para o sexo masculino, ou um com cara de menina e outro de menino. O garoto "pai" e a garota "mãe" devem cuidar do bebê-ovo, colocar o nome no seu bebê e ter o compromisso de levar o bebê-ovo a todos os lugares a que forem durante uma semana, e no próximo encontro devem trazer o bebê-ovo. E para completar, o orientador convida dois colegas que são amigos desses "pais", para acompanhar e supervisionar como o garoto pai e a garota mãe, cuidam de seu bebê-ovo. No próximo encontro, estes ajudam no relato de experiência de cada pai e mãe. O importante é que todos tenham um compromisso e responsabilidade para a semana.

Obs.: Um dos bebês-ovo poderá ter um asterisco indicando que o filho(a) tem uma necessidade especial, possibilitando a reflexão dos cuidados e dificuldades encontrados por esse e outros tipos de problema.

Sugestão: pontos de reflexão

a) A mãe adolescente considera-se responsável para cuidar da criança?

b) Se não se considera, quem cuidará da criança?

c) Como será acompanhada a gravidez?

d) Havendo casamento, será ou não por pressão da família?

e) Como se sustentará o casal adolescente?

f) Expulsar de casa é a solução?

g) Nossos avós casavam-se na adolescência e procriavam. Por quê?

h) O que representa para você ter um filho na adolescência?

20
Maternidade e paternidade

a) Objetivo: Vivenciar os sentimentos que envolvem a responsabilidade de ser pai ou ser mãe.

b) Conteúdo: Paternidade e maternidade, sociedade, relação familiar.

c) Dinâmicas:

a) Jogo rápido;

b) Telejornal – Campanha de orientação para evitar a gravidez na adolescência;

c) Deixe seu recado;

d) Quanto custa!

Maternidade e paternidade responsável

Para trabalhar com esse tema busquei na bibliografia o que tinha de interessante, infelizmente não encontrei muitos artigos, salvo algumas teses e dissertações que com muita propriedade se aprofundaram no assunto. Ao rever parte desta produção científica sobre o tema, e corroborando Lyra (1996: 123), que constatou que os atos de conceber e criar filhos constituem experiências humanas atribuídas culturalmente às mulheres, incluindo muito discretamente o pai.

A paternidade, quando tratada, é concebida na maioria das vezes sob a óptica feminina, reforçando a ideia de que são as mulheres que carregam a gravidez. Quase nunca se pergunta ao homem sobre sua participação, responsabilidade e desejo no processo de reprodução. O que se busca nesta tentativa é a reflexão dos educadores para fazê-la antes de atender adolescentes futuros pais e mães. Os profissionais de saúde preocupam-se com os riscos e cuidados da adolescente grávida e do bebê, mas uma pergunta que sempre me inquietou: se temos meninas adolescentes grávidas solteiras, temos meninos adolescentes pais solteiros também, e quais os cuidados e orientações para o pai adolescente? Como fica a vida desses adolescentes?

Até porque a vida dos pais adolescentes não acaba, mas ganha novos contornos e responsabilidades com a chegada de um bebê. Os jovens pais, que estão apenas iniciando seu preparo para a vida adulta, veem-se às voltas com questões como o amadurecimento precoce, a responsabilidade que a chegada e a criação de um filho exigem. Além disso, via de regra, os jovens pais nem de longe contam com a mesma atenção que as meninas-mães recebem da família, dos amigos e, principalmente, das autoridades. Os meninos em geral ficam de lado. Pela família da adolescente, são tidos como um monstro, que estragou a vida da menina. Pela sua própria família são vistos como um bobo, um idiota, alguém que não usou preservativo e não se cuidou. Esses adolescentes, que já não possuem o preparo necessário para assumir tal responsabilidade, ficam ainda mais perdidos.

A partir disso, a discussão deste tema tem como objetivo que o adolescente possa perceber que ser pai ou mãe comporta um compromisso maior. A importância de se planejar a família, assumir a responsabilidade em ter um filho, não quer dizer simplesmente fazer filhos, mas bem fazê-los crescer e educá-los. É todo um processo em que as decisões devem ser planejadas e tomadas em conjunto pelo casal; que os adolescentes, juntos, cheguem a compreender os direitos e obrigações de serem pais.

Podemos dizer que a paternidade e maternidade na adolescência podem ser um exercício positivo se a experiência for positiva, segura e aprovada pelos familiares; pode conter as emoções, os afetos, pode vivenciar o cuidar, o educar, o amar numa relação favorável ao processo de desenvolvimento que estão passando, mas tudo isso salvo se receberem apoio, ajuda e muito amor.

Até porque muitos adolescentes pais percebem que não adianta querer se tornar adulto de uma hora para outra e que a sensação de paternidade vem mesmo com o tempo.

Considerando o acima exposto, o encontro objetiva enfatizar que ter filhos não é uma tarefa muito fácil de ser realizada, mas pode ser comparada a uma viagem que para realizá-la, é necessário planejar e prover recursos financeiros antecipadamente para o caso de problemas. E isso precisa de um tempo de organização, de um querer responsável.

Ter filhos e educá-los é mais que escolher o melhor caminho a ser percorrido, é ter no combustível do carro (vida) muito amor misturado com alegria, paciência e momentos inesquecíveis... Pense nisso!

Dinâmicas

a) Jogo rápido

Objetivo: Expressar sentimentos.

Nº de participantes: Livre.

Tempo: 10min

Material: Uma bola; aparelho de som; música instrumental.

Desenvolvimento: É jogo rápido. O grupo deve movimentar-se pela sala no ritmo da música. O facilitador joga a bola e o participante que receber/pegar a bola deverá rapidamente expressar uma palavra sobre o tema maternidade e paternidade responsável. Repetir o exercício até que todos tenham a oportunidade de participar. O facilitador poderá anotar as palavras ou frases expressadas para que o orientador faça o fechamento da mesma.

b) Telejornal – Campanha de orientação para evitar a gravidez na adolescência

Objetivos: Aprofundar a reflexão por meio da brincadeira das consequências da gravidez não planejada na vida da adolescente e de seu parceiro e nas relações familiares e sociais.

Nº de participantes: Números pares até 26 adolescentes.

Tempo: 40min

Material: 2 ou 3 microfones de brinquedo, folha com o roteiro de entrevista já xerocopiado.

Desenvolvimento: Solicite 12 adolescentes do grupo, explique que, por rede nacional, estaremos discutindo junto aos adolescentes sobre o dia da campanha de orientação para evitar a gravidez não planejada. Estes 12 serão os entrevistadores; os demais, os entrevistados. Entregar a folha com o roteiro de perguntas com o tema: GRAVIDEZ NA ADOLESCÊNCIA. Cada entrevistador faz uma ou mais pergunta para seu entrevistado (livre escolha).

Perguntas

1) Uma mãe adolescente pode ser responsável para cuidar de uma criança?

2) Se não é responsável quem cuidará da criança?

3) Tem dinheiro para isso?

4) Você tem tempo para cuidar?

5) Você acha que a gravidez na adolescência é de risco, por quê?

6) Dá para conciliar gravidez com estudo?

7) O que significa para você a expressão "Mãe solteira" e "Pai solteiro"?

8) No caso de você engravidar, você casaria? Criaria sozinha a criança ou deixaria com a sua família?

9) Como se sustentará o casal de adolescentes que resolve morar junto? E os estudos? Sendo menor de idade, que tipo de trabalho pode ter?

10) Muitas famílias decidem expulsar de casa a filha grávida, o que você acha disso?

11) Você e sua família têm dificuldades financeiras e você descobre que está grávida, seu namorado lhe diz que não vai assumir, que providências você tomaria?

12) O que representa para você ter um filho na adolescência?

13) Com uma gravidez, o que muda em termos do seu projeto de vida?

14) Você daria um filho seu para a adoção?

15) Hoje é o dia da campanha de orientação para evitar a gravidez não planejada, o que você diria para os milhões de adolescentes que estão ouvindo?

Ao terminar as entrevistas, o orientador faz o fechamento da dinâmica com uma mensagem final de valorização da autoestima, destacando que o adolescente tem um mundo a sua frente para ser conquistado, assim é necessário refletir evitando agir apenas pelo "tesão".

c) Deixe seu recado

Objetivo: Descobrir e formar uma mensagem com as palavras escritas nas pranchas.

Nº de participantes: Livre.

Tempo: 15min

Material: Pranchas de papel cartolina recortadas em tamanho de 30x15cm e escritas palavras que, juntas, formam uma frase de mensagem de reflexão, e ainda duas pranchas em branco caso o grupo queira completar a frase ou modificar a mesma.

Desenvolvimento: O orientador distribui aleatoriamente as pranchas entre os adolescentes, depois explica que devem posicionar-se sob orientação dos demais do grupo que não têm prancha, lado a lado, até formar a possível frase de mensagem para o grupo. A única regra é que podem usar até duas pranchas em branco para completarem ou complementarem a sua frase. Os demais se organizam para auxiliar na construção dessa frase. Antes de terminar, o orientador elogia a todos pelo excelente trabalho em grupo, a mensagem é para todos.

Sugestão de mensagens

• Gravidez INOPORTUNA não é brincadeira, pode ser um problema.

• Adolescência sem filhos é muito mais legal! Divulgue essa ideia.

d) Quanto custa!

Objetivo: Permitir a reflexão quanto aos valores, o custo de vida para manter uma família com filhos.

Nº de participantes: Livre.

Tempo: 40min

Material: Folhas de papel sulfite em branco, canetas e lápis coloridos, pranchetas (em número suficiente de acordo com o número de participantes).

Desenvolvimento: Disponha o grupo em círculo e dê para cada dupla (de preferência de gêneros diferentes) uma folha de papel e coloque no centro do círculo lápis e canetas de várias cores. Peça às duplas participantes que façam na folha um "*Orçamento familiar*" de possíveis gastos mensais que uma família tem para se manter e manter os filhos. Dê 1min para pensarem, abra para a discussão com o objetivo de destacar os custos financeiros para se manter uma família; depois peça que listem e completem esses itens com um valor aproximado de custo mensal. Após 20min, peça às duplas para apresentarem o seu orçamento de maneira bem objetiva. Finalize o trabalho tecendo comentários acerca dos valores orçados pelas duplas, se houve muita diferença nos valores e itens listados com relação aos demais.

Reflexão final: Estamos preparados para assumir uma família e filhos?

21
Relações de gêneros

Objetivos: Discutir as diferenças dos papéis sexuais existentes em nossa sociedade. Analisar as vantagens e desvantagens de ser homem e de ser mulher.

Conteúdo: Papéis sexuais, maneiras de comportamentos exigidos pela sociedade, pensar e discutir a possibilidade de mudança de paradigmas.

c) Dinâmicas:

a) Papéis sexuais;

b) Por que tanta diferença?;

c) Quais os papéis do meu gênero?;

d) Masculino ou feminino.

Relações de gêneros

A sexualidade está muito relacionada com o papel que homens e mulheres desempenham socialmente. Pois a forma de expressão da sexualidade vai depender muito do papel social desempenhado por homens e mulheres.

A sociedade estabelece hierarquicamente os papéis sociais nos quais, não raramente, encontramos o homem colocado em um papel privilegiado. O que a sociedade espera do homem e da mulher é o que se chama de papel sexual.

Mas o que é realmente papel sexual? Poderíamos dizer que papel sexual é o modo, é a maneira expressa de comportamentos de indivíduos do mesmo sexo.

Gênero se refere às construções que a sociedade faz e que determinam o papel que se atribui a mulheres e homens, numa cultura específica.

A sociedade e a cultura de cada povo determinam como homens e mulheres vão incorporar esses papéis de gênero, e quem não segue determinados padrões não é visto com bons olhos, ou não é aceito.

A primeira civilização da Grécia Antiga conhecida por civilização cretense, egeia ou minoica; nessa sociedade, encontramos traços curiosos dessa civilização. Por exemplo, o papel de destaque era exercido pela mulher; nessa sociedade, ela era emancipada, gozava de igualdade de direitos e, com relação aos homens, podia dedicar-se a qualquer ofício, nenhuma atividade pública lhe era vetada e exercia atividades, como as de sacerdotisa, caçadora e toureira. Praticava todas as modalidades de esporte da época, inclusive o boxe.

É interessante ressaltar que era uma civilização da Grécia Antiga, nada próximo da nossa sociedade e cultura que não admitia que a mulher trabalhasse fora, usasse calças compridas e batom. Atualmente, muitas mulheres desenvolvem trabalhos iguais aos dos homens e se vestem de acordo com a conveniência, condição e ocasião.

Apesar da modernização que a estrutura social sofreu nas últimas décadas, observamos que a educação de meninas e meninos continua perpetuando velhos padrões. Pais e educadores nem sempre se dão conta disso e, muito frequentemente, não param para pensar no assunto. Assim, nascer menino ou menina já traz em si, quase automaticamente, uma predestinação do desempenho adulto esperado para aquela criança. Enquanto os meninos são educados dentro da ótica da competição e agressão, as meninas são educadas para serem delicadas e maternas. Homens (meninos) não choram, escondem seus sentimentos; as meninas brincam de casinha de bonecas e choram muito.

E, quando chega a adolescência... A moça será mais presa em casa do que o rapaz. Para a moça, há uma série de proibições: não deve sair sozinha, cuidado, tenha modos, você é uma menina-moça, não pode transar logo com o primeiro que aparece, para segurar o namoro tem que ser difícil, etc. Ao passo que, para o rapaz, tudo é permitido e até estimulado: sair só, beber (um pouco, afinal é homem), fumar (agora em desuso), voltar para casa de madrugada, ter relações sexuais.

A relação entre os papéis sociais do homem e da mulher, na nossa sociedade, não é de complementação, mas de hierarquia. Ao privilegiar o homem, a sociedade destina à mulher um papel de inferioridade, de submissão, o que a deixa em desvantagem, embora, de certa forma, seu papel acabe complementando o do homem.

Podemos pensar em alguns *slogans* que na sua comunicação não verbal nos transmitem mensagens falsas ou irreais, ou quando ouvimos dizer que o homem dirige carro melhor que a mulher, como é igualmente falsa no pretenso "campo do domínio feminino" que a mulher seja superior ao homem, apenas tendemos a executar melhor aquilo que treinamos mais. O treinamento desde criança tem uma influência muito grande no desempenho das tarefas. E a ele, muito mais do que a outros fatores, deve-se grande parte das diferenças de desempenho de papéis masculinos e femininos.

Por isso e muito mais cabe aos educadores a tarefa de iniciar a mudança utilizando-se da educação para desencadear a reflexão e o debate sobre os papéis sexuais carregados de estereótipos (modelos rígidos de comportamento).

Antes, porém, precisamos nós, educadores, rever nossos conceitos e nossa atuação junto às crianças e aos adolescentes com quem trabalhamos no sentido de evitarmos passar adiante os mesmos modelos aprendidos de seus pais.

Não pretendemos fazer meras substituições entre as posições sociais que os homens e as mulheres ocupam, mas promover a igualdade de direitos e a equiparação de oportunidades, alertando para as diferenças de papéis sexuais existentes em nossa sociedade.

Discutindo a origem dessas diferenças e mostrando suas variações nas diferentes sociedades, através dos tempos, e a possibilidade de mudanças e quebras de paradigmas, há muito ultrapassados.

Dinâmicas

a) Papéis sexuais

Objetivos: Identificar os valores, tabus e preconceitos com relação aos papéis sexuais, prevenindo o sexismo.

Nº de participantes: 20 a 25 participantes – Indicado para faixa etária de 15 a 18 anos.

Tempo: 35min

Material: Elaborar uma relação de papéis sexuais, digitar, e xerocopiar, canetas, sala ampla.

Desenvolvimento: O orientador explica a dinâmica e entrega aos adolescentes a folha com o quadro de papéis sexuais para que preencham individualmente as alternativas, homem ou mulher; aguardar 10min e solicitar que formem um semicírculo; o facilitador lê a primeira tarefa do quadro e, em seguida, pede que um adolescente diga qual foi sua resposta, se é papel feminino ou masculino e assim sucessivamente até que todos possam responder. Durante a leitura, o orientador pode interromper e questionar se todos responderam iguais, por que, quem respondeu diferente, possibilitando com isso a troca de informações e discussões de conceitos e preconceitos, possibilitando aos educadores observarem e identificarem valores, tabus ou pré-conceitos existentes.

Obs.: É possível responder que o papel pode ser tanto do homem como da mulher.

Quadro – Papéis sexuais

Sexo		Idade
Masc.	Fem.	

Responder pela educação dos(as) filhos(as); tomar conta dos filhos; praticar esportes; ocupar cargos executivos; dirigir caminhão; dançar balé; dirigir táxi; pagar as contas; consertar carros; convidar para sair; sustentar a casa; brincar com boneca; consertar vazamentos; trocar a lâmpada; ser policial; cozinhar; pilotar avião; fumar charuto; usar roupa íntima delicada; usar brincos; ter força física e coragem; urinar de pé; participar de reunião escolar; docilidade e romantismo; ser competitivo; ser servido dentro de casa; se sacrificar pelo(a) filho(a).

b) Por que tanta diferença?

Objetivos: Discutir e refletir como os participantes percebem os papéis sexuais entre homens e mulheres na sociedade.

Nº de participantes: 24 adolescentes.

Tempo: 40min

Material: Sala ampla, folhas de papel sulfite, canetas, cartolinas ou papel pardo.

Desenvolvimento: Dividir o grupo de adolescentes em 6 grupos: 3 grupos do gênero masculino e 3 grupos do gênero feminino. Explicar que os grupos do gênero masculino irão discutir as vantagens e desvantagens de ser mulher. E os grupos do gênero feminino irão discutir as vantagens e desvantagens de ser homem.

Após 15min de discussão, os grupos devem listar as vantagens e desvantagens citadas. E, ao término deste, solicitar que cada grupo apresente os resultados. O orientador atento observa e anota as colocações feitas pelos membros dos grupos e abre para discussão e reflexões com os seguintes apontamentos:

a) Qual a origem dessas diferenças?

b) Como essas diferenças são vistas em outras sociedades?

c) Como essas diferenças afetam a vida dos homens e das mulheres?

d) Quais das vantagens de ser homem ou mulher são reais e quais são estereotipadas?

e) É possível ser homem e exercer alguns tópicos listados em "mulher" e vice-versa?

c) Quais os papéis do meu gênero?

Objetivos: Desenvolver a própria identidade sexual, destacando as características e interesses de cada gênero.

Nº de participantes: Até 25 adolescentes na faixa etária entre 12 a 13 anos.

Tempo: 50min

Material: Revistas e jornais, tesoura, cola, papel pardo ou cartolina, lápis de cor, lápis de cera, canetas coloridas, etc.

Desenvolvimento: O orientador explica o tema e propicia que discutam sobre o mesmo.

É importante que o orientador utilize os recursos pontuados abaixo para facilitar a discussão como um todo:

• Reconhecer os interesses comuns e diferentes entre homem e mulher.

• Descrever situações diárias nas quais homens e mulheres têm o mesmo desempenho.

• Descrever jogos que meninos e meninas jogam juntos. Jogos e brincadeiras predominantes de um gênero (ex.: futebol, casinha).

• Destacar a importância do respeito, do compartilhar, e ajudar o outro.

• Dialogar sobre as diferenças de cada gênero.

• Trabalhar a autoestima: "é belo pertencer ao gênero..."

• Estimular a originalidade de cada um.

Explicar que é uma atividade em grupo: pedir aos participantes que formem dois ou três grupos de um mesmo gênero, ou seja, um ou mais grupos do gênero masculino e do feminino; estes devem usar a técnica de colagem para completar as seguintes frases:

Título: "Profissões, tarefas e interesses do homem e da mulher"

• Somente os meninos completam a seguinte frase: "Nós homens somos......, e temos habilidade para.......".

• Somente as meninas completam a seguinte frase: "Nós mulheres somos......, e temos habilidades para.......".

Após 20min todos devem fixar seus trabalhos em local já arrumado pelo facilitador e apresentar os mesmos para os demais grupos.

d) Masculino ou feminino

Objetivo: Evidenciar as diferenças entre os papéis sexuais dentro do nosso contexto cultural.

Nº de participantes: Livre.

Tempo: 30min

Material: Uma caixa pequena; tira de papel com as mesmas perguntas escritas (modelo abaixo), papel pardo, canetas coloridas e aparelho de cd, música calma.

Desenvolvimento: Pedir aos participantes do grupo que sentem em círculo. Colocar uma música calma e entregar a caixa de presentes aberta e dentro colocar as tiras de papel com as perguntas. A caixa estará circulando entre os participantes e, quando a música parar, sem olhar, o adolescente pega uma tira de papel com a frase, lê e se apresenta: "Eu me chamo xxxxx e gosto ou faço isso..." E assim continua sucessivamente. Esta classificação poderá ser registrada em papel pardo ou lousa pelo facilitador. Ao final, analisar os resultados e discutir com o grupo acerca da reação ou comportamentos de alguns e da classificação e dos comportamentos evidenciados pela sociedade e cultura.

Frases

- Eu me chamo......
- E gosto de fazer.....
- E hoje faço...........

22
Preconceito/discriminação

a) Objetivos: Incentivar o debate e a livre expressão, enfatizando a importância de se respeitar, independente da opção de escolha ou comportamento, aceitando as diversidades como características do ser humano.

b) Conteúdo: Homossexualidade, solidariedade, sentimentos, discriminação, primeira impressão.

c) Dinâmicas:

a) SOS o barco vai afundar;

b) Pré-conceito;

c) Relaxamento – serenidade;

d) A máscara.

Preconceito e discriminação: ambos são exclusão

O termo exclusão é velho como a humanidade e refere-se aos processos de segregação justificados sob diferentes motivações. Por questões religiosas, por questões de saúde, tem sido explicada a segregação dos leprosos na Antiguidade e dos aidéticos na modernidade; por questões políticas, têm sido explicados os ostracismos entre os gregos e o exílio de subversivos modernos; por questões étnicas, têm sido explicadas as segregações dos povos africanos negros entre os povos descendentes de europeus brancos; por questões econômicas, tem sido explicada a segregação dos "vagabundos" na sociedade inglesa do século XVIII e dos "não empregáveis" na sociedade contemporânea globalizada, estes últimos colocados como objetos privilegiados de estudos sobre processos de exclusão.

Pela definição léxica da palavra que aparece no *Dicionário de Língua Portuguesa*, de Aurélio Buarque de Holanda – *exclusão: ato pelo qual alguém é privado ou excluído de determinadas funções,* em que na sua composição está o prefixo *ex* (fora), que separa, corta, inviabiliza a relação. Quer dizer, o sentido, a imagem e a realidade dos excluídos mostram contingentes humanos colocados do lado de fora de uma sociedade cujos mecanismos de impermeabilização de suas fronteiras não permitem o retorno ou a possibilidade de estabelecer relações com os que estão dentro. Os incluídos, estes aterrorizados diante da ameaça constante de serem os próximos a ficar do lado de fora.

No Brasil, Oliveira (1997), ao procurar caracterizar a realidade que dá conteúdo à exclusão social, identifica obras em que, já nos anos 70, aparecia a denúncia sobre a exclusão vista como decorrente seja do modelo econômico, seja do olhar etnocêntrico que discriminam pobres e determinadas etnia e raça.

Há quase um consenso, nestes últimos tempos, com referência ao tratamento dos problemas das camadas populares – desemprego, pobreza, desescolarização – como decorrentes da exclusão, seja do mundo do trabalho, seja da proteção do Estado, seja das possibilidades de acesso à escola e de permanência nela.

É necessário que o educador proponha com este tema a problematização da *exclusão social,* trazendo para o debate o que me parece ser algumas possibilidades e limites de uso desta categoria para a compreensão de processos que se configuram como uma nova "questão social". Mais especificamente, saber a compreensão e ações que as camadas populares empreendem no sentido de enfrentar as situações caracterizadas como de exclusão do trabalho, da sociedade e da escola; da opção sexual, da etnia, da cultura. Entender principalmente quais as alternativas que estes jovens criam para enfrentar a falta de uma terra para plantar, da casa própria, do emprego, da escola, da família, do lazer, do esporte, entre tantas outras. O debate sobre o conceito de *exclusão pode falar da marginalidade.*

Aurélio (1983) refere que *marginalidade é* a condição do indivíduo marginal. E que marginalizado, posto à margem de uma sociedade, de um grupo, da vida pública, etc. Ou seja, as suas consequências, como o fenômeno central dentro da categoria exclusão. Com referência à educação, Arroyo (1987: 67) questiona processos que excluem as camadas populares da cidadania com a justificativa de que essas camadas não estariam preparadas ou "esclarecidas" para interpretá-la. No âmbito de tais processos, podem ser compreendidas, segundo Arroyo, as "lutas do povo pela escola e pelo saber, tão legítimas e tão urgentes" (1987: 79).

A história em largos traços constrói o conceito de *exclusão* que retrata uma realidade de aparecimento de "novos pobres", de lutas libertárias, a discriminação racial, a opressão presente nas relações de gênero, a subordinação étnica, e outras; a pobreza expropriada de meios e instrumentos de produção, vivendo em condições de miséria absoluta.

E, no Brasil, encontramos a discriminação contra e a exclusão das categorias sociais que se afastam do modelo ideal brasileiro: branco, masculino, profissional, heterossexual, cristão, sem deficiências físicas e portador de cultura ideológica.

O educador poderá citar os preconceitos que desvalorizam as pessoas e estimulam a discriminação, reconhecida por muitos formadores de opinião. Estes a aceitam e discriminam as pessoas por serem: mulheres, negros, homossexuais, ciganos, moradores de rua, índios, desprovidos de qualquer recurso... E tantas outras discriminações e violações dos direitos.

Entre as violações aos direitos humanos, poderemos destacar as seguintes: a falta de acesso da população negra às condições de igualdade (que o Brasil tenta enganar que não existe), o travesti, a empregada doméstica, o profissional do sexo e a inexistência de políticas públicas que garantam o direito e o acesso ao exercício da cidadania. A recusa em aceitar as particularidades da cultura dos ciganos, especialmente a sua transumância, de modo que os ciganos acabam invisibilizados, até mesmo juridicamente, e estigmatizados.

Os ciganos são invisíveis a ponto de praticamente não haver bibliografia sobre eles. A ignorância gera medo que, por sua vez, gera preconceito que, por sua vez, gera discriminação. A mídia contribui para o fortalecimento do preconceito e da discriminação, particularmente na sua modalidade televisiva.

E para utilizar como ponto de reflexão proponho pensarmos por que não:

- O combate ao racismo e a exclusão social, bem como a reparação dessa exclusão, requer necessariamente o reconhecimento da existência do racismo e da discriminação.
- É urgente o empoderamento dos grupos discriminados para que possam lutar (organizar a resistência, ter voz pública e fazer parte dos grupos de tomada de decisões).
- É necessária a participação ativa do governo para informar a população sobre as especificidades culturais do povo cigano, para evitar combater imagens e pensamentos esteriotipados dos ciganos e para facilitar que os portadores dessa cultura possam ter acesso à documentação que certifica sua cidadania.
- Que as várias etnias sejam oficialmente reconhecidas no Programa Nacional de Direitos Humanos.
- Que os direitos garantidos no ECA – Estatuto da Criança e do Adolescente sejam reconhecidos e respeitados.
- Que a política de humanização, proposta do SUS - Sistema Único de Saúde seja entendido respeitado e efetivamente realizado.
- Que o indivíduo portador de qualquer necessidade física seja respeitado, tenha acesso e seja aceito como um indivíduo capaz como qualquer outro indivíduo não portador de uma deficiência, de uma necessidade.
- Que todos possam ter opções de escolhas e não sofrer por tal decisão. Que cada um tenha sua própria beleza, seu próprio modo de ser.
- Que todos tenham o direito a pertencer a uma família, a uma escola, a uma casa.

E, finalmente, que todos nós possamos viver em paz. Muitos de nós já ouviram falar de um determinado homem com uma importância na história da humanidade que certa vez disse mais ou menos assim... Quem não tem pecado que atire a primeira pedra... Esse corajoso se chama JESUS CRISTO!

Eu gostaria de saber se hoje Jesus dissesse: Quem nunca discriminou ou excluiu que atire a primeira pedra! Qual seria a resposta ou ação?

Dinâmicas

a) SOS - O barco vai afundar

Objetivos: Discutir valores e preconceitos bem como maneiras pelas quais discriminamos ou não alguém. Permitir aos participantes experimentar conscientemente o que significa ser excluído do grupo. Confrontar sentimentos que se originam da exclusão;

Nº de participantes: Livre.

Tempo: 40min

Material: Sala ampla, aparelho de som, música calma ou de mensagem.

Desenvolvimento: Formar grupos de 5 ou 6 participantes e apresentar a seguinte situação: cada grupo está num barco em alto mar. O barco bate em um recife e começa a afundar, aparece um barco salva-vidas que tem capacidade de transportar todas as pessoas menos uma. Portanto, cada grupo terá que excluir uma pessoa do grupo; os critérios estabelecidos e aceitos são do grupo. Tempo: 15min. Após esse tempo, o excluído deve dirigir-se ao centro da sala e sentar-se; o número de cadeiras deve estar de acordo com o número de grupos formados. O orientador sempre observando a reação e comportamento dos participantes dos grupos. Após a discussão dos membros de cada grupo, o orientador dirige-se ao centro da sala e pede a um dos excluídos que fale qual é o sentimento de ser excluído do grupo; quais foram os critérios usados pelo grupo para excluí-lo. Depois o orientador pede que os membros do grupo falem o que sentiram ao terem de excluir aquela pessoa do grupo, definindo os critérios de exclusão. E ainda os aspectos sociais da identidade social; as características da interação entre as pessoas estigmatizadas e as que estigmatizam.

b) Pré-conceito

Objetivo: Detectar valores e preconceitos com relação ao homossexualismo, prevenindo a homofobia.

Nº de participantes: Livre, indicado para grupo de adolescentes na faixa etária entre 12 a 13 anos.

Tempo: 45min

Material: Fichas com desenhos, outras com as palavras.

Desenvolvimento: Distribuir aleatoriamente as fichas para os membros do grupo em círculo; cada um pega uma ficha e lê o que contém e, depois de um tempo, cada um deve falar sobre o que achou do desenho ou sobre a palavra, abrindo a discussão com o grande grupo.

Desenhos

- Uma menina brincando com meninos;
- Um menino brincando com meninas;
- Um menino brincado de boneca;
- Um menino isolado do grupo sozinho;
- Uma menina ganhou um carrinho.

Palavras

- Homossexual – heterossexual;
- Afeminado – masculinizada;
- Homossexual – doença.

c) *Relaxamento – serenidade*

Objetivo: Refletir que somos importantes e, mesmo com nossas adversidades, pode-se viver e aceitar alternativas.

Nº de participantes: Livre.

Tempo: 45min

Material: Aparelho de som, música(s) calma(a), orquestrada, cadeiras ou colchonetes.

Desenvolvimento: Coloque-se numa posição bem confortável. Respire profundamente sem fazer barulho, calmamente. Feche os olhos sem forçá-los. Inspire paz, amor, alegria e muita saúde. Solte seu corpo, relaxando cada vez mais. Relaxe sua testa, seus olhos, sua face. Deixe sua boca entreaberta. Relaxe seus braços, seu ombro, sua barriga, seus quadris, suas pernas, seus pés. Sinta-se tranquilo, cheio de paz, ouça a música, é gostosa, o acalenta, o acalma, o fortifica, lhe traz muita serenidade. Tudo é perfeito em você nesta hora, tudo funciona bem em seu corpo. Continue relaxando, sinta-se feliz, saudável, cheio de paz; seu coração bate calmamente, e sua circulação irriga todo seu corpo. Fique à vontade, você está entre pessoas amigas que lhe querem bem. Um silêncio gostoso chega de mansinho e você percebe que este momento é só seu, entregue-se e viaje no mundo dos sonhos... Imagine-se seguindo por uma região montanhosa; ao seu redor muito verde, o lugar é encantador! Perceba que atrás das montanhas há algo diferente, está bem distante de você. Fixe-se nele e vá notando que aos poucos isso vai tomando forma de uma nuvem e lentamente ela se aproxima e o envolve completamente, é algo emocionante... Ela chega mais próximo a você e lhe indica um caminho; deixe-se levar... Levar... Você agora está entrando num caminho diferente, é um túnel todo fechado de árvores e, ao passar, as folhas vão tocando em seu rosto bem de leve e deixam um pouco do orvalho que ainda havia nelas. Sinta essa brisa da montanha massageando sua pele. Ao sair do túnel, há um sol maravilhoso, está radiante! Nesse momento você se encontra, no meio de um jardim muito colorido. Aproveite, veja toda a beleza que há neste lugar! Ele é todo florido! É um cenário perfeito, os pássaros cantam a melodia do amor. Ouça, é uma serenata em plena luz do dia feita exclusivamente para você.

Acompanhe as borboletas que pousam de flor em flor; assim como elas, você também vai dançar neste jardim! Aproveite, ande pelo jardim, ele é só seu. Aproveite este momento que é só seu, lembre-se de que você é muito especial, você é um vitorioso, um vencedor. Você está muito bem agora, fortaleça-se desta energia e perceba que está mais forte e feliz, pronto para enfrentar os desafios do seu trabalho, do dia a dia. Ao retornar, você se sentirá calmo, sereno, relaxado e, sobretudo, muito feliz. Vou contar até 3 e você iniciará o retorno. (1) Paz, amor, saúde. (2) Alegria, sucesso, prosperidade. (3) Movimente devagar seus pés, suas pernas, seus braços, espreguice-se, abra os olhos, sem cansaço, sentindo-se bem tranquilo, disposto, sentindo que é um ser amado e feito para vencer!

d) A máscara

Objetivo: Pensar quais as máscaras que utilizamos no nosso dia a dia.

Nº de participantes: 20 a 25 adolescentes.

Tempo: 45min

Material: Papel cartucho de mercado, canetas coloridas, cola branca, tesouras, lantejoulas, fitas, fios, cd, aparelho de som (música calma).

Desenvolvimento: Solicitar a todos que confeccionem sua máscara ao som de uma música calma. Deixe 20min para a atividade. Peça que coloquem sua máscara e andem pela sala ao som da música; ao sinal do orientador, pare e execute as tarefas abaixo relacionadas, uma de cada vez. Pare e olhe a pessoa a sua frente, diga o que não gosta de fazer (seja sincero, você está de máscara, lembra o orientador). Continue e não tire a máscara, olhe quem está atrás de você é pergunte: “Você já mentiu hoje?”. Muitas são as perguntas que podem ser feitas, o importante é que o participante tem que usar um dos valores morais, *a sinceridade*. Após várias perguntas, o orientador solicita que tirem as máscaras e pede que digam como se sentem, se tiveram dificuldades, quais? Como foi usar a máscara? Responder com a máscara é mais fácil ou não? Por quê?

Reflexão: No nosso dia a dia quais as máscaras que mais usamos e por que usamos?

23
Violência: as várias faces

a) Objetivos: Identificar as características da violência, e formas de como se manifesta no cotidiano escolar, familiar e social.

b) Conteúdo: Conceitos, tipos e formas de violências, os sinais e sintomas apresentados pelas vítimas de atos violentos.

c) Dinâmicas:

a) Violência cotidiana;

b) A briga;

c) Árvore – o crescimento da violência;

d) Escala de riscos.

Violência e suas faces!

As crianças e os adolescentes são alvos fáceis da violência. Eles/as estão vulneráveis a vários tipos de violência como: maus-tratos, abusos, negligências, ameaças, abandono, sequelas/danos. O adolescente é a maior vítima da proliferação de armas, do tráfico de drogas, dos grupos de extermínio. Muitas vezes a violência começa dentro de casa, tanto faz pobre ou rica. A família muitas vezes torna-se sinônimo de agressividade e intolerância, de violência psicológica, aquela que aparece sutilmente num gesto, numa conversa e pode ser pior que a violência física. E quem sofre com isso?

É importante pensarmos quais os tipos de violência, quem são os agressores, como evitar tais violências e ainda qual é a origem dessa violência produzida?

Violência não é só matar, roubar ou bater, violência pode ser: social, cultural, física, econômica, política, familiar, e os agressores passam a ter formas e disfarces, como sedução, coação, indução, omissão, que podem ser praticados não apenas por indivíduos, mas também por grupos, instituições, governos.

"A violência cultural se manifesta nas relações raciais e étnicas, nos grupos etários e familiares" (CECCON, 2000: 23). As agressões físicas a crianças e adolescentes são uma das práticas violentas mais comuns em todas as sociedades.

No convívio familiar ocorre violência entre irmãos, entre os pais que por sua vez agridem os filhos que descontam nos irmãos e nos colegas, ocasionando o ciclo da violência dos lares para a sociedade. Ou seja, esta violência, também denominada violência doméstica, estabelece relações que envolvem força e o abuso do poder entre os membros e tende a ser transposta para as relações sociais mais abertas que causam situações sociais denominadas violência comunitária, que provocam o retorno ao ambiente doméstico de pessoas frustradas e vulneráveis, a expressar agressividade.

No ambiente familiar ocorrem também os abusos sexuais, uma prática mais comum de violência sexual com meninas, embora com meninos também ocorra. Esse tipo de violência, de abuso, pode ter várias manifestações de contato sexual, havendo ou não penetração.

As crianças e adolescentes sinalizam de maneiras diferentes que estão sendo maltratadas.

Pontuamos abaixo alguns indicadores que, por si só, não constituem evidência, mas que sugerem uma violência ocorrida (principalmente se a criança e/ou adolescente exibe várias características simultânea e frequentemente):

- Lesões físicas (hematomas, queimaduras, cortes, fraturas e outras);
- Doenças sexualmente transmissíveis, aparência descuidada e suja, desnutrição, doenças não tratadas;
- Distúrbio do sono (sonolência, pesadelos);

- Distúrbios na alimentação (perda ou excesso de apetite), problemas de aprendizagem;
- Enurese noturna (urinar na cama durante o sono);
- Comportamento extremamente tenso, em estado de alerta;
- Afastamento, isolamento;
- Regressão a um comportamento muito infantil;
- Tristeza, abatimento profundo;
- Excessiva preocupação em agradar;
- Comportamento sexualmente explícito (demonstra conhecimentos inapropriados à sua idade, masturbação visível e contínua);
- Brincadeiras sexuais agressivas;
- Relutância em voltar para casa;
- Não frequentar a escola por vontade dos pais;
- Faltar frequentemente à escola;
- Não participar das atividades escolares;
- Ter poucos amigos – não confiar em adultos, especialmente os que lhe são próximos;
- Relacionamentos entre crianças e adultos com ares de segredo e exclusão dos demais;
- Ideias e tentativas de suicídio;
- Autoflagelação;
- Fugas de casa;
- Dificuldades de concentração – choro sem causa aparente;
- Hiperatividade;
- Comportamento rebelde.

A região mais acometida por maus-tratos no corpo da criança e do adolescente é a pele. Os tipos de lesões de pele incluem desde vermelhidão, equimoses ou hematomas até queimaduras de 3º grau. É comum haver marcas do instrumento utilizado para espancar crianças ou adolescentes; elas podem apresentar forma de vara, de fios, de cinto ou até mesmo da mão do agressor. Marca de queimaduras de cigarros são frequentes e podem ser confundidas com infecções de pele. A queimadura em forma de bota ou luva ocorre quando a mão ou o pé da criança é submerso em líquido quente e impedido de ser retirado.

A queimadura do períneo pode acontecer como consequência de banhos de assento com água quente na tentativa de educar o controle de urinar e evacuar.

Lembre-se de que é preciso coragem e determinação para uma criança ou adolescente contar a um adulto que está sofrendo ou sofreu alguma violência. As crianças podem temer a ameaça de violência contra elas mesmas ou contra membros de sua família, ou temer serem levadas para longe do lar.

Ao ouvir o relato de uma violência sexual ou ao perguntar à criança ou adolescente sobre uma lesão física, é importante facilitar a conversa. A criança ou adolescente poderá estar se sentindo confusa, deprimida, culpada ou assustada e ficar muito aliviada ao contar a alguém o que está acontecendo, você precisa permitir que ela conte a história livremente.

Outro tipo de violência é a psicológica. Embora pareça comum tentar impor respeito e obediência, o uso da pressão psicológica causa rejeição, negação, clima de medo. Termos diminutivos ou agressivos geram uma autoestima negativa e um fraco desempenho escolar e social que pode transformar-se num comportamento destrutivo da criança ou do adolescente. Mas infelizmente por ser uma das práticas mais frequentes usadas pelos pais contra os filhos e entre irmãos, resulta negativamente no crescimento emocional e intelectual, e interfere na construção da identidade do adolescente.

Outra forma de violência intrafamiliar é a negligência, que significa negar informações, medicamentos, alimentos condições mínimas de sobrevivência e proteção, omissão nos casos de acidentes como queimaduras, quedas, cortes, que muitas vezes interpretamos como um fator socioeconômico deficitário ou precário da família. Ocorre a violência estrutural que, segundo Ceccon (2000: 177):

> Violência estrutural diz respeito a condições sociais gerais, o que dá um ar de fatalidade e dificulta seu reconhecimento por largas parcelas da popula-

> ção. É uma violência que se manifesta do nascimento até a morte: uma criança que nasça numa família com renda de até um salário mínimo por mês viverá em média 57,7 anos – quase 16 anos a menos do que uma nascida em família com mais de cinco salários mínimos.

A violência estrutural que reflete as condições sociais gerais que pode também ser entendida por brasileiros como a forma de crianças abandonadas ou colocadas em instituições, ficando privadas de afeto e atendimento parcial das suas necessidades básicas, sem habitação, desamparadas, expostas a situação de riscos.

Falando ainda da violência social atrelada à pobreza, temos a população de rua, o trabalho infanto-juvenil, a prostituição. São crianças e adolescentes que saem das escolas e vão para as ruas ganhar dinheiro e ajudar no sustento da família.

Convivemos tanto com a violência que nem sabemos mais quando um ato é violento ou não. Quando aparecem as notícias sobre assaltos, assassinatos, guerra, brigas de gangues, identificamos como violência da delinquência ou da criminalidade, ou quando ouvimos... "Motorista bêbado atropela tantas crianças que estavam brincando na calçada...", logo identificamos como violência de trânsito ou apenas denominamos de "acidente".

E há violências que muitas vezes nem percebemos se manifestar, como por exemplo: a violência escolar que começa com uma brincadeira sobre alguém que é diferente do seu grupo, uma piada sobre raça, etnias ou de pessoas que fazem escolhas diferentes das suas. Quando as meninas querem jogar futebol e os meninos dizem que isso é coisa de homem, a isso chamamos de sexismo, ou quando uma pessoa de raça negra recebe apelidos, a isso chamamos de racismo. Falar mal de outra pessoa, fazer "fofoca", difamação, todos são atos de violência.

A violência pode acontecer dentro e fora de casa, na escola, nas ruas, enfim, não é apenas um problema social é um problema de todos nós, assim precisamos estar atentos, reconhecer a violência é o primeiro passo, o seguinte é denunciar.

Em todos os casos pode-se denunciar e pedir ajuda ao Conselho Tutelar – um órgão municipal encarregado de fazer com que o Estatuto da Criança e do Adolescente seja cumprido. Se caso estes não existirem na localidade, procurar a Vara da Infância e da Juventude, Ministério Público, ou autoridades policiais.

O que não pode é ficar calado, indiferente ou amedrontado. Não deixe a violência começar. Mas, se começar, lembre-se: você tem meios de coibir!

Um dos meios para deter essa violência é a prevenção, e a Organização Mundial de Saúde classifica a prevenção nas seguintes categorias: primária é aquela que tem como objetivo a eliminação ou redução dos fatores sociais, culturais e ambientais que favorecem os maus-tratos. Atua nas causas da violência doméstica. A prevenção secundária é aquela que tem como objetivo detectar, o mais rápido possível, crianças, adolescentes e adultos em situações de vulnerabilidade, impedindo os atos de violência e/ou a sua repetição. Atuam em situações já existentes. A prevenção terciária é aquela que tem como objetivo o acompanhamento integral da vítima e do agressor.

Compreender os meandros da violência implica diretamente compreender as relações de sociabilidade entre os filhos e sua família, e a forma pela qual estes filhos reagem a essas relações; por outro lado, nos mostra o tamanho do desafio de nós, membros de uma sociedade, para lhes garantir direito de viver e permanecer em família com segurança. Os adolescentes têm direito à justiça, uma justiça que reconhece, respeita e resgata o direito de todos, sobretudo o de viver dignamente.

Dinâmicas

a) Violência cotidiana

Objetivos: Definir o que é violência e reconhecer os tipos de violência no cotidiano, suas causas e como evitá-las.

Nº de participantes: Até 25 adolescentes.

Tempo: 60min

Material: Cartolina ou papel Kraft, pincéis atômicos.

Desenvolvimento: Dividir a turma em quatro grupos: o 1º deve discutir situações que levem à violência (causas). O 2º discutir como se pode evitar a violência. O 3º deve discutir os vários tipos de violência (no Brasil, em outros países e culturas). O 4º deve discutir de que forma os adolescentes podem formar uma "rede de solidariedade" entre seus pares, na sua escola, sua igreja, sua rua, seu bairro, ex.: para resgatar a prudência, e se proteger mutuamente e as pessoas de seu meio. Após mais ou menos 20min de discussão, solicita-se que seja escolhido um relator e que se liste, em papel grande (tipo cartolina ou Kraft), com o pincel atômico, as principais conclusões da equipe. Pede-se que a lista seja apresentada pelo relator (enquanto dois seguram o papel, ele é afixado em algum lugar-alvo, à vista de todos). O orientador faz um comentário sobre a síntese, finalizando a dinâmica.

b) A briga

Objetivos: Discutir o conceito de violência e as reações dos adolescentes.

Nº de participantes: Livre.

Tempo: 60min

Material: Sala e cadeiras.

Desenvolvimento: Previamente, pede-se a dois participantes que iniciem uma discussão (com empurrões, gestos violentos, etc.) como, por exemplo, tomar, arrancar o boné do outro pode ser o ponto de partida para uma discussão. Isso ocorrerá durante a fala do orientador sobre violência. Os demais não sabem que é uma simulação. Amenizar a situação imposta e analisar as reações físicas e emocionais dos que interferiram, dos que se mantiveram indiferentes e dos que só observavam.

c) *Árvore – O crescimento da violência*

Objetivo: Promover a reflexão de como surge a violência ou um ato violento.

Nº de participantes: Livre.

Tempo: 45min

Material: Papel branco, lápis, grafite e lápis de cor. Pranchetas ou mesas para desenhar.

Desenvolvimento: O orientador comenta sobre os diversos tipos de violências existentes na nossa sociedade, no nosso bairro, na nossa escola, na família, no trânsito. Pede que cada um ou cada dupla faça um desenho de uma árvore. A raiz é o problema; o caule (tronco) são as manifestações de violência que conhecemos; a copa, folhas e frutos são as consequências geradas pela violência (25min). Após esse tempo, o orientador solicita que façam um círculo e apresentem os seus desenhos. O orientador facilita para que todos possam apresentar sua árvore da violência, falar, e assim tirarem as dúvidas quanto às características da violência.

d) *Escala de riscos*

Objetivos: Classificar numa escala de 1 a 6 pontos os perigos que envolvem adolescentes e se estes estão vulneráveis à violência.

Nº de participantes: 20 a 25 adolescentes.

Tempo: 55min

Material: Quadro negro (de giz) ou branco, pincel, tira de papel com vários nomes indicadores de possíveis violências, fita crepe ou adesiva.

Desenvolvimento: As tiras serão entregues para vários adolescentes. Os números destas podem ser entre 6 a 8 tiras com possíveis indicadores; o adolescente que receber a tira fará a reflexão e apresentará para o grupo, fazendo sua argumentação se é indicador de violência ou não e dá um número na escala, escrevendo no quadro. O orientador e o facilitador, sempre como mediadores, ajudarão nas reflexões junto aos demais dos grupos que podem argumentar quanto ao valor indicado.

Exemplos de indicadores: Drogas; analfabeto(a); homossexual; nunca namorou; negligência familiar; abandonado; desnutrido(a); adotado(a); medroso(a); tímido(a); não tem ou não frequenta nenhuma religião; morador de rua; pedinte; negro; índio; deficiente físico; desempregado; gordo; feio; repetente, ex-preso; usa óculos.

24
Drogas: um grande engano

a) Objetivo: Oportunizar a reflexão do adolescente de como evitar o uso indevido de substâncias psicoativas, por meio de uma abordagem positiva, trabalhando as questões relacionadas com as drogas num contexto de valorização da vida e aumento da autoestima.

b) Conteúdo: Prevenção ao uso indevido de drogas; o que é droga; a importância e pressão do grupo; mecanismos de defesa; a ilusão da droga; a dependência; a família de um dependente; solidariedade;

c) Dinâmicas:

a) Códigos de cores;

b) Estar amarrado;

c) Fantasma/bomba;

d) Jogo duro.

Droga é possível prevenir?

O presente estudo trata de um tema muito discutido entre profissionais de saúde, educadores, pais e autoridades: o crescente uso e abuso de drogas por adolescentes. Diversas pesquisas apontam que a maior causa de morbimortalidade nestas faixas etárias são externas, como acidentes, homicídios e suicídios, sendo o uso e abuso de drogas a de maior destaque.

Em levantamentos do Centro Brasileiro de Informações sobre Drogas (Cebrid), estima-se que, nas grandes metrópoles, um em cada quatro adolescentes já experimentou ou faz uso de alguma droga ilícita, sendo que entre os anos de 1997 e 2003 o uso da maconha duplicou e o da cocaína quase triplicou. (CHIPKEVITCHA, 1996: 56).

O país se depara com um grande problema, uma verdadeira epidemia de abuso de drogas por parte da juventude brasileira. As estatísticas são bastante claras; numa pesquisa realizada por Oliveira (1999: 21) constatou-se que, na cidade de Foz do Iguaçu – Paraná, dentre os adolescentes que se consideram dependentes químicos de drogas ilícitas, 33,9% referem-se à maconha, 1,7% à cocaína. Dentre os que, pelo menos uma vez, já experimentaram drogas, ingressando ou não no uso frequente, o que implica alto risco para o estabelecimento da dependência, tem-se 42,4% relacionados à maconha e 17,1% à cocaína. Representando porcentagens maiores que a cocaína, entre as drogas ilícitas, tem-se o consumo do lança-perfume, porém este não representa índices tão alarmantes, associados à criminalidade, quanto a cocaína.

E tem mais: os jovens ingerem álcool, bebem e bebem muito, atualmente. Além do alto consumo alcoólico, lançam mão de uma variedade de misturas e combinações de drogas, de um modo tal, que sempre aumentam os riscos e os perigos para sua própria saúde e segurança.

Há hoje uma verdadeira cultura de drogas bastante comercializada. É uma comercialização das mais eficientes, que utiliza sofisticados processos de propaganda bem como de técnicas de divertimento e entretenimento não menos sofisticados. O objetivo é justamente bombardear os jovens com uma mensagem constante de que "as drogas são uma forma de divertimento". Assim é que para uma maioria de adolescentes, atualmente o próprio conceito de "festa" (ou seja, uma expressão normal da vida social, em que amigos se reúnem socialmente para conversarem, conhecerem outras pessoas, se divertirem) passou a ser um conceito intrinsecamente associado à intoxicação – intoxicação de drogas e de álcool.

O uso ou abuso das drogas por parte dos adolescentes distorce o processo de maturação psicológica bem como o desenvolvimento tanto intelectual quanto físico. Assim sendo, este mesmo uso e abuso já está "produzindo" um número cada vez maior de jovens adultos que são imaturos que não têm motivação, que primam pela ineficiência e pela improdutividade. São pessoas cada vez mais dependentes em suas respectivas famílias – e estas famílias já estão, via de regra, sobrecarregadas – e com uma dependência também sempre crescente de seus patrões e empregados, dos tribunais e dos serviços de assistência social em geral. Em termos econômicos, tudo isto representa uma sobrecarga, um fardo dos mais pesados para a economia, para as escolas, enfim para a sociedade.

Diante do exposto, os educadores e a sociedade precisam pensar: como evitar e prevenir o uso/abuso das drogas?

A prevenção contra o uso e abuso por parte da juventude numa sociedade de extrema mobilidade, altamente hedonística e excessivamente orientada para o consumo, é um processo que exige um esforço comunitário dos mais dedicados – esforço este por parte dos pais, das escolas, das agências e repartições de natureza voluntária, dos grupos comerciais e financeiros, das instituições policiais dos sistemas judiciários.

Acreditamos que todo este esforço – tão vasto e tão abrangente – deva ser orientado e dirigido para pais dedicados. Pois pai e mãe constituem o elemento mais vital, com a função mais importante em todo este processo. São os pais quem têm mais a perder: seus próprios filhos. Mas são também os pais quem têm mais a ganhar: jovens adultos com saúde, com maturidade e com capacidade produtiva e intelectual.

Onde não há prevenção contra o abuso de drogas, tanto a comunidade local quanto a sociedade em geral correm o risco de perder grande parte do potencial produtivo do indivíduo. Afinal, o indivíduo que abusa de drogas acabará se tornando um peso – e em nada contribuirá nem para sua comunidade local, nem para toda a sociedade.

A prevenção precisa de aliados como a comunidade, a escola, a família e consiste em uma série de ações e providências que sejam desenvolvidas para que se obtenha algum resultado.

Muitos dos jovens que experimentaram ou usam a droga, vivem numa comunidade e esta precisa estar alerta. É de importância primordial que haja um grupo de pais engajados e comprometidos nesta comunidade que se disponibilizem a ajudar outras famílias e orientar os pais quanto à vulnerabilidade dos jovens ao uso de drogas. Mas, para isto, os pais devem primeiro começar a se educar. Isto não quer dizer que os pais precisem se tornar verdadeiros especialistas no assunto, autoridades na questão do abuso de drogas. Não. Mas precisam, isto sim, de possuir informações suficientes para que se sintam à vontade com seu grau de conhecimento do assunto e para que possam compartilhar deste mesmo conhecimento com os amigos, com os vizinhos e colegas e, enfim, com a comunidade em geral.

Os pais são a primeira e mais importante linha de defesa contra o uso de drogas por parte de seus próprios filhos e da juventude em geral. É fundamental que os pais estejam informados – e bem informados – sobre o impacto que o uso de drogas tem sobre a saúde mental, a saúde física e a saúde social dos jovens.

Há certas ideias práticas que podem ser colocadas em ação e, no caso específico dos pais e educadores, algumas delas poderiam ser as seguintes:

1) Consiga o máximo de informações que puder sobre o efeito do uso de drogas e do álcool por parte das crianças e dos adolescentes, bem como dos jovens adultos. Descubra tudo o que puder sobre o "mundo das drogas" local, isto é, tudo o que se passa a este respeito em sua vizinhança imediata, em seu bairro ou cidadezinha, em suma, no local que você denominaria de sua comunidade.

2) Em casa, converse com seus filhos e alunos a respeito do que você está aprendendo sobre esse assunto. Você e os filhos e alunos devem se engajar firmemente num processo de educação *mútua* sobre drogas e álcool.

3) Tome uma posição bem clara e firme contra *qualquer* emprego de drogas ilegais por parte de seus filhos e alunos.

4) Mantenha contato com os pais dos amigos e colegas de seu filho e aluno; peça a eles que vocês todos se reúnam a fim de compartilhar as informações que você está conseguindo reunir.

Promova uma socialização de amizade e parcerias, todos num processo mútuo de aprendizado.

Pais façam um acordo/contrato sobre um código comum de regras básicas de comportamento para os filhos, por exemplo, nas questões de drogas e bebidas alcoólicas, de namoro, da hora de chegar em casa à noite, de saírem para uma festa, acompanhadas(os) ou desacompanhadas(os), etc.

Outra dica será manter uma rede eficaz de comunicação entre a escola, as famílias, vizinhos, de modo que todos vocês possam estar sempre em dia a respeito das mudanças de tendências, costumes e situações sociais.

Verifique o que de melhor pode oferecer de opção de lazer aos seus filhos e alunos, faça todo o possível para descobrir, conseguir, desenvolver e incentivar alternativas sadias e construtivas de diversão, para que seus filhos e alunos se sintam o menos possível atraídos para utilizar as drogas e o álcool.

Pais e educadores, lembrem-se de que nem tudo será fácil ou rápido. A verdade é que os jovens atraídos para o uso de drogas por pressão de colegas e amigos lutarão e farão tudo o que puderem para manter estes círculos seguros. O importante é não desistir; diariamente demonstre com palavras, gestos e carinho o quanto você ama seu filho(a), o quanto você, educador, quer investir naquele aluno.

Se os pais são a primeira e mais importante linha de defesa contra o abuso de drogas por parte de seus filhos, os próprios jovens podem e devem também participar deste esforço. Afinal, a pressão de colegas e amigos pode ser também exercida para o bem, de modo construtivo e, muitas vezes, é justamente o apoio de que o/a jovem precisa para se manter longe das drogas.

Algumas das ideias práticas que a própria juventude pode colocar em ação são as seguintes: reúna informações sobre os efeitos fisiológicos das drogas populares hoje em dia, bem como sobre quaisquer problemas especiais causados por seu uso durante o desenvolvimento (físico e também social) no período da adolescência; investigue as pressões sociais em sua área, as quais influenciam ou incentivam a utilização de drogas e ignoram os riscos para a saúde;

compartilhe informações sobre o impacto das pressões sociais para participar do uso de drogas juntamente com outros em sua escola, na comunidade, nos clubes sociais e esportivos, nas equipes, etc.

Reúna seus amigos e incentive a participação de outros, não porque quem usa drogas seja "mau" ou "burro", mas sim porque estes outros jovens (seus amigos) também têm o direito de saber quais são os verdadeiros efeitos da utilização de drogas, enquanto ainda lhes é possível fazer uma escolha de parar ou nunca começar a usá-las.

Descubra e desenvolva alternativas sadias de lazer e diversão para mostrar aos colegas da escola, da rua e do bairro que o divertimento é perfeitamente possível sem intoxicação e, ao mesmo tempo, para demonstrar que o jovem pode ser aceito e até mesmo amado enquanto jovem. Sem que para isto precise de recorrer ou apelar para o uso de álcool e/ou outras drogas.

Pratique esportes, ajude a você mesmo e a outros a se manterem longe das drogas. Troque a cerveja (álcool) por um suco ou refrigerante; seja "diferente".

Por palavras e por ação, seja sempre um verdadeiro "mensageiro", dando sempre o seu recado. Muitos são os estudantes que gostariam de ficar longe das drogas, mas sozinhos não conseguem. A estes, você pode mostrar que, juntos, é fácil resistir, é fácil dizer "não".

Outro fator que precisamos estar alertas são os meios de comunicação à imprensa.

Quase que diariamente ouvimos a mídia divulgar a apreensão de tantos quilos de droga XX ou YY, na cidade tal, no carro tal, etc. Sabemos que a mídia influencia, então por que não trabalhar com o lado positivo de divulgação? Usar de um esforço e investir na prevenção e combate às drogas pode ser um bom negócio e, no linguajar de imprensa, "noticiável", mesmo porque é algo que prende a audiência no rádio e TV e também vende jornais e revistas. Precisamos aproveitar isto. O tempo gasto com representantes dos vários meios de comunicação é sempre um tempo muito bem gasto.

Aqui vão, a título de sugestão, algumas ideias mais práticas sobre o que pode ser feito em relação à mídia, nesse processo antidrogas.

Peça aos programadores de televisão que alertem a audiência ao iniciar e terminar seus programas com breves informações de orientação para ajudar na prevenção, uso e abuso de drogas, sendo o critério de utilização de drogas como um fator negativo, que "classifica" como não recomendável.

Peça a cooperação voluntária de líderes, artistas e celebridades locais da região e dos esportes, a fim de que estes ídolos gravem mensagens de serviço público alertando a população para os perigos representados pelo consumo de álcool e de drogas. Vamos fluir a mensagem e solicitar colaboradores, políticos, representantes dos órgãos de segurança, judiciário, profissionais de saúde, pastores, padres, empresários, universidades, diretores, coordenadores, professores, modelos. Todos podem contribuir, transmitindo a mensagem sobre os efeitos nocivos das drogas psicoativas na juventude. A mensagem deve ser consistente e deve enfatizar especialmente o fato de que o fumo, o álcool, a maconha etc., além de criar dependência, também servem de ponto de partida para experiências com drogas mais fortes e prejudiciais.

E, para concluirmos, dizemos que a prevenção às drogas é um desafio a ser conquistado; o tema drogas tornou-se preocupação universal e está presente nos meios de comunicação e são cada vez mais questionados no seio das famílias, entre os profissionais de educação, de saúde, autoridades governamentais, entre outros.

Não é de hoje, é importante destacar que a prevenção significa uma pré-intervenção, ou seja, uma intervenção a ser efetivada antes que determinado fenômeno ocorra.

As drogas em si não são "preveníveis", são apenas substâncias psicoativas naturais ou sintéticas que podem ser utilizadas pelo ser humano com finalidades diversas.

Porém continuamos nos questionando de quem é a culpa quando encontramos um adolescente sofrendo por dependência química? Como prevenir? Qual o melhor método?

Procuramos aqui apresentar algumas reflexões e sugestões de ação para *sensibilizar* pais, educadores e sociedade quanto à importância da prevenção; *informar*: as informações sobre drogas devem ser trazidas por profissionais e técnicos sérios e competentes que utilizem uma linguagem acessível, atual e coerente com o programa de direção da escola; *formar*: dentro das escolas, instituições por meio de equipes de pais e professores um grupo de apoio levando-os a questionamentos e reflexões que proponham uma reavaliação e a busca de novos comportamentos e atuações.

Portanto, prevenção é um problema de todos nós e não somente de alguns. Diríamos que cabe aos pais, aos filhos, à Igreja, à escola e à sociedade a mobilização em relação à prevenção primária sustentada por bases pragmáticas sólidas na prevenção do uso/abuso de drogas.

> Adolescente que é inteligente não se envolve com drogas ou em gangues pesadas... Eu já parei de fumar (Edmilson, 14 anos).

Dinâmicas

a) Códigos de cores

Objetivos: Refletir o que conhecemos sobre drogas, qual a nossa visão do problema e o que podemos fazer para promover a prevenção ao uso indevido de drogas junto aos adolescentes, utilizando-se da comunicação não verbal, e assim todos passam a compreender.

Nº de participantes: Livre.

Tempo: 30min

Material: Sala ampla, 6 fichas de cartolinas de cores diferentes (branca, azul, verde, amarela, vermelha, preta) e diversos materiais didáticos (canetas coloridas, papéis, revistas, etc.).

Desenvolvimento: Dividir o grupo em até seis subgrupos, de acordo com o número de participantes. O orientador do grupo dará o código individualmente para cada subgrupo, segundo a cor da ficha recebida:

• Cor branca – código grupo 1: Qual a visão que vocês têm das drogas?

• Cor verde – código grupo 2: O que vocês sabem sobre drogas?

• Cor amarela – código grupo 3: O que vocês podem fazer para prevenir o uso de drogas?

• Cor azul – código grupo 4: Qual a visão que vocês têm das drogas?

• Cor vermelha – código grupo 5: O que vocês sabem sobre drogas?

• Cor preta – código grupo 6: O que vocês podem fazer para prevenir outras pessoas do uso de drogas?

O orientador deverá passar o código aos subgrupos, certificando-se de que um grupo não saberá o código do outro. Cada subgrupo fará uso da linguagem não verbal, podendo usar todos os demais métodos para se comunicar. O importante é a criatividade de cada subgrupo para expressar o que pede o seu código. Após todos os subgrupos apresentarem, abrir o grande grupo para identificar os códigos, favorecendo, assim, a discussão:

• Por que é tão difícil falar sobre drogas?

• Drogadização;

• Quanto se deve entender e conhecer de drogas?

• O que pode ser feito para se trabalhar a prevenção?

• Qual o meu papel para promover essa prevenção no meu bairro?

b) Estar amarrado

Objetivos: Auxiliar o adolescente a refletir como ele está (posição ou situação) e repensar sobre coisas que o incomodam ou o deixam em situação cômoda, bem como sobre a dificuldade de ajuda por parte dos que não estão envolvidos.

Nº de participantes: 20 ou 24 adolescentes, sempre números pares.

Tempo: 35min

Material: Fitas largas de um metro de comprimento, barbantes ou retalhos. Música lenta ou instrumental.

Desenvolvimento: Os participantes caminharão pela sala lentamente, em silêncio, ouvindo a música. Cada adolescente escolherá um par para trabalhar. Um participante da dupla solicita o seu par a ficar em posição de estátua de acordo com sua criatividade. Um participante amarrará o seu par na posição de estátua, utilizando fitas, barbantes ou retalhos de tecidos. Cada participante amarrado deverá se dirigir ao centro da sala dizendo algo sobre: vida, prevenção ou drogas. À proporção que falarem, tentarão soltar-se sem a ajuda do outro. Após a participação do último adolescente, solicitar ao grupo para discutir:

- É fácil se soltar, ou libertar-se sem ajuda dos outros?
- Como se sentiu neste momento?
- Teve vontade de pedir ajuda? Por que não o fez?

c) Fantasma/bomba

Objetivos: Auxiliar o adolescente a refletir sobre sentimentos escondidos, o desconhecido e sobre experimentação.

Nº de participantes: Livre, indicada para adolescentes com idade entre 14-16 anos.

Tempo: 30min

Material: Sala ampla com aparelho de som, cartuchos de papelão de mercado, canetas coloridas. Música: "Fantasma da Ópera" ou similar.

Desenvolvimento: O orientador pergunta aos adolescentes se sabem brincar de "fantasma". Ouvirá algumas colocações, distribuirá um cartucho de mercado para cada participante e pede que desenhem uma caricatura no cartucho semelhante à de um fantasma (não pode recortar). Assim que terminarem, explica o jogo, enquanto observa o que cada um faz com o cartucho agora desenhado. Solicita que virem para o centro da sala. Muito bem, agora todos são fantasmas. Ao som da música, os fantasmas se deslocam na sala. Ao código do jogo "Fantasmas" todos cobrirão a cabeça com o cartucho e circularão. Ao código de "Fantasmas livres", retiram o cartucho da cabeça e ao encontrar um colega, dirão o que estão sentindo. Repetir o jogo por mais algumas vezes; observar o grupo e parar o jogo. Novamente o orientador dará o *código de jogo*: a partir deste momento, *quando taparem a cabeça, vocês serão bombas e ao bater em alguém explodirão*. Ao explodir fazem: BUM! Inicia-se novamente o jogo e o orientador pede que se protejam, escutem, façam silêncio. Protejam-se, percebam-se. Terminada a música, para-se o jogo e pede-se para relatarem o que ocorreu. Agora, com todos já sentados, abre-se para reflexão: Por que algumas pessoas assustavam os colegas? Por que algumas pessoas têm dificuldade de interiorização, necessidade de barulho? Por que alguns adolescentes fazem questão de explodir e outros de se proteger?

d) Jogo duro

Objetivo: Discutir o quanto a opção ou escolha em usar e abusar das drogas pode mudar o curso de uma vida.

Nº de participantes: Até 25 adolescentes.

Tempo: 30min

Material: Três pedaços de cartolina para cada participante, 25 ao todo, um cartaz do tamanho de dois papéis A4, com barbante para ser pendurado ao pescoço do facilitador, onde se lê os nomes das drogas: *ecstasy, crack, álcool, maconha, xaropes (opiáceos, cocaína, cola, nicotina, inalantes, afetaminas.*

Desenvolvimento: Reúna a turma em um círculo. O orientador pede que cada adolescente escreva seu nome com uma META, (que visa seu ponto ideal, seu ponto de chegada...) um OBJETIVO (mira, fim, propósito, intento) e um DESEJO que gostaria de alcançar em três pedaços de papel separadamente. Os adolescentes deverão ficar com os papéis na mão, segurando-os de forma como se segura um baralho, com as cartas voltadas para fora. O facilitador coloca o papel tamanho A4 pendurado em seu pescoço por um barbante, onde estão escritos os nomes de cada droga: ECSTASY, ou CRACK, ou ÁLCOOL, ou MACONHA, ou XAROPES (opiáceos), ou COCAÍNA, ou COLA, ou NICOTINA, ou INALANTES, ou AFETAMINAS. Anda no centro do círculo olhando para os adolescentes, aproxima-se e retira um ou até dois papéis de alguns adolescentes do grupo; o orientador, sempre observando a reação do grupo, interage com expressões e aguarda. Assim que o facilitador para de recolher papéis, o orientador pega alguns desses papéis, lê o nome do adolescente e diz que ele não poderá mais atingir o que planejava devido ao uso, abuso de drogas. E assim faz com vários adolescentes, perguntando a esses qual foi o sentimento percebido, houve frustrações, perda, o que sentiu?

25

Autoestima

a) Objetivo: Incentivar os jovens a manterem sua autoestima positiva.

b) Conteúdo: Entender o que é autoestima; como manejá-lá, compreendê-la, percebê-la.

c) Dinâmicas:

a) Fatos que afetam;

b) Pensar positivo;

c) Relaxamento – elevar sua autoestima;

d) O presente da alegria.

Como eu me sinto

Autoconfiança é como uma lanterna. Por mais escuro que esteja, ela o ajudará a achar o caminho.

Mark Twain.

Autoestima é a capacidade que uma pessoa tem de confiar em si próprio, de sentir-se capaz, de poder enfrentar os desafios da vida, saber procurar, acreditar, é valorizar-se, é o sentimento que cada pessoa tem por si mesma e pelo seu interior, é gostar de si.

São tantas as definições, mas como manter uma autoestima em alta, valorizada?

Será necessário recorrer a alguns ingredientes como empatia, afetividade, otimismo e entusiasmo. Talvez esses sejam os pontos básicos para se obter e fazer com que os outros melhorem sua autoestima.

A autoestima sofre variações diárias. Quando estamos bem, com a sensação de plenitude, a autoestima está em alta. Quando estamos mal, com uma sensação de descontentamento interior, a autoestima está em baixa.

Os adolescentes expressam esses sentimentos, verbalizando termos como: numa pior, numa *nice*, tipo, numa boa, bola murcha, abraçar jacaré, um banho de água fria, marcar touca, sem noção, fiquei bolado, se liga, tô ferrado, entre tantas outras.

Na verdade, parece que as pessoas sentem mais os momentos ruins do que os bons. Isso tem a ver com a forma que cada um trabalha os seus sentimentos, valorizando mais os agradáveis ou, infelizmente, ampliando os desagradáveis.

A autoestima é dinâmica, é perceptível a partir da compreensão do sentimento de identidade, das características pessoais, da valorização, das realizações e dos relacionamentos.

Quando algo não vai bem, é importante deixar o orgulho de lado e pedir ajuda. Lembrando que os ingredientes citados podem ser despertados: com a empatia, você pode ouvir, ajudar e se colocar no lugar do outro; com a afetividade, você pode ver a todos da mesma maneira, de forma igualitária; sem preconceitos, a pessoa afetiva não teme tocar e tem um toque diferente, um sorriso sincero; outro ingrediente também muito importante é o otimismo: acredite no potencial dos outros, elogie as pessoas próximas que lhe demonstrarem um mínimo de esforço e iniciativa, pois isso faz elevar qualquer autoestima. E, finalmente, mantenha o ingrediente entusiasmo sempre em alta, acreditando no seu potencial *(Entu* do grego significa *que tem Deus dentro de si).*

A baixa autoestima faz mal, gera depressão e estresse que resultam em medo, fobia, ansiedade, frustração, raiva, autoconceito rebaixado, com sensação de "sem saída", irritação, explosão de raiva com colegas e familiares, isolamento e mau relacionamento social, entre outros sentimentos ruins.

Pais, professores, parentes, amigos e outros precisam estar alertas para detectar como está a autoestima de nossos adolescentes. E assim poder ajudar, ser bom ouvinte ou interlocutor. Não podemos solucionar, mas podemos ajudar a refletir sobre momentos ou situações difíceis. E cada pessoa, sentindo-se apoiada, encontra sua própria saída, pois cada uma torna-se fortalecida e responsável pelos seus sentimentos, pela estruturação de sua autoestima.

É necessário oportunizar aos adolescentes que eles reflitam qual será sua filosofia (estudo que se caracteriza pela intenção de ampliar a compreensão da realidade) de vida. Antes de Cristo já se falava disso, foram os filósofos gregos, como Epicuro que, em 270 a.C., alertava para a necessidade de uma filosofia de vida prazerosa, que consiste em saber comer, beber, libertar-se das pressões sociais e das paixões negativas, como a inveja, e o medo da morte.

Devemos sempre ir à busca daquilo que realmente nos traz a verdadeira felicidade e satisfação, lembrando: se a satisfação e a felicidade forem momentâneas, não são verdadeiras e podem desencadear os sintomas que levam à baixa autoestima.

Mensagem para educadores e adolescentes

Faça mais do que existir – VIVA.

Faça mais do que tocar – SINTA.

Faça mais do que olhar – OBSERVE.

Faça mais do que ler – ABSORVA.

Faça mais do que ouvir – COMPREENDA.

Dinâmicas

a) Fatos que afetam

Objetivos: Incentivar a reflexão sobre a autoestima, conhecendo e apreendendo a manejá-la, contornando e se protegendo de uma autoestima negativa.

Nº de participantes: Livre.

Tempo: 40min

Material: Sala ampla, folha de papel sulfite, folhas de papel colorido em tamanho de ficha serão o conjunto de fichas coloridas (cor vermelha, amarela, azul, verde e branca), canetas, cola.

Desenvolvimento: O orientador entrega a folha de papel cortada ao meio para cada adolescente e solicita que escreva uma *situação positiva* que tenha acontecido. No verso da folha, escreva uma *situação difícil que tenha causado sentimentos negativos*. É importante assegurar ao jovem que não é preciso colocar nome. O facilitador recolherá todas as folhas dos participantes e as guardará consigo. Em seguida, será distribuído para cada adolescente o conjunto de fichas coloridas com o seguinte código: vermelho = extremamente chateado(a); amarelo = muito chateado(a); azul = mais ou menos chateado(a); verde = pouco chateado(a); branco = não me chateia.

Esses códigos devem estar afixados em local visível para que todos possam acompanhar e orientar-se. O orientador explicará que lerá algumas situações que podem ocorrer com qualquer um deles. À medida que o orientador lê as frases recolhidas, cada adolescente deverá arrancar um pedaço da sua ficha colorida, de acordo com o código, na proporção em que essa situação afetar sua autoestima. O orientador poderá também ler outras frases ilustrando os problemas já detectados pelos educadores. Em seguida, solicitará aos participantes colarem ou montarem um quebra-cabeça com os pedaços do papel recortado, relacionando-o à sua autoestima. O orientador espera todos terminarem e abre para discussão:

- Identificar situações que incomodam;
- Identificar situações que não interferem na autoestima;

- Que cores aparecem mais?;
- Encontrar alternativas para melhorar a autoestima.

b) Pensar positivo

Objetivos: Receber uma mensagem de encerramento, um estímulo a pensar positivo a respeito de si mesmo.

Nº de Participantes: Livre.

Tempo: 15min

Material: Dobraduras de papel na forma de barco (em número igual ao de participantes), bacia, jarro de água, cartaz com as frases abaixo descritas.

Desenvolvimento: Pedir que todos leiam as frases referentes à "*como pensar positivamente a respeito de si mesmo*" e solicitar que os adolescentes falem o que entendem de cada palavra, sua importância, qual está mais relacionada a ele. Depois cada um escolhe um barco (papel) e coloca dentro da bacia com água. O orientador comenta que utilizamos simbolicamente a água e o barco de papel para ajudar na reflexão, o que o adolescente quer para sua vida? Exemplificamos dizendo que a água pode ser limpa, transparente e relacionamos com a sua vida. Que tipo de vida cada um quer para si, pura, sincera transparente? O barco é a nossa vida, nós comandamos o barco da vida para águas calmas ou turbulentas, queremos ver as coisas bonitas da natureza ou entramos num nevoeiro? Queremos parar na primeira praia ou queremos continuar a conhecer pessoas, águas, lugares? O que almejamos conquistar? Que combustível você quer para o seu barco? Após isso, cada um pega o seu barco e abre para ler a sua mensagem.

Palavras no cartaz (combustível): "*como pensar positivamente a respeito de si mesmo*", aceitar-se; animar-se; elogiar-se; confiar em si mesmo; ajudar-se; respeitar-se; ter um tempo para si mesmo; orgulhar-se; ame-se; perdoe-se; seja paciente; alegre-se; outros.

Alguns exemplos de mensagem para serem escritas no barco:

• Identifique e aceite seus pontos fortes e fracos.

• Sinta orgulho por seus êxitos, tanto os grandes como os pequenos.

• Lembre-se de que suas experiências são unicamente suas.

• Dedique um tempo para *avaliar* seus pensamentos e suas emoções.

• Dedique-se a uma atividade que você sente prazer em fazer.

• Aprenda a se divertir com a sua própria companhia.

• Aprenda a amar a pessoa especial que você é.

• Aceite seus erros e aprenda com eles.

• Faça o possível para se sentir satisfeito e contente.

• Não tente ser outra pessoa.

• Sinta orgulho de quem você é.

• Confie em você.

• Você é capaz de muito mais.

• Admire-se, não existe ninguém igual a você.

• Dê ânimo a si mesmo, sempre que necessário.

c) Relaxamento – Eleve sua autoestima

Objetivos: Elevar a autoestima, melhorando a relação intrapessoal e interpessoal.

Nº de participantes: Livre.

Tempo: 30min

Material: Aparelho toca cd, músicas instrumentais suaves, cadeiras confortáveis, sala ampla e local longe de barulho.

Desenvolvimento: Coloque-se em posição bem confortável, respire profundamente sem fazer barulho, calmamente.

Feche os olhos sem forçá-los. Inspire paz, amor, alegria e muita saúde. Expire todas as suas dores, angústias e tristezas. Vá soltando seu corpo, relaxando cada vez mais. Descontraia sua testa, seus olhos, sua face. Entreabra sua boca! Relaxe seus braços, seu tórax. Neste momento não pense em nada, não queira nada, entregue-se a você mesmo. Sinta-se tranquilo, cheio de paz, ouça uma música gostosa, que o/a acalenta, que o/a acalma, que o/a fortifica, que lhe traz muita serenidade. Tudo é perfeito em você nesta hora, tudo funciona bem em seu corpo. Continue relaxado. Solte sua barriga, seus quadris, suas pernas. Sinta-se feliz, saudável. O seu coração bate calmamente. A sua circulação irriga todo o seu corpo. Continue relaxando sentindo-se bem, sem medo, você está entre pessoas amigas que lhe querem bem. Desligue-se de todas as suas preocupações, este momento é só seu e só você importa. Um silêncio gostoso chega de mansinho e você já não houve mais nenhum barulho a não ser daquela música, suave, suave... Imagine neste momento a beira de um riacho, lindo, com suas margens verdes pela relva, flores, muitas flores. O dia está lindo, o vento mansamente desmancha seus cabelos, massageia sua pele, trazendo-lhe uma sensação de tranquilidade. Ouça o barulho das águas correntes, dos pássaros que cantam. Você e a natureza são uma coisa só neste momento. Perceba quantas maravilhas a natureza tem. Sinta o perfume das flores, o cheiro da relva. Continue imaginando a beira deste riacho. Neste momento, foi posto ao seu lado um lindo vaso de cristal. Focalize agora a caminhada que você já fez na vida. Veja o interior: quantas coisas você ajuntou ao longo de todos esses anos. Retire neste momento do seu íntimo tudo o que não deu muito certo em sua vida até agora e coloque dentro deste vaso de cristal que está ao seu lado. Tudo continua muito calmo. Aquela música ainda está lá misturada com a natureza. Continue retirando de dentro de você e jogando no vaso: todas as suas tristezas, suas dores, suas angústias, as lágrimas, todos os problemas que deixaram marcas. Retire as palavras que você disse e se arrependeu! Retire as palavras que disseram a você e que não aceitou. Jogue no vaso as pessoas que passaram por sua vida e que não foram boas, amizades desastrosas, brigas, discussões, jogue no vaso. Continue neste exercício profundo, de limpeza interior sentindo-se muito serena(o), no meio desta natureza que Deus lhe deu. Agora que você colocou neste vaso tudo o que lhe incomodava, transforme este vaso em um liquidificador e misture, batendo, dissolvendo todos esses ingredientes negativos que você colocou aí. Em seguida, olhe para o rio, veja suas águas correndo. Despeje o conteúdo do vaso nas águas do rio. Você está calmo, sentindo-se leve, leve. Curta esse momento veja a sua grandeza, o bem que você faz aos outros, a sua alegria, a esperança que você significa para este mundo, a confiança e o amor que você tem por você mesmo. As águas do riacho se foram, vão passando e com elas também se foram todos os seus pesares. Ao retornarmos, você se sentirá calmo, sereno, relaxado e, sobretudo, muito feliz. Eu conto até três e iniciamos o retorno: 1, (lentamente) 2, 3 – movimente devagar os seus pés, suas pernas, seus braços, espreguice, abra os olhos sem cansaço, sentindo-se bem tranquilo, bem disposto.

d) O presente da alegria

Objetivos: Promover um clima de confiança e valorização pessoal, com estímulos positivos no meio do grupo. Dar e receber um *feedback* positivo num ambiente grupal.

Nº de participantes: 30 participantes.

Tempo: Aproximadamente 5min para cada participante.

Material: Lápis e papel, cadeiras, sala ampla.

Desenvolvimento: O orientador subdivide o grande grupo em subgrupos, fornece papel para cada participante; a seguir, o orientador fará uma exposição oral, como segue:

"Muitas vezes apreciamos mais um presente pequeno do que um grande. Muitas vezes ficamos preocupados por não sermos capazes de realizar coisas grandes e negligenciamos fazer coisas menores, embora de grande significado. Na experiência que segue, seremos capazes de dar um pequeno presente de alegria para cada membro do grupo". Prosseguindo, o orientador convida os membros dos subgrupos para que escrevam uma mensagem para cada membro do subgrupo. A mensagem visa a provocar em cada pessoa sentimentos positivos em relação a si mesmo; o orientador apresenta sugestões, procurando estimular uma mensagem positiva mesmo para aquelas pessoas pelas quais não sintam grande simpatia. Na mensagem procure ser específico, dizendo, por exemplo: "Gosto de seu modo de rir". A cada momento que você se dirige a uma pessoa, em vez de: " Eu gosto de sua atitude", que é muito geral, escreva mensagens especiais que se enquadrem bem na pessoa, em vez de um comentário que se aplique a várias pessoas. Inclua todos, embora não conheça suficientemente bem a todos. Procure algo de positivo em todos; procure dizer a cada um o que observou dessa pessoa dentro do grupo, seus pontos altos, seus sucessos, e faça a colocação sempre na primeira pessoa, assim: "eu gosto", ou "eu sinto", etc. Diga ao outro o que encontra nele que faz você ser mais feliz. Os participantes poderão, caso queiram, assinar a mensagem; escritas as mensagens, serão elas dobradas e colocadas numa caixa para serem recolhidas, com os nomes dos endereçados no lado de fora; depois que todos as tiverem lido, segue-se um comentário sobre as reações tidas pelos membros do grupo.

26
Ética das relações

a) Objetivo: Proporcionar reflexão sobre o que é liberdade, ética, moral, direitos e deveres para se manter em harmonia e em sociedade.

b) Conteúdo: Entender que somos livres e éticos porque aprendemos a discriminar as fronteiras da liberdade, tendo como critério à declaração Universal dos Direitos Humanos uma transcrição de dois mil anos de anseios dos Homens.

c) Dinâmicas:

a) Relações sociais;

b) Valores éticos;

c) Trabalhando em grupos sociais;

d) Trabalhar em equipe.

Adolescente: um ser de relação social

Conhecer os princípios básicos que norteiam este tempo de globalização e reestruturação competitiva é de grande valia para o desenvolvimento de vários segmentos sociais que se preocupam com a ética e que conseguem transformar suas preocupações em práticas efetivas, mostrando-se mais capazes de competir.

Sabe-se que o exercício de qualquer profissão é submetido a normas éticas e estas são responsáveis pela inclusão ou exclusão do indivíduo na sociedade.

Segundo Moreira (2002: 204), "Ética, enquanto filosofia, é o estudo da conduta humana, essencial à vida em todos os aspectos, seja no pessoal, familiar, social ou profissional".

Ela envolve estudos de aprovação e desaprovação da ação dos homens, levando em consideração o valor do que poderia ser real nas ações honestas.

Desta forma, numa definição geral, ética se refere à teoria ou os estudos sobre a prática moral, analisando e criticando fundamentos e princípios que orientam ou justificam determinados conjuntos de valores.

Enfatiza a virtude como prática do bem, como promotora da felicidade, seja individual ou coletiva, avaliando o desempenho humano sempre em relação às normas comportamentais.

Ética é a educação de nosso caráter, temperamento ou vontade pela razão, em busca de uma vida justa, bela e feliz, que estamos destinados por natureza, ou seja, ética, é um processo consciente que nos ajuda a escolher entre os vícios e virtudes, entre o bem o mal. É a predisposição habitual, motivada pela vontade de fazer o bem.

Nesta concepção comentarei sobre cinco teorias a respeito da formação dos conceitos éticos: a Teoria do Fundamentalismo, a Teoria do Utilitarismo, a Teoria Kantiana, a Teoria Contratualista e a do Relativismo.

A Teoria do Fundamentalismo se baseia no preceito de que a ética seja obtida de fontes externas ao ser humano, podendo ser um livro, uma Bíblia, ou outro ser, permitindo que o ser humano encontre o certo e o errado por si mesmo.

A Teoria do Utilitarismo propõe que o conceito ético deva ser elaborado diante de cada fato e o ser humano, para escolher o que será mais ético, deverá analisar o que trará maior bem para a sociedade, levando em conta o tamanho do bem, e não o número de pessoas beneficiadas.

A Teoria Kantiana sugere que o conceito ético seja extraído do fato de que cada um deve se comportar de acordo com princípios universais, todavia, sua crítica é a de que existe uma grande dificuldade para entrar em um consenso sobre quais seriam os princípios universais.

A Teoria Contratualista parte do pressuposto de que o ser humano assumiu com seus semelhantes a obrigação de se comportar de acordo com as regras morais, para poder conviver em sociedade. Sendo assim, os conceitos éticos seriam extraídos das regras morais que conduzissem à concretização da harmonia no grupo social.

A Teoria do Relativismo é aquela que informa os princípios éticos, posto que, segundo ela, cada pessoa decide sobre o que é ou não ético. E como base nas suas próprias convicções, na sua própria concepção sobre o bem e o mal, mostrando assim, que o que é ético para um pode não ser para o outro.

E quando falamos a um indivíduo que está em plena adolescência sobre valores éticos, vida de relações, sociedade, muitas vezes precisamos saber o que este adolescente que emerge sedento de liberdade e desejando viver na plenitude todas as suas potencialidades humanas pensa e sente.

Entender que no desconhecimento dos seus próprios limites tornam-se vulneráveis e não encontram nos adultos as respostas éticas essenciais que nortearão a sua conduta, uma vez que também estes vivem as crises de falta de limites e não conseguem encontrar respaldo no passado para as questões que se levantam no presente.

Nós, adultos e educadores, precisamos refletir como esses adolescentes entendem ser eticamente correto ou ter um comportamento eticamente correto ou aceitável.

Se entendermos que Ética é pessoal e que em meio à pluralidade dos desejos humanos, os valores éticos só poderão ser aqueles que devolverão o ser humano a ele mesmo, atento para que os seus desejos correspondam às verdadeiras necessidades humanas.

Será necessário trabalharmos com os jovens não para lhes dar do nosso saber, mas ensinar-lhes com a nossa ternura, a nossa fé, a nossa autorização libertadora, de forma que eles possam refletir como é sua vida social, as relações com os amigos, atividades em clubes, quadras de esporte e passatempos; namoro, relações com membros de culturas, raças e religiões diferentes; qual a influência dos meios de comunicação para manter-se com uma postura ética "própria" nas relações interpessoais; no trabalho, com superiores e colegas de trabalho, qual a sua experiência em ocupar e perder empregos, receber promoção, níveis de responsabilidades no trabalho e sustentar família; na escola: relações com colegas, professores, direção e funcionários; em casa: relações com seus pais, avós, irmãos, experiências com familiares desde seu nascimento até o presente.

Sá (2000: 23) ressalta que "no mundo em que vivemos geralmente ocorrem fatos que são frutos de influências que ferem a ética" em virtude de forças de diversas naturezas; tais fatos, podem oferecer um exterior ético, porém, na essência, não são condutas que contribuem para a virtude, nem são aceitáveis, pois são derivados da força de capitais, de poderes, dificultando a liberdade individual ou ameaçando a integridade dos indivíduos, não sendo conhecimentos constituídos pela verdade.

Por serem injustificáveis, distorcem o que é eticamente desejável e, embora se mascarando como ética empresarial, familiar, escolar, são na verdade frutos das especulações, do egoísmo, da inveja e das trapaças.

A emoção é um fator importantíssimo e que não pode ser deixada externa à ética, afinal trata-se de um sentimento que advém de estados biológicos, psicológicos que podem motivar os primeiros impulsos para a ação.

É de grande variedade o número de emoções e diferentes são seus efeitos nos indivíduos, podendo influenciar positiva ou negativamente a qualidade ética.

Ao questionarmos um adolescente o porquê agir de tal maneira, qual é a sua posição, o que pensa a respeito do outro, quais são os princípios éticos que tem em relação à solidariedade, a compreensão, tolerância à pessoa, ao outro.

Faz-se necessário exercer, estimular a virtude do coleguismo com fraternidade, solidariedade, dentro dos preceitos da moral, tendo para com o colega atitudes de lealdade, sinceridade, honestidade, compreensão, cooperação, tolerância, cordialidade, ou seja, tudo que for amor fraterno, evitando ver nele um adversário, que é o que acontece quando se desrespeita a ética.

E quando falarmos de relações interpessoais, a importância do outro; respeito pelo outro, estaremos fazendo a relação que tudo que fazemos na vida, seja no âmbito pessoal ou profissional, requer a interação entre os indivíduos. Isso porque vivemos em sociedade e se tornaria inviável o fato de vivermos isoladamente, sem que necessitássemos manter contato com os outros. A importância desse contato, de perceber o outro não apenas nas suas características físicas, mas também em seus processos mais íntimos. Assim, passamos a nos relacionar com ele de forma positiva ou negativa baseados em preceitos éticos ou não.

O estabelecimento de um contato com o outro indivíduo torna-se então uma questão de fundamental importância no âmbito das relações interpessoais, trazendo maior motivação, melhor produtividade, um ambiente de convivência favorável.

E, por fim, o relacionamento ou o tipo de relação interpessoal estabelecida com outros indivíduos. A humanização, isto é, o respeito, a empatia, a cordialidade, a solidariedade, a mútua ajuda entre os indivíduos que compõem um grupo social é uma questão de vital importância. Todos se fazem necessários para que essas relações sejam consolidadas e fortalecidas com caráter positivo, tornando-se assim o ambiente de trabalho, escola, família, um local não mais de discussões, mas sim um ambiente pacífico e tranquilo, onde os membros desse grupo social possam estabelecer laços de afetuosidade, fraternidade e, principalmente, onde os comportamentos éticos sejam uma constante.

E como sugestão, por ser um tema polêmico, indicamos que antes de iniciar com as dinâmicas, o orientador converse com o grupo citando situações reais que envolvam convivência comunitária, questionando: o que é comunidade? O que abrange? O que são relações sociais? Enfim, trazer apontamentos e dúvidas que proporcionem a reflexão e com isso o grupo possa compreender que por muitas vezes o colega adolescente, por medo de parecer pequeno e frágil, deixa de aprender a crescer, e, por medo de chorar, deixa de sorrir!

Como sugestão, temos uma mensagem muito bonita na música *Imagine* de John Lenon, que diz:

"Imagine que não há paraíso. Mas se cada um fizesse um pouco poderíamos viver em um mundo de paz, sem cobiça, guerra ou injustiças. Onde veríamos o ontem como uma utopia, amanhã um sonho, e quem sabe um dia realidade... Só esperamos que não seja tarde demais!"

Dinâmicas

a) Relações sociais

Objetivos: Reflexão da ética na percepção de interação x isolamento, necessidade de conquistar espaços, coesão grupal; rejeição x aceitação, discriminação e seleção social.

Nº de participantes: Livre.

Tempo: 40min

Material: Giz ou barbante (corda ou lã).

Desenvolvimento: O orientador desenha no chão uma "ilha", cujo contorno imaginário é riscado com giz ou feito com barbante, corda ou fio. E solicita um adolescente como voluntário. O orientador explica que o adolescente (voluntário) irá escolher as pessoas com quem ele quer dividir seu espaço e viver numa comunidade. Antes, porém, o facilitador distribui entre os adolescentes do grupo algumas atitudes e comportamentos para serem denominados como situações possíveis de erros éticos de conduta, postura, comportamentos, os quais possibilitam ao final refletir os motivos pelos quais reagimos.

Sugestões: Mexe nas coisas dos outros; mente – desleal; rouba; aproveitador – oportunista; engana as pessoas – enganador; despreza as pessoas; corrupto; fala mal dos outros – difamador; discrimina as pessoas; violento – agressivo verbalmente; não gosta de pessoas idosas – maltrata.

Tanto o orientador como o facilitador devem cuidar para que o dono da ilha saiba as qualidades de cada indivíduo e, com isso, possa fazer suas escolhas.

Comando verbal: "Pense que isto aqui (este espaço) é uma ilha deserta". Quem você convidaria para entrar nela? Por quê? "Escolha e convença a pessoa a acompanhá-lo (motivos)", etc. E quem mais? Por quê?

A ilha já está repleta de amigos, ficando apenas um ou dois de fora, estes tentam entrar e os demais são instruídos para não deixar (barricada humana); argumentam sobre seus motivos (falta de espaço, de comida de moradia).

Comando verbal: "Vocês, dentro da ilha superpovoada, argumentem por que ele(s), ela(s) não pode(m) entrar".

Vocês fora da ilha tentem negociar para que os deixem entrar. Caso não consigam, tentem entrar pela força. Quando eles conseguem entrar, escolher dois para tentar sair, já que se sentem sem condições de permanecer na ilha.

Discussão, no final das sensações e dos sentimentos que tiveram. Fazem-se comentários sobre o isolamento social, a discriminação, a rejeição e a integração, a seleção, o comportamento descrito de alguns e, ainda, ampliando discute-se as condições de cidadania (direitos e deveres), o crescimento demográfico, o planejamento familiar, leis, etc.

b) Valores éticos

Objetivos: Refletir e demonstrar ações e condutas em determinadas situações sociais.

Nº de participantes: Livre.

Tempo: 50min

Material: Folhas xerocopiadas com as indicações de relações sociais.

Desenvolvimento: O orientador inicia falando de questões éticas, de como agimos, reagimos ou nos comportamos diante de determinadas situações. Em seguida, solicita que cada adolescente levante-se e pegue um papel que está dentro da caixa-surpresa. Ao pegar, leia em silêncio e aguarde para representar, ou discutir com os colegas sua opinião. Após todos pegarem o papel, o orientador solicita que cada um represente ou fale o que faria. Abre para a discussão do grupo.

Sugestão de situações

• Um amigo te procura e conta que está com Aids e não quer falar para a sua namorada, sua melhor amiga. O que você falaria para seu amigo?

• Você é funcionário de mercado como caixa e está trabalhando quando vê seu colega do caixa ao lado enganar um freguês roubando R$ 50,00. O que você faz?

• Você está na rua e vê quando um policial aborda um adolescente "infrator" com pontapés, chutes, batendo violentamente. O que você faz?

• Você está indo para o trabalho e encontra caído na rua um senhor de meia idade, bêbado e machucado que lhe pede ajuda. O que você faz?

• Você tem uma amiga que está grávida, e lhe pede para acompanhá-la a uma clínica que faz abortos. O que você faz?

• Você mora próximo de uma "boca de fumo", local onde se reúnem várias pessoas, muitos adolescentes, para comprar, pegar ou fumar drogas. O que você faz?

• Você está muito preocupado com a prova de matemática de amanhã e resolve procurar a professora para tirar algumas dúvidas. Ao entrar na sala dos professores, vê em cima da mesa a prova que será aplicada no dia seguinte; você está sozinho na sala, o que você faz?

c) Trabalhando em grupos sociais

Objetivos: Desenvolver a criatividade, iniciativa, liderança. Vencer a cegueira intelectual que nos impede de ver as mil e uma soluções de cada problema e criar um clima de otimismo no grupo.

Nº de participantes: Livre.

Tempo: 45min

Material: Sala ampla e cadeiras.

Desenvolvimento: É uma técnica de produção de ideias ou de soluções de problemas em grupo. Possibilita o surgimento de aspectos ou ideias que não iriam ser, normalmente, levantadas. Na prática, não deve ser estabelecida nenhuma regra ou limite, eliminando assim todos os prováveis bloqueios ao *insight*.

a) Disponha o pessoal como for possível, de preferência em círculo.

b) Crie um clima informal e descontraído de esportividade e muita espontaneidade.

c) Suspenda (proíba mesmo) críticas, julgamentos, explicações. Só vale colocar a ideia.

d) Levar todos a romper com sua autocensura expondo o que lhes vier à cabeça, sem pré-julgar.

e) Pedir que emitam ideias em frases breves e concisas.

f) Todos devem falar alto, sem ordem preestabelecida, mas um de cada vez.

Evitar cochichos, risos e conversas paralelas.

Obs.: No grupo de 20 pessoas, o número de sugestões dadas em 5min é 100. Sinal de que o grupo é criativo. Não desanimar se nos primeiros exercícios ficarem muito aquém deste número. Tudo é questão de habilidade.

Use a técnica quando:

a) Não estiver encontrando ideias para novas iniciativas.

b) Não estiver encontrando solução para algum problema.

c) Precisar que o grupo comprove sua capacidade de abrir caminhos e produzir soluções.

d) Precisar romper bloqueios criados na personalidade do grupo ou de membro do grupo.

d) Trabalhar em equipe

Objetivos: Destacar a liderança e o relacionamento necessários para se trabalhar em equipe. Aprender a perceber e conhecer a si mesmo e ao outro respeitando limitações.

Nº de participantes: De 20 a 25 pessoas, com idade acima de 13 anos.

Tempo: 1:30min

Material: Uma caixa com várias (muitas) tampinhas plásticas, de metal, de madeira de diversos tamanhos, uma sala ampla, cd com música calma, um aparelho de toca cd, lousa ou quadro branco.

Desenvolvimento: Dividir de 3 a 4 grupos de adolescentes e explicar que na caixa ao centro da sala encontram-se várias tampas de vários tamanhos entre outros materiais; eles devem pegar uma quantidade suficiente para o grupo construir uma cidade, usando esses objetos, que pode ser: numa área rural ou urbana, próxima do mar (praia) ou de uma encosta, montanhas. Solicita que pensem no seu planejamento, qual será a fonte econômica da cidade. O orientador observará quais os destaques de cada grupo, quais foram as lideranças, as limitações, como aconteceu a comunicação. Após 40min, o orientador solicita que finalizem a construção e sentem para que possam responder as perguntas que estão na lousa:

a) Como foi a comunicação do grupo?

b) Quem foi o líder?

c) Qual o ponto fonte da equipe?

d) Quais as dificuldades para lidar com as pessoas do grupo?

e) O que posso mudar para evitar essas dificuldades utilizando minha criatividade?

Após 10min, abrir para discussão com os outros grupos como foi a experiência da construção e dificuldades com a equipe de trabalho em alguns momentos o orientador poderá intervir ou direcionar destacando suas observações dos grupos.

27
Influência da mídia

Objetivos: Refletir como utilizarmos a mídia para aumentar nosso conhecimento, benefício e interação.

Conteúdo: Educação, conhecimento, vantagens e desvantagens.

c) Dinâmicas:

a) A TV diz!;

b) Pesquisa sobre os meios de comunicação;

c) Jornais e revistas, um olhar crítico;

d) Marketing.

Mídia: influência negativa ou positiva?

A cada dia fica mais evidente a influência da mídia, especialmente a mídia da televisão, na vida e na formação das crianças e adolescentes.

Ao pensarmos no modelo de sociedade pobre e excludente que hoje vivemos, identificamos que poucos vivem situações culturais de lazer e de entretenimento fora dos "plins plins" da televisão.

Ao pensar na educação e na cultura, constatamos que os jovens não mais estão lendo livros, literaturas ou pesquisando referências bibliográficas para fazer suas tarefas ou trabalhos escolares: os jovens estão buscando os textos na internet. Sabemos também que não mais de 5-6 % dos jovens no nosso país não têm acesso a um computador ou internet, mas a televisão é uma exceção. Ela está em todos os lares, informando e confundindo o público.

Tanto a televisão como a internet não são supervisionadas, monitoradas, ou melhor, falta a presença da família, muitas vezes entregue ao trabalho, e que deixa a criança e/ou adolescente diante da televisão, e esta começa a ver tudo como muito normal. A violência se torna uma coisa banal. Com isso, na idade adulta, aquela criança ou adolescente pode não só achar a violência real, mas como uma coisa normal, reagir com agressividade, não refletir... concordar com a agressão como o meio mais correto e rápido de resolver problemas. O adolescente torna-se um adulto sem consciência crítica.

O que assusta em determinadas situações é a questão da moral e dos bons costumes. Os adultos perdem o controle do que seus filhos assistem na televisão, mas, mesmo assim, continuam deixando-os diante da tela a maior parte do seu tempo livre.

Porque ao mesmo tempo em que possibilita a "perda de controle", a TV controla o comportamento das crianças e jovens. Ela é uma babá eletrônica para todas as idades, com as vantagens de ser uma máquina, não cobrar salários, nem encargos e ainda consumir pouca energia elétrica, considerando os benefícios que pode proporcionar.

Quanto às mídias eletrônicas, estas têm suas vantagens e desvantagens. Como vantagens diz-se que a mídia eletrônica favorece a interação e a participação da criança e do adolescente. No futuro, as crianças e adolescentes não precisam depender somente de seus pais para "conhecer o mundo lá fora". Pela internet estão conectadas com pessoas de outras partes do mundo.

Utilizar-se das mídias eletrônicas não há como evitar e não são para serem evitadas, porque vieram para auxiliar na aprendizagem, na construção e compreensão partilhada de ideias e assuntos complexos. Como por exemplo, para estudar história, geografia, as pirâmides do Egito é só acessar o site e ver as imagens e textos atrativos que superam em muito os livros. É o mundo eletrônico que pode auxiliar na educação de nossos filhos. Como sugestão aos pais: participem e acompanhem essas descobertas.

Como desvantagem, fica difícil definir o que é real do que é ficção. Quantas vezes fatos da vida real estão imbricados nos enredos das ficções televisivas ou do cinema? Especialmente a televisão alterou em muito as relações entre o existente e o inventado, entre o distante e o próximo e mesmo entre os valores morais e estéticos. Até o tempo, cronologicamente controlado, mudou sua estrutura ao manifestar-se na tela.

O tempo linear do texto escrito cedeu lugar ao texto fragmentado, recortado do vídeo, onde o tempo psicológico, não mensurável, consegue se objetivar através de diferentes efeitos e recursos de computação. Como *flash back*, lembranças vividas no passado, ou as gravações em velocidade lenta, que enfatizam determinados momentos no texto gravado.

Enfim, nossas crianças e jovens estão vulneráveis a todos os tipos de mensagens tanto sonoras como visuais. O que fazer? Como controlar?

Afirmar que é preciso desligar a TV, não ter ou comprar computador, seria tão demagógico quanto alguma crítica moralista sem a devida explicação do problema.

Uma sugestão de proposta aos pais seria que, ao chegar em casa abraçar seus filhos, conversar sobre o dia e sentar-se ao seu lado quando estivessem assistindo à televisão, frente ao computador, ainda que fosse por poucas horas e, mediante algumas cenas, comentar, oportunizar a crítica, a brincadeira, a descontração, sempre com a intuição de educar.

Todos os temas precisam estar presentes nos diálogos entre as crianças, adolescentes e seus pais, seus professores e outros educadores.

Uma discussão fundamental é: o que pode ser considerado censura e o que pode expressar uma manifestação de cidadania? Quando a queixa deixa de ser demagógica e passa a ser legítima?

Televisão é produto da sociedade e, como tal, é boa ou ruim para adultos, crianças, adolescentes; como reclamar dos programas medíocres para qualquer faixa etária? E são muitos. Novamente pergunto: Bastaria desligar?

A mídia tem assumido o papel de principal educador de crianças e adolescentes e isso aconteceu não por opção, mas por omissão dos segmentos responsáveis pela educação das novas gerações. Não há dúvidas de que a internet e a televisão são educadores eficazes e importantes até porque muitos genitores e muitas escolas têm sido ineficazes para mudar seus paradigmas educacionais.

Precisamos oferecer alternativas. A participação efetiva dos pais nas vidas dos filhos é elemento de primordial importância na formação de sua personalidade, na formação de seu caráter. Diríamos que é necessária uma ação conjunta, nas opções de televisão, internet, diálogo, companhia, lazer, esporte, todos num encanto e satisfação, todos sob supervisão de cordialidade.

Pais estejam mais próximos de seus filhos, aprendam com eles, conversem mais, sentem-se lado a lado, peçam ajuda para pesquisar na internet ou para escolher um filme, seriado, documentário, ou para assistir à programação de televisão; criem um ambiente simples que aproxime e fortaleça o respeito e a análise crítica entre ambos.

> Ser adolescente é ser sobrevivente neste mundo de tecnologia (Mateus, 12 anos).

Dinâmicas

a) A TV diz!

Objetivo: Analisar qual o comportamento apresentado na questão da influência da mídia.

Nº de participantes: Livre.

Tempo: 50min

Material: Sala ampla, folhas com as instruções; deixar material disponível para criatividade. Caixa de papelão, microfone, revistas, cola branca, roupas, perucas etc.

Desenvolvimento: Dividir os grupos em até cinco grupos e explicar que será entregue um papel com o nome de um meio de comunicação o qual cada grupo irá discutir e decidir o que mais gosta de ver ou ouvir nesse meio de comunicação e como será apresentado, representado (20min). Após esse tempo, o orientador solicita que arrumem as cadeiras em semicírculo para facilitar a visualização do grande grupo e as apresentações.

Cada grupo receberá uma atividade:

Televisão: Represente um programa, um comercial ou novela (5min).

Cinema: Represente um trecho de um filme (5min).

Rádio: Um comercial, uma entrevista, uma música (5min).

Jornal ou revista: Faça uma matéria para ser lida com colagem de figuras (5 min).

Internet: Represente uma conexão, um *site*.

b) Pesquisa sobre os meios de comunicação

Objetivos: Reconhecer as escolhas, costumes e hábitos dos adolescentes em relação à mídia, destacando pontos positivos e negativos.

Nº de participantes: Livre.

Tempo: 60min

Material: Canetas, papel impresso da pesquisa para responder, sala ampla com cadeiras e carteiras, ou pranchetas.

Desenvolvimento: O orientador inicia em forma de "bate-papo", conversa, explicando o que é mídia, quais são os meios de comunicação, o que mais gostam de assistir, por que; com isso se observam noções de senso crítico e preferências. Ler o questionário de perguntas abertas e fechadas e explicar que deve ser preenchido individualmente (5min). Após todos terminarem, recolher canetas e abrir para discussão com o grupo.

Pontos de reflexão:

• Quanto tempo se perde na frente de uma televisão ou computador?

• Mais na frente da TV do que na escola.

• Quais são as informações que absorvemos?

• Que tipos de cenas veem: sexo, violência, deturpação dos estereótipos, masculino/feminino, estímulo à bebida, cigarro?

• Televisão ensina?

• A TV influencia nas atitudes, valores, comportamentos e socialização?

• O que aprendemos com a TV – existe a informação, mas não podemos questionar?

• Eu vejo, mas não sou visto – eu escuto, mas não posso falar!

Pesquisa/perguntas:

1) Qual a frequência com que você assiste a programas de televisão?

a) Todos os dias.

b) Às vezes.

c) Raramente.

d) Não assisto.

2) Quais os programas a que você mais assiste?

a) Novelas.

b) Filmes.

c) Desenhos.

d) Jornais.

Outros: ______________________________________.

3) Quantas horas você permanece assistindo à televisão?

____.

4) Você tem acesso à internet? ( ) sim ( ) não

5) Quais os sites que mais acessa? ____________________

____.

6) Quantas horas você fica na frente do monitor de computador? ____.

7) Com que frequência você costuma ouvir rádio?

a) Todos os dias.

b) Às vezes.

c) Raramente.

d) Não ouve.

8) Quais os programas de rádio que mais ouve? __________

____.

9) O que você mais gosta de ler? ( ) revista ( ) jornal ( ) livros

Cite quais: ______________________________________.

10) Utilizando seu senso crítico cite quais as informações vinculadas na mídia (televisão, rádio, jornal, revista, internet) que lhe trazem mensagens negativas? ____________

____.

11) Cite programas que trazem mensagens positivas:____

____.

12) A mídia o/a influencia? De que forma?____________

____.

c) Jornais e revistas, um olhar crítico

Objetivos: Possibilitar a leitura de artigos em jornais e revistas, despertando seu senso crítico.

Nº de participantes: Livre.

Tempo: 60min

Material: Jornais, revistas os mais variados possíveis.

Desenvolvimento: Explicar que o encontro será de leitura; pedir para escolherem entre as revistas ou jornais matérias que acharem interessantes para lerem, destacando com uma caneta ou lápis o que lhes chama atenção; o que não concordam; o que poderia ser diferente; o porquê da figura ou desenho; do que gostaram e por quê. Destacar o número de anúncios que utilizam crianças e adolescentes questionando o porquê, o que o grupo pensa a respeito. Enfim será uma análise crítica de tudo que lerem. A folha em branco será para anotar todos os anúncios, programas ou propagandas que utilizam imagens de crianças e/ou adolescentes. Após um tempo de 30min, o orientador pede que voltem para o círculo e mostrem para os colegas o que destacaram e por quê. Com isso o orientador poderá analisar o senso crítico apresentado pelo adolescente, oportunizando que reflitam sobre o mesmo.

d) *Marketing*

Objetivo: Elaborar um texto de propaganda de um comercial de jornal e/ou televisão para vender um produto.

Nº de participantes: Livre.

Material: Folha impressa com um contrato de propaganda (modelo abaixo).

Desenvolvimento: Dividi-los em grupos de até quatro pessoas com a missão de elaborar e escrever um texto para uma propaganda da venda de um produto XX . O orientador entrega um contrato que deve ser preenchido com alguns critérios:

• Público-alvo: jovens adolescentes.

• O produto é prejudicial, mas a propaganda tem que garantir que o produto não causa danos.

• Tem que impressionar o público.

Produtos:

• Sandália de salto alto ideal para adolescentes de estatura baixinha. Fábrica: "Mais que bela".

• Roupa plástica de verão. Fábrica: "Que Visuu".

• Cigarro de baixo teor de alcatrão. Fábrica: "Fumacê".

• Cerveja sabor de cereja. Fábrica: "Shocou".

• Site de jogos emocionantes de muita violência e mortes de todos os tipos. Produtora: "Agosto".

Contrato: Empresa de produção e venda é com nós

CONTRATO DE PRODUÇÃO

Data:____________________________________

Contratante:______________________________

Contratado:_______________________________

Produto:_________________________________

Título:__________________________________

Não pode aparecer:__________________________

Deve aparecer:_____________________________

Público-alvo:______________________________

Por que eu compraria esse produto?_______________

Valor do produto:___________________________

Valor do trabalho:__________________________

Mensagem/texto/cenas a serem divulgados:

28
Orientação profissional

Objetivos: Oportunizar ao adolescente pensar sobre seu futuro profissional, integrado ao seu projeto de vida.

Conteúdo: Importância de saber escolher, de conhecer a profissão, de estar preparado.

c) Dinâmicas:

a) Conhecendo-me;

b) Tiro ao alvo;

c) Autoteste: profissões;

d) Currículo e emprego.

Orientação vocacional e/ou profissional

O trabalho enriquece a existência humana, ao contrário do estigma que o trabalho é uma obrigação massacrante. Essa diferença será importante para que o adolescente possa obter autonomia para escolher o que quer para sua vida e, para isso acontecer, é necessário diminuir a pressão dos pais e da sociedade.

As escolas antecipam e predispõem os jovens ao arrependimento, à frustração, e a desistência da profissão aumenta a indefinição e o vazio existencial. O adolescente está numa fase de experimentação biológica, psicológica e social e não poderia ter medo de mudar ou trocar suas escolhas caso sinta-se desmotivado.

Hoje, nas escolas, as discussões sobre a passagem para o mundo do trabalho já não pensam exclusivamente na escolha de um curso superior como a "próxima etapa" depois do ensino médio, pois questionam a construção de projetos profissionais, as múltiplas possibilidades de inserção no mundo do emprego e a percepção das transformações em curso nas relações e condições de trabalho.

O desafio é orientar o jovem para competir num mercado de trabalho que exige conhecimento, habilidades e experiência, tornando a possibilidade de escolha cada vez mais escassa.

A proposta deste encontro é identificar e experimentar ferramentas e metodologias junto ao adolescente, destacando o aprendizado integrado à construção de um projeto de vida.

É necessário oportunizar tempo, condições e conhecimento aos adolescentes para pensar sobre seu futuro profissional. Eles precisam estar preparados para dar conta de suas responsabilidades, funções e comportamentos. Sabendo discutir trabalho, profissão e mercado de oferta, pesquisando sobre profissões.

A preparação para uma escolha começa bem cedo, começa pelo exemplo dos pais e familiares, no convívio social, nas oportunidades de discussões e participações em projetos na escola.

Enfim, um jovem estimulado e autoconfiante terá mais chance de sucesso e prosperidade numa sociedade capitalista como a nossa atualmente.

Dicas para escolha profissional:

- Prestar atenção nos próprios desejos;
- Não escolher pressionado pelos pais e familiares;
- Valorizar todas as experiências profissionais anteriores;
- Escolher mais de uma profissão, com as que tenham mais afinidade (estudar as profissões existentes);
- Conhecer a si mesmo e suas tendências e interesses;
- O importante não é o que se faz, mas como se faz.

Dicas para melhorar profissionalmente:

- Ser organizado, pontual, responsável;
- Conhecer as pessoas a sua volta;

• Discutir os problemas e falar coerentemente;
• Ter espírito de equipe;
• Não ter medo de ser líder;
• Ter iniciativa, criatividade e ética;
• Sempre atualizar-se, especializar-se;
• Manter seu currículo atualizado;

Dinâmicas

a) Conhecendo-me

Objetivo: Refletir sobre si mesmo.

Nº de participantes: Até 25 adolescentes.

Tempo: 30min

Material: quadro negro, giz, folhas digitadas com as frases para responder individualmente, canetas esferográficas.

Desenvolvimento: Colocar no quadro as frases e pedir que copiem e completem, ou dar as folhas xerocopiadas para completarem. Cada um responde às perguntas em aproximadamente 10min. Pedir aos adolescentes que leiam em voz alta a resposta.

Abrir para reflexão

• Teve dificuldades para responder?
• Qual foi a dificuldade, por que escolheu essa profissão?

O resultado deste questionário poderá ser colocado num quadro demonstrativo quanto às profissões escolhidas.

Perguntas:

a) Sempre gostei de ______________________________.

b) Não consigo ver-me fazendo ____________________.

c) Meus pais gostariam que eu ____________________.

d) Se estudasse ______________________________.

e) Escolher sempre me fez ______________________.

f) Quando era criança queria ____________________.

g) O mais importante na vida é __________________.

h) Comecei a pensar no futuro __________________.

i) Os professores acham que eu __________________.

j) Quando fico em dúvida entre duas coisas ________.

k) Sempre quis, mas nunca poderei _______________.

l) Se eu fosse _____________ poderia ____________.

m) Estou certo de que _________________________.

b) Tiro ao alvo

Objetivos: Refletir como ser um profissional, observando a posição escolhida pelo jovem para jogar e questionar o sentimento causado em acertar ou errar.

Nº de participantes: Até 25 adolescentes.

Tempo: 30min

Material: Uma garrafa pequena, latinha ou cone, o número de argolas será de 3 a 6; estas devem ser de tamanho suficiente para encaixar no gargalo da garrafa da latinha ou cone.

Desenvolvimento: Colocar no chão uma garrafa pequena ou latinha. Ao lado, fazer uma fileira de números com posições de um a dez. Solicitar voluntários para iniciar a dinâmica. O adolescente receberá três argolas e este pode escolher em qual posição deseja ficar para jogar as argolas na garrafa. O objetivo de quem aplica é observar a posição escolhida pelo jovem. Isto é, os números 1, 2, 3, 9 e 10 são os extremos. Se escolher o número 1, 2 ou 3, é um extremo muito fácil, sem graça, sem entusiasmo. Já o 9 e 10 estão com poucas chances para acertar. E o meio, 4 a 8, é o lugar para pensar, analisar antes de agir. Depois que eles jogarem, o orientador pergunta o que sentiram sobre a posição escolhida, se acertaram o alvo e, se erraram, que sentimento causou.

Para refletir: Tudo que é muito fácil não tem graça. A vitória torna-se mais gratificante quando o alvo é difícil e concorrido.

c) Autoteste: profissões

Objetivos: Identificar as profissões em que têm interesse e conhecer um pouco mais sobre cada uma delas.

Nº de participantes: Grupos de até 20 pessoas.

Tempo: 60min

Material: Folhas xerocopiadas com a tabela digitada com o nome de várias profissões, uma para cada membro do grupo.

Desenvolvimento: Para iniciar, o orientador comenta sobre escolhas na vida, como escolhemos, se já pensamos numa profissão, o que gostamos de fazer. Deixar que façam comentários. Após um tempo entregar a folha com a lista dos nomes de várias profissões, solicitar que leiam e assinalem com um X as que desejariam trabalhar ou conhecer melhor.

Profissões

(As profissões abaixo relacionadas podem ser modificadas e/ou acrescentadas.)

I = Interessa; NI = Não interessa

	I	NI
Administrador		
Advogado		
Astronauta		
Agricultor		
Agrônomo		
Agropecuarista		
Analista de sistemas		
Apicultor		
Apresentador		
Arquiteto		
Artista		
Assistente social		
Atleta		
Ator		
Aviador		
Bibliotecário		
Biólogo		
Bioquímico		
Bombeiro		
Botânico		
Cabeleireiro		
Camareiro		
Cantor		
Capoeirista		
Caricaturista		

Carteiro		
Cineasta		
Compositor		
Construtor		
Contador		
Coordenador		
Coreógrafo		
Costureiro		
Coveiro		
Dançarino		
Decorador		
Dentista		
Desenhista		
Detetive		
Diarista		
Digitador		
Diplomata		
Doméstico		
Ecologista		
Economista		
Educador físico		
Eletricista		
Encanador		
Enfermeiro		
Engenheiro ambiental		
Engenheiro civil		
Engenheiro eletrônico		
Engenheiro mecânico		
Entrevistador		
Escritor		

	I	NI
Escultor		
Esteticista		
Estilista		
Farmacêutico		
Filósofo		
Fisioterapeuta		
Floricultor		
Fotógrafo		
Fonoaudiólogo		
Gari		
Geólogo		
Guia turístico		
Historiador		
Cientista		
Jogador de futebol		
Jornalista		
Juiz		
Pedagogo		
Marceneiro		
Marinheiro		
Massagista		
Matemático		
Médico		
Metalúrgico		
Mineiro		
Modelo		
Motorista		
Padre		
Pintor		

Poeta		
Político		
Professor		
Psicólogo		
Radialista		
Repórter		
Segurança		
Taxista		
Telefonista		
Vendedor		
Veterinário		

d) Currículo e emprego

Objetivos: Conhecer a importância e saber como elaborar um currículo, preencher uma ficha de solicitação de emprego e ter uma carta de apresentação para solicitar emprego.

Nº de participantes: Livre.

Tempo: 1:30min

Material: Papel ofício, caneta, quadro e giz. Modelo de currículo preenchido, simples, cópia da ficha de solicitação de emprego (uma para cada participante), modelo da carta de apresentação. Sugestão: mostrar como escrever, preencher e montar o currículo, ficha de emprego e carta de apresentação, utilizando um recurso audiovisual que conseguir.

Desenvolvimento: O orientador explica a importância do currículo, da carta de apresentação e da ficha de solicitação de emprego, mostra o modelo desses para o grande grupo (deixe que manuseiem o material). O orientador lembra a importância de organizar o material para entregar; das informações que precisam ser claras e verdadeiras; da linguagem objetiva e correta. Dividir o grupo de dois a quatro grupos, distribuir para um ou dois o modelo de currículo e da carta de apresentação (em branco) e para o(s) outro(s) grupo(s) o modelo da ficha de solicitação de emprego (em branco). Pedir para que preencham as fichas com letra legível num tempo de 15min.

Terminado, pedir para que troquem as fichas entre os grupos e assim os grupos analisam o material entregue pelo outro grupo. Anotar os pontos analisados e avaliados e se o candidato está apto para ser contratado. Os grupos podem justificar as respostas, oportunizando a reflexão quanto à importância em saber elaborar uma carta de apresentação e um currículo, quais as dificuldades apresentadas e o que consideram mais importante para a obtenção de um trabalho.

Pontos para reflexão:

• O que é mesmo um currículo?

• Para que serve?

• Como elaborar um bom currículo?

• Funções do currículo: é uma ferramenta para gerar entrevistas de emprego; serve de guia para os seus entrevistadores.

• Qual o modelo ideal?

• O currículo serve como cartão de visitas?

No apêndice II, p. 307

a) modelo de currículo;

b) carta de apresentação;

c) carta de solicitação de emprego.

29
Avaliação

a) Objetivos: Avaliar o desempenho da equipe de profissionais e dos adolescentes na realização dos encontros/oficinas e discussão dos temas escolhidos.

b) Conteúdo: Avaliação das dinâmicas de grupo; o que precisa mudar; o que é avaliação; diferentes etapas de avaliação; métodos de avaliação.

c) Dinâmicas:

a) Descontração: siga o mestre;

b) Ficha de avaliação;

c) Despedida.

Avaliação

O programa de educação para os adolescentes só pode ser considerado eficaz se provocar mudanças de comportamentos e de atitudes, contribuindo para a adoção de um estilo de vida mais saudável, onde ações individuais e coletivas em defesa da vida mesclem-se e reforcem-se mutuamente.

Precisamos nos questionar o que conseguimos ao final de um trabalho de meses ou semanas, no nosso caso de 30 encontros semanais: atingimos o objetivo proposto com os temas e com as dinâmicas aplicadas? Tivemos os adolescentes como espectadores ou atores envolvidos na melhora das suas próprias condições de vida?

Um dos objetivos deste livro de dinâmicas de grupos, uma prática educativa para adolescentes, seria que os orientadores tivessem claros os resultados que se poderiam alcançar ao final de cada encontro e no encerramento do todo.

Será importante refletirmos: o que, ou em que, precisamos mudar? Que novas informações devem ser assimiladas? Quais os comportamentos ou habilidades saudáveis que devem ser efetivamente adotados? Que ações coletivas em defesa do social devem ser empreendidas?

Sabemos que simplesmente o conhecimento não faz a mudança de comportamento e de atitudes, assim precisamos necessariamente que o adolescente reflita e assimile o que será melhor para "ele". Entretanto acreditamos que a prática educativa, como métodos alternativos aqui utilizados, faz com que os programas possam tornar-se um diferencial no cotidiano do adolescente. Por isso, é importante avaliar se, no decorrer das atividades, os adolescentes tiveram efetivamente oportunidade de comunicar-se e interagir com os orientadores e com os outros adolescentes em uma atmosfera de liberdade e respeito.

Sugerimos que ao final de cada encontro o orientador solicite aos adolescentes uma breve avaliação sobre o seu desempenho, acatando elogios e possíveis críticas da maneira como vêm desenvolvendo o trabalho.

A avaliação, entendida dessa forma, é um instrumento que permite avançar sempre, sem medo de constatar que houve falhas e por que aconteceram, tornando-se mais fácil corrigir ou modificar a metodologia aplicada.

Portanto, a avaliação é uma necessidade permanente do processo educativo através da qual se busca a indicação se nossas ações estão, ou não, sendo encaminhadas para o que desejamos alcançar. É um processo constante, um estudo sistemático que busca detectar o limite e as possibilidades de práticas direcionadas a um objetivo, levando-se em consideração o todo social e as interferências que nele ocorrem; deve ser um processo coletivo e participativo de todos os profissionais envolvidos neste, até a população a ser alcançada, os adolescentes.

Todo o trabalho deve ser discutido com o grupo de orientadores antes de se começar, incluindo as formas de avaliação que serão adotadas. Isto fará com que os membros do grupo formem uma ideia mais precisa sobre o que significa estar junto para repensar as práticas educativas com os adolescentes.

Sugerimos capacitações, oficinas, grupos de estudos, enfim, o grupo estar em constante troca de experiências e partilhas de problemas ou dúvidas. Acreditamos que os resultados terão validade e confiabilidade.

As referências bibliográficas nos indicam vários instrumentos que podem ser utilizados numa avaliação, variando conforme o momento em que ela está sendo feita. O importante é que haja uma interdependência entre as diferentes etapas dessa avaliação, levando-se em consideração os objetivos que se deseja alcançar, os resultados esperados e a aplicação adequada desses resultados.

Dentre os métodos de obtenção das informações desejadas, destacamos a observação que registra informações sobre as pessoas envolvidas no processo de aprendizagem. Por meio desta é possível evidenciar mudanças comportamentais. O registro é feito de acordo com a percepção dos observados. A entrevista se realiza através de perguntas relacionadas a interesses e opiniões dos participantes sobre determinados temas ou questões-chave. E a testagem é a técnica que fornece resultados mais facilmente quantificáveis. Quanto aos recursos a serem utilizados, destacamos a lista de checagem, que indica os comportamentos detectados e/ou desejáveis na ordem em que se espera que ocorram. A escala de classificação é um instrumento onde cada característica a ser avaliada é expressa por um *continuum* através do qual se pode classificar o grau em que se encontra o participante ou o grupo. Quanto ao roteiro de entrevista, este será formal ou informal. A informal acontece através de uma conversa espontânea e mesmo que exista roteiro, este serve mais como orientação para o entrevistador e nem todas as perguntas precisam ser preenchidas no momento e sim posteriormente. A entrevista formal tem um roteiro com perguntas sequenciadas e dosadas, das mais simples às mais complexas, tendo como vantagem o registro imediato das informações. Testes pré e pós avaliam o conhecimento antes (pré-teste) e depois (pós-teste) das ações educativas. Podem conter perguntas abertas e/ou fechadas, e também são indicados.

A seguir, daremos os modelos utilizados pela equipe para a avaliação junto aos orientadores, educadores e aos adolescentes.

Todos os temas dos encontros semanais foram avaliados e aplicados ao grupo de orientadores, previamente, por um período de 30 semanas, com um ou dois dias que antecediam ao dia da oficina de orientação para os adolescentes. Os orientadores reunidos discutiam o tema da semana e aplicavam as dinâmicas sugeridas para o tema. Esses momentos nos possibilitaram aperfeiçoar, acrescentar e melhorar a qualidade do material e dos conteúdos avaliados como importantes e necessários à reflexão pelo grupo de adolescentes.

Dinâmicas

a) Descontração: siga o mestre

Objetivo: Descontrair e proporcionar um clima interativo, onde todos se sintam à vontade para avaliar o trabalho como um todo.

Nº de participantes: Livre.

Tempo: 20min

Material: Fitas ou tecidos para vedar os olhos, sala ampla e/ou local arejado e espaçoso.

Desenvolvimento: Dividir em 2 grupos e explicar a brincadeira: todos devem seguir o mestre, mas com uma dificuldade: todos estarão com os olhos vendados e devem obedecer as ordens dadas pelo mestre (este escolhe) para chegar ao destino estabelecido pelo orientador. Todos, de olhos vendados, em fila indiana ou lateralizado (ou o grupo define como quer se posicionar). Um dos adolescentes será o líder e orientará o caminho a ser percorrido pelos demais do grupo; podem ser feitos mais grupos dependendo do número de participantes. Previamente podemos organizar o ambiente com alguns obstáculos que dificultem a chegada. Ganha o grupo que chegar primeiro.

Todos são elogiados pelo esforço e iniciam-se a discussão e reflexão quanto a:

• Como se sentiram tendo que seguir as ordens do chefe?

• Podiam confiar, sem medo?

• Caso o chefe orientasse a fazer algo errado ou perigoso, você aceitaria?

• Como foi para você, neste ano participar da oficina de orientação semanal e receber diversas informações e orientações?

• Faça uma avaliação oral da atuação e participação neste período de orientações recebidas: dos orientadores, dos colegas do grupo, de você.

b) Ficha de avaliação

Objetivos: Avaliar as dinâmicas aplicadas, procurando melhorar e aprimorar as técnicas metodológicas, valorizando as opiniões e sugestões feitas.

Nº de participantes: Livre.

Tempo: 15min

Material: Fichas de avaliação xerocadas.

Desenvolvimento: Aplicar as avaliações após o término da oficina de orientação, ou seja, no dia dos encontros. Isso possibilita que os orientadores registrem todas ou quase todas, as observações vivenciadas juntos ao grupo de adolescentes e de seus colegas colaboradores. E que os adolescentes possam entender que o processo educativo é um processo de constante avaliação e modificações.

Modelo: ***Avaliação da dinâmica aplicada*** **- Pelo orientador**

Encontro nº _______________ Data ____/____/_______

Tema ____

Profissão _______________ sua participação foi como orientador (   )

facilitador (   )   observador (   )

a) Quanto ao conteúdo das informações transmitidas:
(   ) ótimo (   ) bom (   ) regular (   ) fraco

b) Quanto ao alcance dos objetivos propostos:

(   ) ótimo (   ) bom (   ) regular (   ) fraco

c) Quanto aos sentimentos que produziu em você:

(   ) ótimo (   ) bom (   ) regular (   ) fraco

d) Quanto ao estímulo para refletir sobre o assunto:

(   ) ótimo (   ) bom (   ) regular (   ) fraco

e) Quanto ao desempenho do grupo durante a atividade:

(   ) ótimo (   ) bom (   ) regular (   ) fraco

f) Quanto à adequação do material utilizado:

(   ) ótimo (   ) bom (   ) regular (   ) fraco

g) Quanto ao desempenho do orientador:

(   ) ótimo (   ) bom (   ) regular (   ) fraco

h) Quanto ao tempo disponibilizado:

(   ) ótimo (   ) bom (   ) regular (   ) fraco

Sugestões: Escreva aqui todas as suas observações, críticas elogios, explicando as mesmas para que possamos sempre melhorar. ____

____.

Modelo: ***Avaliação do encontro semanal*** **- Pelo adolescente**

Encontro nº ________________ Data ____/____/________

Tema ____

Idade ______________ Sexo ( ) M ( ) F

1) Você já teve aula referente ao tema de hoje trabalhado?

( ) sim ( ) não

2) O que você sabe sobre o assunto, ouviu:

( ) dos pais ( ) dos colegas ( ) na escola

( ) outros, quais: _________________________________

3) Quanto ao conteúdo das informações transmitidas:

( ) ótimo ( ) bom ( ) regular ( ) fraco

4) Quanto aos sentimentos que produziu em você:

( ) ótimo ( ) bom ( ) regular ( ) fraco

5) Quanto ao estímulo para refletir sobre o assunto:

( ) ótimo ( ) bom ( ) regular ( ) fraco

6) Na sua opinião qual o desempenho do(s) orientador(es)?

( ) ótimo ( ) bom ( ) regular ( ) fraco

7) Quanto ao material utilizado no encontro:

( ) ótimo ( ) bom ( ) regular ( ) fraco

8) Quanto ao desempenho do grupo durante a atividade:

( ) ótimo ( ) bom ( ) regular ( ) fraco

Sugestões: Livre, para elogiar, criticar e sugerir melhoras:

____

____.

c) Despedida

Objetivos: Agradecer a participação de todos e convidá-los para o próximo ano ou próximo encontro.

Nº de participantes: Livre.

Tempo: 15min.

Material: Uma ou mais caixas de bombons (conforme número de pessoas no grupo).

Desenvolvimento: Pedir que cada um, ao receber a caixa de bombons, escolha um bombom e entregue ao seu colega da direita dizendo-lhe uma de suas qualidades e convidando-o para o próximo ano.

30
Projeto de vida

a) Objetivos: Viabilizar para que o adolescente descubra aquilo de melhor que poderá fazer; aprimorar a capacidade de tomar decisões; identificar metas e estratégias na construção do projeto de vida; destacar os valores morais e éticos do ser humano.

b) Conteúdo: O que queremos ser; como conseguir; o projeto de vida pode mudar.

c) Dinâmicas:

a) Gesto concreto;

b) Projetar seu futuro;

c) Flor;

d) Balão com elogios.

Projeto de vida

Quase toda a criança em um momento de sua vida diz, "quando crescer - quero ser..." e, logo nós ouvimos as mais altas aspirações que um pequeno, puro, ou ingênuo possa ter: astronauta, bailarina, cientista, jogador da Seleção Brasileira, dono da Volkswagen®.

Depois que cresce, percebe que as coisas não são tão simples assim. Constata que se quer, deseja, almeja, precisa conquistar aos poucos, dia após dia e vai depender muito de si mesmo.

Este querer ser é muito importante. E o "como" ser, tão importante quanto o "quando".

Ter um projeto de vida: é o que precisamos para responder ao como ser o que queremos; é planejar o futuro, é colocar o plano em prática agora, no presente.

Ter um projeto de vida é ter um sonho que nos faz sentir mais seguros, estar confiante na hora de escolher, nos faz sonhar em como será o mundo que vamos ajudar a construir, melhorar.

Por ser um projeto, este pode sofrer alterações no meio do caminho. E sempre é bom parar para pensar se o que foi planejado há algum tempo ainda é o que se quer hoje.

Para planejar, é necessário mais do que um plano de trabalho ou roteiro, instrumentos e/ou métodos; para se ter um projeto de vida é necessário planejarmos para sermos *seres humanos.*

Então sonhe, deseje, planeje e faça seu futuro *começar hoje, agora!*

Dinâmicas

a) Gesto concreto

Objetivos: Refletir quanto às possibilidades de erros ou dificuldades que possam enfrentar; o importante é não desanimar. Descobrir que todos são capazes de mudar uma realidade desfavorável.

Nº de participantes: Livre.

Material: Folhas xerocopiadas dos textos escolhidos, sala ampla com cadeiras.

Desenvolvimento: Distribuir um texto para as duplas de participantes. Os adolescentes leem, discutem, destacam palavras significativas e fazem comentários relacionados com as experiências individuais ao grupo.

Para refletir: Com a leitura do(s) texto(s), o que você acha que pode ser mudado em você? Como você pode fazer a mudança; por onde começar?

Os textos abaixo descritos foram utilizados com excelente resultado, mas sugerimos sempre inovar, procurar novos textos sempre voltados ao objetivo proposto.

- "Colar de turquesa azul". Autor desconhecido.
- "Crias à venda". Dan Clark (Weathering the Storm).
- "Pregos na cerca". Autor desconhecido.
- "O eco". Autor desconhecido.
- "As caixas que Deus me deu". Autor desconhecido.
- "A mesa do avô". Autor desconhecido.
- "O mestre". Autor desconhecido.

Colar de turquesa azul

O homem atrás do balcão olhava a rua de forma distraída. A menina se aproximou da loja e amassou o nariz contra o vidro da vitrine. Os olhos da cor do céu brilharam quando viu um determinado objeto. Entrou na loja e pediu para ver o colar de turquesa azul. Olhou para o homem que a observava e disse:

"É para minha irmã. Pode fazer um pacote bem bonito?"

O dono da loja, desconfiado, perguntou: "quanto de dinheiro tem?"

Sem hesitar, ela tirou do bolso um lenço todo amarrado e foi desfazendo os nós. Colocou feliz no balcão, e perguntou: "isso dá?" Eram apenas algumas moedas, que ela exibia orgulhosa. "Sabe, quero dar esse presente para minha irmã mais velha. Desde que morreu nossa mãe ela cuida da gente e não tem tempo para ela. Hoje é o aniversário dela, e tenho certeza de que ficara feliz com o colar, que é da cor de seus olhos."

O homem foi para o interior da loja, colocou o colar no estojo, embrulhou e fez um laço de muito bom gosto. "Pronto, cá está".

Ela saiu feliz, saltitante, rua abaixo. Ainda não acabara o dia uma linda jovem de cabelos loiros e maravilhosos olhos azuis entrou na loja. Colocou sobre o balcão o conhecido embrulho e indagou: "Este colar foi comprado aqui?"

"Sim senhora."

"E quanto custou?"

"Ah", falou o dono da loja, "o preço de qualquer produto da minha loja é sempre um assunto confidencial entre o vendedor e o cliente".

"Mas minha irmã tinha somente umas moedas. O colar é verdadeiro não é?"

"Ela não teria dinheiro para pagá-lo."

O homem tomou o estojo, refez o embrulho com extremo carinho. Colocou a fita e devolveu-o a jovem. "Ela pagou o preço mais alto que qualquer pessoa pode pagar. *Ela deu tudo o que tinha.*"

O silêncio encheu a pequena loja e as lágrimas rolaram pela face emocionada da jovem enquanto suas mãos tomavam o pequeno embrulho.

Crias à venda

O lojista estava a colar na porta um cartaz: "crias à venda". Cartazes como esse tem o poder de atrair crianças pequenas e, na verdade, um garotinho apareceu sem demora.

"Por quanto vai vender essas crias?", perguntou.

"Entre 30 e 50 dólares."

O menino enfiou a mão no bolso e tirou uns trocos.

"Tenho 2,37 dólares posso dar uma olhadela?"

O dono da loja sorriu, assobiou e, do canil, saiu Lady, seguida por cinco pequeninas bolinhas de pelo.

Uma das crias tinha ficado consideravelmente para trás. Imediatamente, o garotinho indicou a cria atrasada, que se movia com dificuldade, e disse:

"O que é que tem aquele cachorrinho?"

O dono da loja explicou que o veterinário o tinha examinado e descobrira que ele não possuía uma articulação do quadril. Iria coxear para sempre. Seria defeituoso para sempre. O garotinho ficou animado.

"Este é o cachorrinho que eu quero comprar".

O dono disse: "Não, não pode comprar este cachorrinho se realmente queres, eu te dou".

O garotinho ficou muito aborrecido. Olhou diretamente nos olhos do dono da loja, com o dedo em riste e disse:

"Eu não quero um presente. Aquele cachorrinho vale exatamente tanto quanto os outros e eu pagarei o preço real. Na verdade, eu dou-te 2,37 dólares agora, e cinquenta centavos por mês, até que tenha pagado tudo".

O dono da loja opôs-se: "Não queres realmente comprar esse cãozinho. Ele nunca será capaz de correr, saltar e brincar contigo como os outros".

O garotinho, com a simplicidade das crianças, abaixou-se e enrolou a perna da calça, revelando uma perna gravemente deformada, amparada por um aro de metal. Olhou para o dono da loja e replicou suavemente:

"Bem, eu também não corro tão bem, e o cachorrinho precisará de alguém que compreenda isso!"

Pregos na cerca

Era uma vez um garoto que tinha um temperamento muito difícil. O pai desse garoto deu-lhe um saco com pregos e disse-lhe que toda vez que ele perdesse a paciência deveria martelar um prego atrás da cerca. No primeiro dia o garoto pregou 37 pregos.

Em algumas semanas, ia aprendendo a controlar seu temperamento, e o número de pregos martelados por dia reduziu gradativamente.

Descobriu que era mais fácil controlar seu temperamento do que martelar todos aqueles pregos na cerca... Finalmente chegou o dia em que o garoto não perdeu a paciência nem uma vez.

E disse aquilo ao seu pai. Este sugeriu que ele retirasse um prego por cada dia que ele conseguisse controlar seu temperamento.

Finalmente chegou o dia em que o garoto havia retirado todos os pregos da cerca. Então o pai o levou até a cerca e disse: "Você foi muito bem meu filho!" Mas olhe os buracos da cerca. A cerca jamais será a mesma. Quando você diz as coisas com raiva, essas coisas deixam cicatrizes.

Você pode enfiar uma faca em um homem e retirar. Não vai importar quantas vezes peça desculpa, o buraco vai estar lá do mesmo jeito. "Um ferimento verbal é tão ruim quanto um físico."

O eco

Pai e filho caminhavam por uma montanha. De repente o menino cai e grita: "Aaaaaaiii"! Para a sua surpresa, escuta a voz repetir-se, em algum lugar da montanha "Aaaaaaiii!"

Curioso, pergunta: "Quem é?" E recebe como resposta: "Quem é?" Contrariado, grita: "Covarde" e a resposta é: "Covarde"!

Então, olha para o pai e pergunta aflito: "O que é isso?".

O pai sorri e fala: "filho", presta atenção, e grita em direção à montanha: "Eu admiro-te" e a voz responde "eu admiro-te!" De novo o homem grita: "És um campeão!" E a voz responde: "És um campeão!" O menino fica espantado. Não entende. O pai explica: "As pessoas chamam a isto de eco, mas na verdade isso é a vida. Ela nos dá de volta tudo o que dizemos. Nossa vida é o reflexo de nossas ações".

As caixas que Deus me deu

Tenho em minhas mãos duas caixas, que Deus me deu para guardar. Uma de cor preta e outra de cor dourada.

Deus disse: "Coloque todas as suas tristezas na preta e todas as suas alegrias na dourada".

Assim fiz, e nas duas caixas, tanto minhas alegrias quanto minhas tristezas foram guardadas. Mas embora a dourada ficasse cada dia mais pesada, a preta era tão leve quanto antes. Curioso, abri a preta; eu queria descobrir por que a caixa preta estava tão leve e descobri que na base da caixa preta havia um buraco pelo qual minhas tristezas saím. Mostrei o buraco a Deus, e pensei alto:"Gostaria de saber onde estarão minhas tristezas..."

Ele sorriu gentilmente para mim. “Meu filho, elas estão aqui comigo.”

Perguntei: “Deus, por que me dar duas caixas, por que a dourada, e por que tem a preta um buraco?”

- “Meu filho, a dourada é para você contar suas bênçãos e a preta... bem, o mal que acontece não ajuda ninguém...”

A mesa do avô

Um frágil e velho homem foi viver com seu filho, a nora e o seu neto mais velho, de quatro anos. As mãos do velho homem tremiam, a vista era embaralhada, e os seus passos eram hesitantes. A família todos os dias reunia-se à mesa para jantar. Mas, com mãos trêmulas e, vendo mal, tornou-se cada vez mais difícil o ato de comer. As ervilhas rolavam da colher para o chão, derramava o leite. A confusão irritou fortemente o filho e a nora: “Nós temos que fazer algo sobre o vovô”, disse o filho.

“Já tivemos bastante do seu leite derramado, ouvindo-o comer ruidosamente, e muito de sua comida no chão.”

Assim, o marido e a esposa prepararam uma mesa pequena no canto da sala. Lá, vovô comia sozinho, enquanto o resto da família desfrutava do jantar.

Desde que o avô tinha quebrado um ou dois pratos, a comida dele era servida em uma tigela de madeira.

Quando olhavam para o vovô, às vezes notavam uma lágrima, por estar só. Ainda assim, as únicas palavras que o casal tinha para ele eram de advertência a cada vez que ele derrubava um garfo ou derramava comida.

O neto assistia a tudo em silêncio. Uma noite, antes do jantar, o pai notou que o filho estava brincando, sentado no chão, com sucatas de madeira.

E perguntou docemente para a criança. “O que está fazendo?” Da mesma maneira dócil, o menino respondeu: “Estou fabricando uma pequena tigela para você e mamãe comerem sua comida quando eu crescer.” Sorriu e voltou a trabalhar.

As palavras do menino golpearam os pais, que ficaram mudos.

Então lágrimas começaram a fluir em seus rostos. Nenhuma palavra foi falada, mas ambos souberam o que devia ser feito.

Naquela noite, o marido pegou a mão do vovô e com suavidade conduziu-o para a mesa familiar.

Para o resto de seus dias de vida, ele comeu sempre com a família. E por alguma razão, desse dia em diante, nem marido nem esposa pareciam preocupados quando um garfo era derrubado, ou leite derramado, ou que a toalha da mesa tinha sujado.

O mestre

Um mestre passeava por uma floresta com seu fiel discípulo, quando avistou ao longe um sítio mal cuidado e pobre e resolveu fazer uma visita.

Durante o percurso, falou ao aprendiz sobre a importância das visitas e as oportunidades de aprendizado que temos também com as pessoas que mal conhecemos.

Chegando ao sítio constatou a pobreza do lugar. Sem calçamento, a casa de madeira. Os moradores, um casal e três filhos, vestidos com roupas rasgadas e sujas. Então se aproximaram do pai daquela família, e o mestre perguntou: "Neste lugar não há sinais de comércio nem de trabalho. Como o senhor e a sua família sobrevivem aqui?"

E o homem, calmamente, respondeu: "Meu amigo, nós temos uma vaquinha que dá vários litros de leite todos os dias. Uma parte desse produto nós vendemos ou trocamos na cidade vizinha por outros gêneros de alimentos e com a outra parte, produzimos queijo e coalhada para o nosso consumo, e assim, vamos sobrevivendo".

O sábio agradeceu a informação, contemplou o lugar por uns momentos, despediu-se e partiu. No meio do caminho, voltou-se ao discípulo e ordenou secamente: "pegue a vaquinha, leve-a ao precipício ali à frente e empurre-a, jogue-a lá em baixo".

O jovem arregalou os olhos espantados e questionou o mestre sobre o fato de a vaquinha ser o único meio de sobrevivência daquela família, mas diante do silêncio absoluto do mestre, foi cumprir a ordem. Assim, empurrou a vaquinha morro abaixo e viu-a morrer.

Aquela cena ficou marcada na memória daquele jovem durante anos. Até que um dia ele resolveu abandonar tudo e voltar àquele mesmo lugar e contar tudo à família, pedir-lhes perdão e ajudá-los.

Assim o fez, e quando se aproximava do local avistou um sítio muito bonito, com árvores floridas, carro na garagem, crianças brincando no jardim, ficou triste e desesperado imaginado que aquela humilde família tivera que vender o sítio para sobreviver, apertou o passo e, chegando lá, foi recebido por um caseiro muito simpático. Perguntou sobre a família que ali morava há uns quatro anos. A resposta foi: "Continuam morando aqui". Espantado, entrou correndo na casa e viu que era a mesma família que visitara antes com o Mestre, elogiou o local e perguntou ao homem (o dono da vaquinha): "Como o senhor melhorou este sítio e mudou tanto a sua vida?"

E o homem, entusiasmado, respondeu: "Nos tínhamos uma vaquinha que caiu no precipício e morreu. E, desse dia em diante, tivemos que fazer outras coisas e desenvolver habilidades que nem sabíamos que tínhamos".

> Assim, alcançamos o sucesso que seus olhos vislumbram agora...

Tente mais uma vez

Lembre-se de que, por mais difícil que sua vida esteja, não desista: TENTE MAIS UMA VEZ. Quando estiver esgotado ou desanimado, vá além, se você acha que esta é a hora de trilhar a segunda milha. Passe por cima da canseira, do esmorecimento. Não desista e tente outra vez.

Dizem os biógrafos que Thomas Edison, ao descobrir a lâmpada elétrica, já tinha tentado, sem êxito, mais de mil experiências. Se ele tivesse andado apenas a primeira milha e desistido, provavelmente demoraria muito mais tempo para a humanidade desfrutar desse benefício, com reflexos para toda a tecnologia.

Andar a segunda milha é a condição para uma caminhada de sucesso, para aumentar nosso conhecimento e para o nosso desenvolvimento como seres humanos.

b) Projetar seu futuro

Objetivos: Estimular a discussão de como se organizar e planejar para alcançar o seu objetivo.

Nº de participantes: Livre.

Tempo: 30min

Material: Sala ampla.

Desenvolvimento: Cada adolescente receberá uma folha de papel em branco onde deverá escrever o que estará fazendo daqui a cinco anos; qual o seu projeto de vida, futuro. Após isso, todos são convidados a apresentarem aos demais participantes.

c) Flor

Objetivo: Propiciar um clima de integração entre os elementos do grupo.

Nº de participantes: Um grupo de até 35 pessoas.

Tempo: 40min

Material: Flores recortadas no papel branco. Texto (mensagem, histórico) a escolha do orientador, bacia (grande o suficiente para conter as flores de papel), sala ampla, canetas coloridas, copinhos descartáveis de café, 1 jarra de água.

Desenvolvimento: O orientador lê a mensagem escolhida e distribui uma flor e um copinho de café com água para cada elemento do grupo; pedir aos participantes que escrevam no centro da flor uma palavra (sentimento, desejo) significativa a cada um. Logo em seguida, orientar que eles dobrem cada pétala no sentido de fora para dentro, de forma que a palavra escrita não apareça. Pedir que circulem na sala e troquem (como presentes) mais de uma vez a flor, o suficiente para que ninguém saiba de quem é aquela flor que recebeu. Pedir ao grupo que volte, e cada um pegue um copinho de café com água e jogue na bacia; em seguida, coloque a flor que recebeu dobrada e observe que as pétalas se abrem e podem visualizar o que está escrito. Cada um recolhe sua flor e pede ao grupo que comente o que sentiu ao ter recebido a mensagem ou palavra.

Sugestão de texto

"Cada um que passa em nossa vida, passa sozinho..."

Porque cada pessoa é única para nós e nenhuma substitui a outra...

Levam um pouquinho de nós mesmos e nos deixam um pouco de si.

Há os que levam muito... Mas não há os que não levam nada;

Há os que deixam muito... Mas não há os que não deixam nada.

Essa é a mais bela responsabilidade em nossa vida...

A prova de que as almas não se aproximam por acaso...

O importante não é conhecer uma pessoa, mas quando ela passa a existir dentro de nós.

Obrigado por vocês existirem e principalmente existirem em nossas vidas,

Assim como vocês são, sem tirar nem acrescentar nada.

d) Balão com elogios

Objetivos: Encerrar as atividades; refletir sobre o trabalho realizado; avaliar a importância e dificuldades do trabalho realizado para a vida profissional e pessoal;

Nº de participantes: Livre.

Tempo: 20min

Material: Balões coloridos; papéis cortados em tamanho pequeno; canetas ou lápis; aparelho de som; música animada e música suave.

Desenvolvimento: Distribuir o pedaço de papel e caneta ou lápis para cada componente do grupo; no papel, solicitar que escrevam uma mensagem positiva, dobrando-o o suficiente para que possa ser colocado dentro do balão. Oferecer um balão colorido para cada um; pedir para colocarem o papel dobrado dentro do balão. Encher o balão e fechar com um nó. Pedir para jogarem os balões para cima, ao som da música, avisando-os de que nenhum balão poderá cair no chão. Se isso ocorre, o orientador estimula o grupo a jogá-lo e cuidar da mensagem de vida dentro do balão. Encerrar a brincadeira, solicitando que peguem um balão. O orientador troca a música, colocando uma música suave. Todos de pé, segurando o balão em círculo realizam um exercício respiratório para descansar. Após estourar o balão e pegar a mensagem de dentro. O orientador pede se alguém quer deixar uma mensagem ou uma frase para a equipe. Encerrar a dinâmica dizendo o quanto foi importante o trabalho junto a eles.

Considerações finais

Quando se pensa na possibilidade de realizar um trabalho com adolescentes, entendendo e respeitando suas relações, cultura e educação, normalmente se tem apenas uma vaga noção dos elementos que irão constituir o trabalho; uma percepção apenas preliminar do fenômeno em seus dados empíricos, uma perspectiva teórica ainda incipiente, uma grande ânsia em compreender as nuanças que se evidenciam no cotidiano e no tocante aos comportamentos e ao relacionamento dos adolescentes.

Compreender os meandros desta fase da vida implica diretamente compreender as representações da família, da comunidade desses adolescentes, como também compreender as formas pelas quais ocorrem as relações de sociabilidade entre os mesmos. Posto que isto vá influenciar, por extensão, os processos específicos de desenvolvimento e aprendizagem destes jovens que possam lhes garantir ou não a permanência e êxito na sociedade.

Realizar o presente trabalho não foi nada fácil e, em muitos momentos, tive que parar, refletir e constatar que muitos dos meus valores estavam praticamente esquecidos e que agora voltam a fazer parte do meu dia a dia. E na esperança de ter conseguido pontuar algumas ações que possam contribuir para melhorar o relacionamento entre o profissional, sua equipe e seus clientes (neste caso os adolescentes e familiares).

Aqui, falamos e discutimos posturas e habilidades interpessoais que estão ao nosso alcance; destacamos que é necessário sempre valorizar, respeitar, aceitar, escutar, e compreender o outro, mesmo em condições as mais adversas.

Em vários momentos, nós da equipe, orientadores e facilitadores, nos sentíamos frustrados, impotentes diante de situações que fugiam ao nosso controle, nos questionávamos se estaríamos realmente fazendo a diferença mesmo que pequena, mas de grande valor àquele(s) adolescente(s).

Os questionamentos levantados, evidentemente, não foram esgotados em toda a sua abrangência e complexidade. Alguns deixaram, decerto, algumas pistas para o prosseguimento de novas reflexões.

Os conteúdos destacados sobre a fase da adolescência e tudo que está intrinsecamente ligado a essa idade, as respostas dos adolescentes sobre suas experiências no seu dia a dia, constituem alguns dos temas abordados que formam um grande leque de opções que se abre para possibilidades diversas no que se refere à interpretação dos seus conteúdos.

Buscamos respostas ou soluções para proporcionar mais harmonia no dia a dia dos adolescentes, fazendo-os agir com mais autonomia e responsabilidade, reconhecendo que ao acolhermos um adolescente e convidá-lo a participar, precisamos tratá-lo como um indivíduo de potencialidades ilimitadas, e jamais podendo restringi-las.

Daí a inquietação: Quais seriam os melhores caminhos a se buscar para solucionar problemas que nos relatavam e confiavam muitos desses adolescentes?

Neste sentido, a sinceridade e o diálogo são fundamentais para que as dúvidas, ansiedades e medos se evidenciem, se expressem e restabeleçam a harmonia e se recupere a autoestima perdida nos momentos de ruptura, de imposição, de ausência de diálogo.

As participações dos adolescentes nas dinâmicas de grupo ampliaram as nossas possibilidades na busca de soluções para os problemas que nos apresentavam.

Uma das perspectivas é a de que a fase adolescer, especificamente, adolescência, se faz de relações sociais vivenciadas no âmbito familiar, de moradia, de condições de trabalhos, econômicas e culturais de cada um dos envolvidos nesta.

E, diante desse desafio, objetivávamos fazer do trabalho de equipe um espaço de reflexão e vivência de todos que fazem parte da comunidade educativa. Entendendo que todos têm o compromisso com o processo educacional.

Proporcionando aos nossos encontros um espaço de transmissão do conhecimento com possibilidades de conter, manter e ajudar o desenvolvimento da reflexão, criatividade e bem-estar dos adolescentes, evitando regras restritas, autocráticas e privilégios para uns poucos, criando sim, um local com condições psicossociais para aprendizagem e desenvolvimento de cidadania.

Dessa maneira, a equipe precisa assumir um trabalho na perspectiva de conhecer cientificamente os adolescentes; compreendê-los em suas peculiaridades e singularidades; assumir uma postura democrática de acolhimento com diálogos abertos com equipe, adolescentes e familiares; estruturar-se de maneira viva, dinâmica, estimulando os adolescentes a se manifestarem das mais diferentes formas: produzindo e partilhando suas produções de conhecimentos, de expressões artísticas e de *performances* esportivas; estimular a organização de atividades que favoreçam o convívio comunitário; oportunizar a ação autônoma dos adolescentes e sua participação, sempre que possível, num processo de responsabilidade compartilhada; reconhecer (estimular) que a participação em equipe possa ser uma prática educativa importante na formação da cidadania; desenvolver projetos educativos e atividades que exijam a cooperação entre adolescentes e profissionais; possibilitar e incentivar atividades que façam os jovens "pensarem", desenvolver habilidades de analisar, comparar, criticar, comentar, classificar, seriar, justificar, concluir, resumir, etc. Realizar (incentivar) atividades que envolvam a pesquisa, a troca de experiências, aprendizagem e conhecimento com "visões de outros mundos".

É interessante ressaltar que a equipe, consciente do papel formativo e instrutivo, procurou desenvolver uma educação voltada à cidadania, tendo a responsabilidade de propiciar oportunidades para que os adolescentes pudessem interagir reflexivamente e na prática sobre os valores e virtudes vinculados à justiça, ao altruísmo, à cidadania e à busca virtuosa da felicidade.

A proposta requeria um espaço para compartilharmos os códigos de comportamentos e relacionamentos. Um espaço onde os adolescentes recebessem orientação, e pudessem contar com possibilidade de atenção, tratamento e esclarecimento ao expressar suas dúvidas, sem o menor constrangimento, no grupo de jovens da mesma idade.

Por tudo o que citamos e escrevemos, o trabalho representou uma via privilegiada para os esforços de prevenção e constitui-se num espaço de acolhimento: o lugar a partir do qual as diferenças/singularidades são constituídas.

Eis o grande lance desse trabalho: não ter medo, usar o coração, fazer com dedicação e sinceridade, ser mais você, compartilhar dúvidas, vitórias, fazer o bem e receber o bem.

Acredite: parece difícil, utopia, até você tentar. Este trabalho aqui descrito faz parte de um projeto de vida – um sonho que deu certo.

Referências bibliográficas

AGOSTINHO, M. (1996). *Dinâmica de grupo* – Manual de técnicas. São Paulo: Atlas.

BALLESTERO, A.M.E. (1999). *Mutatis mutandis* – Dinâmicas de grupo para o desenvolvimento humano. Campinas: Papirus.

BICUDO, M.V. (org.) (2003). *Formação de professor?* – Da incerteza à compreensão. Bauru: Edusc.

BORDENAVE, J.D. & PEREIRA, A.M. (2001). *Estratégias de ensino-aprendizagem*. Petrópolis: Vozes.

BRASIL/Ministério da Educação e Cultura (1998). *Parâmetros Curriculares Nacionais* – Introdução. Brasília: MEC.

______ (1996). *Lei de Diretrizes e Base da Educação Nacional* – Lei 9.394 de 20 de dezembro de 1996. Brasília: MEC.

BRASIL/Ministério da Saúde (1997). *Manual do multiplicador*: adolescente. Brasília: Coordenação Nacional de Doenças Sexualmente Transmissíveis e Aids.

CAGLIARI, L.C. (1999). *Alfabetizando sem o ba, be,bi...* São Paulo: Scipione.

CASALI, A. (1998). Paulo Freire: o educador na história. In: *Revista Educação, Sociedade e Culturas*, n. 10, p. 95-109.

CAVACO. M.H. (1992). Ofício do professor: o tempo de mudanças. In: NÓVOA, A. (org). *Vidas de professores*. Porto: Porto Ed.

CAVIÉDES, M. (2002). *Dinâmica de grupo para uma comunidade*. São Paulo: Paulinas.

CECCON. C. & EISENTEIN, E. (2000). *Saúde, vida e alegria*: sugestões metodológicas. Vol. 2. Porto Alegre: Artes Médicas Sul.

CERVO, A.L. & BERVIAN, P. (2002). *Metodologia científica*. 5. ed. São Paulo: Prentice Hall.

CONTINI. M.L.J. (coord.) (2002). *Adolescência e psicologia*: concepções, práticas e reflexões críticas. Rio de Janeiro: Conselho Federal de Psicologia.

DELORS, J. (2000). *Educação, um tesouro a descobrir*. São Paulo: Cortez.

Enciclopédia Multimídia do Corpo Humano. São Paulo: Planeta De Agostine [www.planetadeagostine.com.br – Acesso em 18/05/2005].

FAZENDA, I. (org.) (2001). *Formação Dicionário em Construção – Interdisciplinaridade*. São Paulo: Cortez.

______ (org.) (1998). *Didática e interdisciplinaridade*. Campinas: Papirus.

FERRIANI, M.C. & SANTOS, G.V.B. (2001). Adolescência, puberdade e nutrição. In: RAMOS, F. *Adolescer, compreender, atuar, acolher*. Brasília: Aben, p. 77-92 [Projeto Acolher].

FISH, S. & SHELLY, J.A. (1986). *Cuidado espiritual do paciente*. São Paulo: Umhe.

FRANÇOSO, L.A.; GEJER, D. & REATO, L.N. (2001). *Sexualidade e saúde reprodutiva na adolescência*. São Paulo: Atheneu.

FREIRE, P. (2001). *Política e educação*: ensaios. 5. ed. São Paulo: Cortez.

______ (1999). *Professora sim, tia não* – Cartas a quem ousa ensinar. 13. ed. São Paulo: Olho D'Água.

______ (1996). *Pedagogia da autonomia*: saberes necessários à prática educativa. Rio de Janeiro: Paz e Terra.

______ (1992). *Pedagogia da esperança*: um reencontro com a pedagogia do oprimido. Rio de Janeiro: Paz e Terra.

FUCK, I.T. (2001). *Alfabetização de adultos* – Relato de uma experiência construtivista. 2. ed. Petrópolis: Vozes.

GIROUX, H. (1997). *Os professores como intelectuais* – Rumo a uma pedagogia crítica da aprendizagem. Porto Alegre: Artes Médicas.

LEWIS, M. & WOLKMAR, F. (1993). *Aspectos clínicos do desenvolvimento na infância e adolescência.* 3. ed. Porto Alegre: Artes Médicas.

MAAKAROUN, M.F. (1993). Profilaxia do abandono. In: SECRETARIA DO ESTADO DA SAÚDE. *Adolescência* [s.n.t.].

MAFFESOLI, M. (1991). A ética pós-moderna. In: *Rev. Faculdade de Educação*, vol. 17, n. 1-2, jan.-dez., p. 194-202.

______ (1987). *Dinâmica da violência.* São Paulo: Revista dos Tribunais.

MANDÚ, E. (2001). Adolescência: saúde, sexualidade e reprodução. In: RAMOS, F. *Adolescer:* compreender, atuar, acolher. Brasília: Aben, p. 61-64 [Projeto Acolher].

Mensagens [http: //www.temploradiante.csp.org.br/o_colar.htm – Acesso em: 06/04/2005].

______ [http: //www.facc.org.br/m_acerca.htm – Acesso em 06/04/2005].

______ [http: //www.comamor.com.br/caixas.asp – Acesso em 12/04/2005].

MINAYO, M.S. (1999). *O desafio do conhecimento*: pesquisa qualitativa em saúde. 6. ed. São Paulo: Hucitec-Abrasco.

MORIN, E. (2001). *Os setes saberes necessários à educação do futuro.* São Paulo: Cortez.

OLIVEIRA, L. (1997). Os excluídos "existem"? – Notas sobre a elaboração de um novo conceito. In: *Revista Brasileira de Ciências Sociais*, p. 49-61. São Paulo.

OUTEIRAL, J.O. (1994). *Adolescer:* estudos sobre adolescência. Porto Alegre: Artes Médicas Sul.

PFROMM, S.N. (1979). *Psicologia da adolescência.* 7. ed. São Paulo: Pioneira.

REPROLATINA (2003). *Soluções inovadoras em saúde sexual e reprodutiva.* Campinas: Tecla Tipo [folheto – www.reprolatina.org.br].

SILVA, R.C. (2002). *Orientação sexual*: possibilidades de mudanças na escola. Campinas: Mercado de Letras.

SUPLICY, M. et al. (1994). *Guia de orientação sexual:* diretrizes e metodologia. São Paulo: Casa do Psicólogo.

______ (1987). *De Mariazinha à Maria*. São Paulo: FTD.

TIBA, I. (1986). *Puberdade e adolescência*: desenvolvimento biopsicossocial. 5. ed. São Paulo: Ágora.

VALLA, V.V. & STOTZ, E.N. (orgs.) (1996). *Educação, saúde e cidadania.* 2. ed. Petrópolis: Vozes.

VITIELLO, N. (1997). *Sexualidade na adolescência:* manual de apoio ao educador. São Paulo: Organon.

______ (1997). *Sexualidade: quem educa o educador* – Um manual para jovens pais e educadores. São Paulo: Iglu.

WONG, D. (1999). *Enfermagem pediátrica*: elementos essenciais à intervenção efetiva. 5. ed. Rio de Janeiro: Guanabara Koogan.

Apêndices

Apêndice I – Textos do ECA: Estatuto da Criança e do Adolescente

a) Construção da cidadania

A família e a escola são os primeiros locais onde tomamos contato com a cidadania. São nesses espaços que convivemos em grupos e aprendemos a nos relacionar com os outros, como pequenos cidadãos, mas já fazendo parte da história.

São nessas primeiras relações que acontece o exercício de direitos e deveres de cada cidadão, aprendendo regras de convivência em grupo e comunidade. Primeiro em casa, depois com os vizinhos, na escola.

Ser cidadão é algo que se aprende. Desde pequeno um indivíduo começa a adquirir valores por meio da educação que recebe seja em casa, seja na escola. A cidadania não é um valor inato nas pessoas, ela é construída.

Dentro da convivência em família experimentamos os sentimentos mais profundos de alegrias e tristezas pela primeira vez. Nela descobrimos o mundo, as regras, os limites e podemos criar nossa própria identidade e personalidade.

Quando entramos na escola, começa uma nova etapa. Começamos a conviver com outras pessoas, diferentes do nosso círculo. Aprendemos então a dividir e a respeitar o espaço uns dos outros.

b) *Diferentes formas de ser cidadão*

Ouvimos sempre que é preciso exercer a cidadania. Porém, como fazê-lo? Cidadania é um conjunto de ações que, exercidas, nos fazem pessoas participativas de uma cidade e de um país. Inicialmente é necessário diferenciar os dois tipos de cidadania: em sentido amplo e em sentido restrito. Cidadania em sentido amplo é aquela que estamos acostumados a citar, quando as pessoas estão fazendo uso de todos os seus direitos previstos na Constituição. Já em sentido restrito é aquela exercida pelas pessoas que participam da vida política do país, ou seja, pelas pessoas que exercem seus direitos políticos.

A cidadania em sentido restrito é bastante importante. É ela que demonstra a conscientização da população, a sua participação na construção da nova realidade, lutando para que todos tenham acesso ao trabalho, ao lazer, à educação, à saúde etc.

c) *O voto: sua primeira forma de manifestar a cidadania*

Nossos jovens, na ânsia de querer realizar, se deparam com os seguintes questionamentos:

- Como fazer valer nossos direitos?
- Como exigir o cumprimento de deveres?
- Como estruturar uma sociedade livre, democrática e responsável?

Para responder a essas perguntas é preciso buscar informações e refletir em grupo, possibilitando um direcionamento.

Além disso, para exercer a cidadania em sentido restrito, é preciso também providenciar o seu cadastramento eleitoral. De acordo com a Constituição o cadastramento é obrigatório para os maiores de 18 anos e facultativo para analfabetos, maiores de 70 anos e para as pessoas que completaram 16 anos.

d) *O Título de Eleitor*

Para exercer sua cidadania, o primeiro passo é fazer o Título de Eleitor. Se você já fez 18 anos ou tem 16 anos, mas se sente preparado para votar, procure o cartório eleitoral ou posto eleitoral mais próximo de sua cidade. Levando sua identidade, comprovante de endereço e, no caso dos meninos, o comprovante do cumprimento do serviço militar. O título de eleitor não pode ser tirado pela internet nem pelos correios e pode levar até 90 dias para ficar pronto. Os meninos também têm outro documento importante, o certificado de reservista. Para obtê-lo, basta ir à Junta Militar de sua cidade ou à Prefeitura, levando certidão de nascimento ou carteira de identidade, comprovante de residência e duas fotos 3x4, além de pagar uma taxa. Ele fica pronto em até 30 dias após a dispensa do serviço militar.

e) O direito de ação e defesa

A Constituição garante aos cidadãos vários direitos fundamentais. Esses meios são chamados garantias constitucionais. Um deles é o direito de ação e de defesa, aquele que garante que uma pessoa possa se defender em juízo. Quando um cidadão é acusado de algo, é esse direito que garante que o juiz possa ouvir a sua versão dos fatos. Nesse caso, pode-se contar com a ajuda de um advogado. Se a pessoa não tem condições para financiar um advogado, esse direito lhe garante que o Estado faça isso para a sua defesa. Assim garantidos, os cidadãos mais necessitados podem invocar a justiça gratuita e as defensorias públicas.

f) Recursos constitucionais

Quando um cidadão tem seus direitos violados ou ameaçados, ele pode recorrer aos seguintes mecanismos de defesa: Direito de Petição, o *Habeas Corpus*, Mandado de Segurança, *Habeas Data,* Mandado de Injunção e Ação Popular. O Direito de Petição é aquele que um cidadão tem de fazer um pedido às autoridades administrativas para que elas alterem uma determinada situação. O *Habeas Corpus* é o direito que o cidadão tem de não ser preso de forma ilegal. Se ele for preso, pode fazer um pedido formal ao juiz para ser libertado. Qualquer pessoa, independente de idade, sexo, religião, profissão ou alfabetização pode fazer uso dessa ação.

O Mandado de Injunção pode ocorrer quando falta uma lei para que o cidadão possa exercer determinado direito. Neste caso, ele pode pedir ao juiz que faça uma lei específica para seu caso.

E o *Habeas Data* é a ação que possibilita a um cidadão acessar informações e registros que estejam protegidos em algum banco de dados, público ou particular.

g) Mandado de Segurança e Ação Popular

O Mandado de Segurança e a Ação Popular também têm importante função na garantia dos direitos. Mandado de Segurança é usado quando existe algum direito que as autoridades não querem respeitar. Ele dá poderes ao cidadão para que ele se defenda dos atos ilegais ou praticados com abuso de poder. Um Mandado de Segurança pode ser individual ou coletivo. O coletivo só pode se impetrado por pessoas específicas com partidos políticos com representações no Congresso Nacional, organizações sindicais, entidades de classe ou associações legalmente constituídas.

A Ação Popular tem importância porque, por meio dela, o povo pode fiscalizar o que faz o Poder Público. Quando alguém prejudica um bem público, a moralidade, os cofres públicos ou até o meio ambiente, é possível pedir para uma autoridade anular tal fato. Esse pedido constitui a Ação Popular.

h) Cidadania: direitos e deveres

Muito se fala e se ouve falar sobre direitos, deveres e cidadania. Cidadania pode ser definida como o exercício pleno dos direitos e deveres de um cidadão. Mas aprender como exercer, garantir e fazer respeitar esses diretos e deveres engloba diversas atitudes todos os dias, bem como a legislação e as conquistas do homem ao longo do tempo.

Os direitos humanos, por exemplo, são resultados de problemas de convivência, anseios e lutas de muitas gerações e tornaram-se conquistas que a humanidade não pode mais renunciar. Os direitos humanos podem ser classificados como de primeira, segunda e terceira gerações. Para garantir sua efetividade, foram criadas normas jurídicas na constituição. Atualmente já se fala nos direitos de quarta geração.

A primeira Constituição no mundo a concretizar os direitos humanos em seu texto foi a Constituição do Império do Brasil, de 1824.

i) Direitos humanos

Os direitos humanos de primeira geração, chamados também de diretos de liberdade, nos garantem valores como liberdade, propriedade e segurança.

Os direitos de segunda geração, conhecidos como os direitos de igualdade, são aqueles relacionados ao trabalho, ao seguro social, ao amparo à doença e à velhice etc.

Os direitos humanos de terceira geração são os tidos como direitos de fraternidade ou de solidariedade. Por meio deles se busca proteger aquilo que é fundamental à sociedade humana como, por exemplo, o direito a um meio ambiente equilibrado, a uma qualidade de vida saudável, ao progresso e à paz.

Atualmente, com a evolução da humanidade, as novas descobertas, estão surgindo os direitos de quarta geração, que tratam do progresso tecnológico e das novas relações sociais. Eles visam proteger o patrimônio genético humano ou o patrimônio moral. Esse patrimônio moral diz respeito às questões de direitos autorais, por exemplo, atualmente em risco por causa da rapidez com que as ideias veiculam pela internet.

j) A Constituição Brasileira

Para entender a Constituição não basta saber que ela é a maior lei do país. É preciso saber de onde ela surgiu e como funciona. A atual Constituição foi criada pelos trabalhos da Assembleia Nacional Constituinte em 1987, sendo promulgada no ano de 1988. E foi chamada de Constituição Cidadã pelo presidente da Assembleia Nacional Constituinte, Ulysses Guimarães. A Constituição Brasileira só pode ser mudada ou passar por processo de reformulação pelo Congresso Nacional que é composto pelos senadores e deputados federais.

k) A origem do senado

O senado tem sua origem na história, mais precisamente entre os romanos. Na Roma antiga havia o que era chamado de *senatus*. Naquela época, o senado era o órgão de maior poder dentro do governo.

Formado por grandes proprietários de terras, com a função em caráter vitalício, ou seja, o cargo valia por toda a vida. Os senadores eram responsáveis pela preservação da religião, pelo dinheiro público, pela política externa e pela administração das províncias. Além de todas essas atribuições, os senadores ainda fiscalizavam os cônsules, que eram as autoridades executivas máximas da época. E toda essa política acontecia por volta de 510 a.C.

l) O que faz um vereador

O vereador fiscaliza as leis dentro do município. Os vereadores se reúnem na Câmara dos vereadores de cada cidade.

Alguns dos seus deveres são:

- Residir no município;
- Comparecer às sessões;
- Participar das reuniões de comissão das quais seja integrante;
- Propor à Câmara medidas que sejam de interesse do município, bem como vetar as que lhe pareçam contrárias ao interesse público.

m) O que faz um deputado

Divididos em estaduais e federais, os deputados também representam e defendem os interesses do povo com funções parecidas com as do vereador, devendo:

- Participar das sessões do plenário;
- Participar das reuniões das comissões de que faça parte;

- Apresentar propostas de lei;
- Discutir e votar as propostas apresentadas;
- Apresentar as reivindicações e os interesses da comunidade que representa.

n) Símbolos nacionais

De acordo com a Constituição, nossos símbolos nacionais são: Bandeira Nacional, o Hino Nacional, as Armas Nacionais e o Selo Nacional. As cores do nosso país são o verde e o amarelo. Conhecer os nossos hinos, letra e música, é uma expressão de patriotismo. Além de estarmos enaltecendo nosso país, nosso Estado ou a cidade em que moramos, estaremos também engrandecendo a nossa consciência de cidadania. Tratar esses símbolos com desrespeito é proibido e até considerado crime, pois eles são protegidos por lei.

Apêndice II – Modelo de currículo, carta de apresentação e ficha de solicitação de emprego

Modelo de Currículo

capa

"Cabeçalho" – CURRÍCULO

Nome do candidato (em destaque, centralizado)

Segunda folha

1) Dados pessoais – Identificação:

Nome:

Endereço para contato (telefones atualizados), cidade, Estado:

CEP:

E-mail:

Data de nascimento:

2) Objetivo profissional:

*3) Formação (*escolaridade):
Estabelecimento de ensino:
Grau de escolaridade: ano de conclusão:
Outros cursos: (de interesse para a vaga ou não)

4) Outras informações:
Conhecimento em línguas:
Informática:
Outros conhecimentos:

5) Experiências (ou estágios) por ordem crescente de período:
a) Empresa:
b) Atividade: (períodos: início e término)
c) Empresa:
d) Atividade:

6) Informações adicionais (relevantes):

Local e data:

Assinatura

Carta de apresentação

É uma carta para o dono da empresa ou responsável pelo RH para enviar seu currículo
Cidade, data

A (nome da empresa)
At. Senhor(a): nome da responsável pelo recrutamento
Cidade, Estado

Prezado(a) Senhor(a)

Nome:

Acabo de concluir o curso de __________ e conhecendo a preocupação atual das empresas em investir em jovens com qualificação profissional e espírito de equipe, e que buscam desafios, apresento-lhes o meu currículo, colocando-me à disposição para contribuir com o desenvolvimento desta organização.

Aguardo um retorno sobre a possibilidade de mantermos um contato pessoal.

Atenciosamente,

Assinatura

Ficha de solicitação de emprego

Dados pessoais:

Nome completo:

Local e data de nascimento:

Nacionalidade, estado civil, sexo, Nº de identidade, carteira de trabalho (série), endereço residencial, cidade, Estado, CEP, Telefone (p/contato), filiação (nome pai e mãe (completos)):

Funções que pode desempenhar: (para que função oferece seus serviços)

Aceita um trabalho:

( ) na mesma cidade

( ) em outra localidade

( ) que exija viagens constantes ( ) eventuais ( ) raras

Escolaridade: *(*nome da instituição e ano de conclusão do curso)

Ensino Fundamental:

Ensino Médio:
Ensino Pós-médio:
Ensino Superior:

Experiências profissionais anteriores (cinco últimas):
Nome da empresa:
Período:
Função:
Nome do cargo e do chefe imediato:
Motivo por que deixou o trabalho (demissão, ganhou, solicitou, outra):

Descrição de suas atividades atuais:

Referências: (nomes de pessoas que possam prestar informações sobre você e suas atividades, evitar parentes)
Nome:
Residência:
Profissão:
Telefone:
Pretensão salarial mínima:

Cidade e data:

Assinatura